A XAMÃ DE SALTO ALTO

Anna Hunt

A XAMÃ DE SALTO ALTO

Da crise de vida para a paz interior
– com um toque de glamour
ao longo do caminho

Tradução de Maria Clara de Biase

Título original
THE SHAMAN IN STILETTOS
From life crisis to inner peace – with a touch of glamour along the way

Copyright © Anna Hunt, 2012
Todos os direitos reservados

O direito moral da autora foi assegurado

PROIBIDA A VENDA EM PORTUGAL

Direitos para a língua portuguesa reservados
com exclusividade para o Brasil à
EDITORA ROCCO LTDA.
Av. Presidente Wilson, 231 – 8º andar
20030-021 – Rio de Janeiro – RJ
Tel.: (21) 3525-2000 – Fax:(21) 3525-2001
rocco@rocco.com.br
www.rocco.com.br

Printed in Brazil/Impresso no Brasil

CIP-Brasil. Catalogação na fonte.
Sindicato Nacional dos Editores de Livros, RJ.

H921x   Hunt, Anna
A xamã de salto alto: da crise de vida para a paz interior – com um toque de glamour ao longo do caminho / Anna Hunt; tradução de Maria Clara de Biase. – Rio de Janeiro: Rocco, 2013.

Tradução de: The shaman in stilettos
ISBN 978-85-325-2838-4
1. Hunt, Anna. 2. Xamanismo. 3. Mulheres xamãs. I. Título.

13-1420   CDD– 201.44082
                                               CDU– 256-055.2

Para Ken Duncan e Hugo Moose.
Por acreditarem em mim — mesmo quando
eu lutava para acreditar em mim mesma.

Aquilo que é impenetrável para nós realmente existe. Por trás dos segredos da natureza há algo sutil, intangível e inexplicável. A veneração a essa força que está além de tudo o que podemos compreender é minha religião.

— Albert Einstein

Natureza é magia ininterrupta.

— Johann Wolfgang von Goethe

PARTE UM

O corpo é mais profundo do que a alma
e seus segredos são inescrutáveis.

— E. M. Forster

1

Toda jovem que se preza precisa de duas coisas básicas para navegar no mar da vida. Aprendi essa lição cedo. Com 12 anos, fui para o internato, onde logo desenvolvi uma estratégia de sobrevivência que dependia de enormes quantidades de chocolate e sapatos de salto alto de verniz preto usados da Oxfam. O chocolate oferecia uma tranquilizadora proteção contra a brutal realidade da vida longe de casa em um mar de adolescentes, enquanto os sapatos de salto alto convenciam o dono da loja de bebidas local de que eu tinha idade suficiente para comprar as bebidas alcoólicas e os cigarros que se revelaram instrumentos de troca perfeitos em um mundo em que monitores cobravam multas punitivas pela menor infração.

Há toda uma lista de luxos que adoçam a vida: prancha para alisar cabelos, delineador preto, sexo, uma amiga com que se pode contar para trazer uma caixa de lenços de papel e uma garrafa de Sauvignon Blanc em momentos de grande estresse — para mencionar apenas alguns. Sem chocolate e sapatos de salto alto, no entanto, acho que o mundo pararia de girar. Não sei. Nunca tentei viver sem eles.

Hoje o internato é uma lembrança distante, obscurecida pelas névoas do tempo. Mas ainda ando cambaleando em meus sapatos de salto alto. Agora, sapatos de plataforma impossivelmente altos de seda azul-marinho. E cambaleio não porque sou uma novata em salto alto carregando muitas garrafas de German Riesling barato. Dessa vez, cambaleio porque passei a noite bebendo de uma cara garrafa de New Zealand Sauvignon em um desfile beneficente no terraço de um dos elegantes clubes de Kensington.

O evento havia sido uma meca para jovens ricos, filhos de pessoas importantes, entrando na onda da filantropia e se mostrando para uma causa nobre enquanto um bando de penetras e parasitas ficava ao redor engajado em atividades menos nobres — em outras palavras, bebendo e fumando. Isso foi nos bons tempos, antes de a proibição do cigarro comprometer todas as apologias ao hedonismo.

Meu táxi me vomitou no ar rarefeito noturno em meu endereço elegante em Marylebone, logo após a meia-noite. Agora cambaleio na direção da porta da frente do meu *pied-à-terre*. Procuro minha chave. Minha bolsa se tornou uma verdadeira caverna que esconde muitos pecados — mas pelo visto não a chave da porta da frente. Finalmente a encontro. Tento enfiá-la na fechadura — sem sucesso. Abaixo-me até meu rosto ficar a centímetros da porta para poder ver melhor o que estou fazendo.

Subitamente a porta se abre.

Estou no nível das entrepernas do meu namorado — uma situação cujo potencial não passa despercebido para ele.

Ergo os olhos. Cabelo loiro-escuro, olhos azuis iridescentes. Um ligeiro sorriso atravessando o rosto inclinado para mim. Edward Montgomery me pega facilmente nos braços, fechando a porta com o pé atrás de nós.

Ele anda a passos largos pelo apartamento — uma homenagem ao minimalismo, bege, creme e com produtos da Bang & Olufsen — e me joga sobre a cama imaculada. Olhos sorridentes. Lábios sorridentes buscando avidamente os meus. Edward abre seu cinto com uma das mãos e ergue meu vestido mandarim cor-de-rosa com a outra. Está com pressa. Gemo involuntariamente quando o sinto dentro de mim, possuindo-me. Ele se move com rapidez, gemendo em meu ouvido. Não consigo corresponder. Minha excitação inicial dá lugar à inércia, a nuvem da embriaguez envolvendo meus membros pesados.

— Ah — geme ele.

— Humm — digo, tentando corresponder.

— Sim — sussurra Edward. — Querida — diz ele, mais urgentemente agora.

Não adianta. Nunca adianta. Deito e repasso a noite na minha cabeça.

Meia hora depois, deitado na cama, ele ostenta o que acredito ser chamado de um brilho pós-coito enquanto seguro uma consoladora xícara de chá e alguns pedaços de chocolate Green & Black's.

— Tem certeza de que não quer um café? — perguntara Edward ironicamente ao ir para a cozinha enquanto eu admirava seu corpo firme nu.

Conto-lhe sobre minha noite; ele não presta muita atenção.

— O príncipe Harry apareceu no meio do desfile — disse eu. — Todos pararam de falar e se viraram para vê-lo ir para a área VIP. The Ladies estava cheio de debutantes gritando em um total frenesi. Nunca tinha visto nada assim: uma tietagem absolutamente inadequada — pronuncio com desprezo.

Edward não responde. Em vez disso, pega um livro que estou lendo. Um folheto escorrega de cima; ele o segura antes que caia no chão. Na frente há uma foto de uma adolescente suja com um chapéu quadrado muito colorido e um sorriso largo, segurando um cabrito na dobra do braço.

— Descubra o Peru, a "terra dos sorrisos" — lê Edward em voz alta, erguendo uma sobrancelha. — Eu achava que a terra dos sorrisos era a Tailândia — acrescenta sarcasticamente.

Ele vira o folheto e estuda a foto manchada de uma mulher de meia-idade robusta com a pele escura, cabelos pretos desgrenhados e um sorriso ainda mais largo do que o da garota. Então, pela primeira vez durante a conversa, vira-se de frente para mim.

— Você *ainda* está pensando nisso? — provoca-me.

— É uma ideia. — Dou de ombros defensivamente.

— É uma ideia! — Edward dá uma gargalhada. — Como você se viraria no Terceiro Mundo, Anna?

— Não sei do que você está falando — sussurro, percebendo o tom ofensivo.

Suas palavras me chocaram depois da intimidade que tínhamos acabado de partilhar.

— Querida — começa Edward, adotando o tom de voz desdenhoso que os pais reservam para os filhos petulantes —, Londres é seu lar. Você entrevista celebridades para um dos jornais mais vendidos no país. Quase todas as noites vai a uma festa ou inauguração de restaurante. Você tem gostos caros... — Ele faz uma pausa. — Nunca tirou um ano sabático para viajar com mochila nas costas.

Sorrio, lembrando-me de que havia recusado a oportunidade de viajar com o passe InterRail pelo Leste Europeu com quatro amigos de Cambridge em nossas primeiras férias de verão, preferindo andar à toa por Saint-Tropez.

— O Peru é primitivo e sujo — desdenha Edward. — Só Deus sabe que doenças aquela garota tem! Você nem mesmo iria com amigos — acrescenta. — Seria só você e essa Gabby, e não a conhece bem. Eu também não a conheço bem.

Nisso, Edward tinha razão.

Gabby Barazani, uma psicóloga de quarenta e poucos anos com um bem-sucedido consultório na Harley Street, passa por uma crise da meia-idade. Desiludida com a vida na grande e nevoenta Londres, decidiu organizar viagens de ioga para o Peru, sua terra natal. Infelizmente, a associação entre ioga e América do Sul não é óbvia, e a viagem inaugural até agora só resultara em uma única reserva — a minha. Gabby me perguntou se, em vez disso, eu gostaria de fazer uma caminhada de três semanas com ela, e impulsivamente respondi que pensaria a respeito — embora só tivéssemos nos encontrado duas vezes.

— De qualquer maneira, pensei que você fosse visitar Hels naquele spa na Índia — diz Edward.

— Eu ia — respondo defensivamente.

— Então por que agora está planejando ir para o outro lado

do mundo? Hels é uma das suas melhores amigas e você não a vê desde que ela saiu de Londres para um período sabático, seis meses atrás.

— Não sei. — Dou de ombros. — O folheto chamou minha atenção... — Faço uma pausa. — Quero fazer algo diferente, eu acho.

Subitamente vejo uma enorme sombra preta acima da minha cabeça.

— Arghh! — grito, pulando da cama e derramando chá por toda parte.

— O quê? — pergunta Edward. — O que foi?

— Uma aranha! — berro.

Ele olha para o teto, estende o braço para cima indiferentemente e pega a repulsiva criatura na palma da mão.

— Entende o que eu quero dizer? — pergunta Edward, depois que atirou o aracnídeo pela janela, eu troquei o edredom molhado e finalmente estamos de volta na cama.

— Olhe, preciso de um descanso, Edward — respondo. — Estou com a síndrome de esgotamento profissional...

— Síndrome de esgotamento profissional? — zomba ele. — Onde você arranjou essa droga, Anna? Anda lendo muitos livros de autoajuda.

— Li *um* a conselho do meu médico — respondo. — A dieta em que ele me colocou para tentar acabar com essa cândida não funcionou, por isso me disse que preciso de um descanso — repito. — E ele está certo, Edward. Não consigo me lembrar da última vez em que acordei me sentindo bem e entusiasmada, em vez de exausta e estressada e com aquelas cólicas na barriga o tempo todo. Toda a minha vida é trabalho, trabalho e mais trabalho, e só tenho 29 anos. Não posso encarar outros 30 anos assim.

— Você tem uma vida ótima, Anna — caçoa Edward. — Adora seu trabalho, é muito boa nele e temos um ótimo relacionamento. O que mais poderia querer? Grande parte do seu problema está aqui. — Ele bate no lado da sua cabeça.

Por um momento olho incredulamente para ele em chocado silêncio.

Edward não nota.

— Uma coisa é certa — continua. — Ir para um horrível fim de mundo peruano sem conforto não vai ajudar você em nada. — Ele fala com autoridade.

Finalmente, consigo me expressar.

— Bem, tenho de fazer *alguma coisa*, Edward — retruco. — Não estou bem e não posso acreditar que meu destino seja me sentir assim pelo resto da vida.

Edward olha para mim. Ergue uma sobrancelha.

— Destino? — O riso dele é vazio. — Não existe destino, Anna. É você quem tem o controle da sua vida, não um homem imaginário com uma barba cinza lá em cima... — Ele para. — Daqui a pouco você vai me dizer que está procurando algum tipo de manifestação espiritual. — Ele suspira. — Estamos no século XXI, Anna, não na sangrenta Idade das Trevas.

Nós nos olhamos por algum tempo. Edward quebra o silêncio.

— Você precisa é de um pouco de mimo — anuncia ele alegremente. — Deveríamos sair de férias por algumas semanas. Isso vai lhe fazer bem.

— Nós *vamos* sair de férias. Mas você não pode tirar nenhum período de folga até o Natal.

— Você não pode esperar? — insiste ele.

Balanço a cabeça.

— Não. Faltam mais de seis meses para o Natal. Preciso fazer algo mais cedo. E preciso de mais do que duas semanas de férias. Não posso continuar assim.

— Ah, faça como quiser, Anna — murmura ele exasperado, virando-se e terminando definitivamente nosso *tête-à-tête*.

A arrogância de Edward teve o efeito de me irritar e me deixar sóbria, e o resultado é que agora não consigo dormir. Fico deitada de barriga para cima, olhando para o teto. Minha mente começa a analisar nossa conversa. É verdade, tenho uma vida ótima. A vida que sempre quis — a vida que achei que me faria feliz.

Penso em mim mesma com a tenra idade de 12 anos. Enquanto recitava meu mantra do chocolate e salto alto, concluía que felicidade seria viver em Londres com um namorado abençoado com beleza, inteligência e o toque de Midas. Um homem que ganhasse 500 mil libras esterlinas por ano fazendo um trabalho que lhe deixasse tempo livre para frequentar lugares elegantes, ir às compras e transar seria o parceiro perfeito para a jornalista bem-sucedida que eu estava decidida a ser. Edward não gosta muito de ir às compras, mas a experiência me ensinou que não se pode esperar tudo em um só pacote. E, além disso, ele cumpre todos os outros requisitos.

Mas o que eu não sabia com 12 anos era que esses requisitos têm um preço. E não estou mais certa de que vale a pena pagá-lo.

Edward joga o braço para o meu lado da cama, sobressaltando-me. Agora está esparramado sobre o colchão. E roncando. Alto.

Enquanto me reviro na cama, exasperada, penso em nossa primeira viagem juntos — um fim de semana prolongado em Roma. Nenhuma visita à Cidade Eterna é completa sem uma visita à catedral de São Pedro, e nenhuma visita à catedral de São Pedro é completa sem alguns minutos na presença da bela *Pietà* de Michelangelo. O olho da minha mente se fixa na imagem de Maria, cativante em sua bondade e dignidade ao segurar nos braços seu filho crucificado. A escultura é uma das minhas obras de arte favoritas, e seu calmo equilíbrio me leva às lágrimas sempre que fico diante dela. Até hoje, anos depois, encolho-me de constrangimento ao me lembrar da reação de Edward à minha emoção. Horrorizado, ele começara a encobrir o riso com a mão. Abraço meus joelhos junto à barriga, lembrando-me do quanto fiquei magoada.

Ocorre-me que desde então escondo de Edward meus verdadeiros sentimentos, enterrando minhas emoções e minha natureza romântica em lugares onde ele não as descobrirá. Infelizmente, parece que essa estratégia não está mais dando certo. Sacrificar uma parte enorme de quem sou pelo bem maior de nosso relacionamento e nossa vida "bem-sucedida" não me satisfaz mais. Em vez disso, sinto-me roubada, como uma casca de ovo vazia, cuja gema, seu motivo para viver, de algum modo foi posta no lugar errado.

Meus pensamentos se voltam para nosso sexo mecânico mais cedo, nessa noite. Edward, o orgulhoso possuidor da mais forte libido com que já me deparei. Durante nossas primeiras semanas juntos, essa foi uma descoberta emocionante e eu não me fartava do meu novo amante. Mas agora estamos juntos há dois anos e anseio por um pouco de variedade, intimidade. Edward atrai muita atenção por onde passa — e tem a confiança que provém da consciência disso. Contudo, não percebe a importância da técnica, muito menos de aprender realmente alguma.

Meu suspiro se transforma em um sorriso quando me viro para olhá-lo. O folheto de Gabby não foi o único que peguei em meu estúdio de ioga alguns dias atrás. Um anúncio de um workshop de tantra prometendo mais intimidade sexual entre casais também chamou minha atenção. Em um momento de ingênuo otimismo, guardei um em minha bolsa. Mas o joguei fora assim que cheguei em casa. É impossível tentar conversar com Edward sobre nossa vida sexual. Meu namorado não é abençoado com a capacidade de ouvir, e sua teimosia consegue ser mais forte do que sua libido. Edward não aceita que o contradigam. E não estou disposta a ter outra briga. Secretamente, temo que quando abrirmos essa caixa de Pandora particular não tenhamos mais para onde ir. E meu relacionamento com Edward e sua certeza sobre tudo e todos é a argamassa que está sustentando nossa vida juntos em Londres.

Sem essa argamassa — bem, não quero pensar sobre isso.

Ocorre-me que a certeza de Edward é o motivo de ele ser tão contra o Peru. Ao pensar na possibilidade de passar algum tempo fora — especialmente na companhia de alguém que ele não conhece —, estou tomando uma decisão sem ele. Recusando-me a ser controlada por suas ideias. Pior ainda, fazendo uma escolha emocional, não uma escolha racional — algo que Edward nunca entenderá. Ou respeitará.

Para falar a verdade, também não sei como me sinto sobre isso. Minha abordagem da vida sempre foi responsável e calculada, e eu nunca havia pensado em fazer alguma coisa por capricho. Mas há algo irresistível na ideia de apertar a tecla de pausa em minha vida agitada e insatisfatória e redescobrir minha *joie de vivre*. Em dar as costas para o *status quo* e ir por um bom tempo para um lugar totalmente diferente com uma pessoa nova — em vez de passar algumas semanas em mais um hotel luxuoso, mas sem alma, com uma pessoa querida e amiga. Em optar por uma cirurgia para curar o mal-estar que me infeccionava — em vez de pegar um emplastro e esperar que isso resolvesse.

Os pensamentos continuam a girar em minha cabeça. Então, pegando meu livro, decido me levantar e preparar um bule de chá Lapsang Souchong. Edward, que está sempre com pressa, não consegue entender por que gosto de fazer chá com folhas soltas. Ele acha que isso é uma perda de tempo. Mas Edward não consegue distinguir Taylors of Harrogate's Afternoon Darjeeling de PG Tips comum. Sozinha em minha cozinha de madrugada, entrego-me ao meu amor pelo ritual de fazer chá esperando pacientemente até a água fervente ficar com a aparência pastosa de melado antes de me servir de uma xícara. Ao levá-la para a sala de estar, paro. Sorrindo, viro-me e vou para o quarto de hóspedes. Três sacolas amarelas brilhantes da Selfridges estão perfeitamente alinhadas atrás da porta. Tiro ansiosamente das profundezas do papel enrugado um vestido novo, botas de cano alto até as coxas e sapatos de salto de verniz vermelho. Eu havia tido um ataque particularmente violento de nervosismo e tristeza naquela manhã, e uma farra de compras fora minha automedicação para "me levantar". Tinha escondido as compras de Edward em uma tentativa de evitar a conversa de "Por que você é uma compradora tão compulsiva?".

Experimento os sapatos e admiro sua capacidade de tornar meu quimono elegante, sentindo aquela excitação que qualquer mulher que já comprou sapatos de salto muito caros conhece. Os sapatos são meus guias de autoajuda. E infalíveis. Minha confiança foi abalada com o desprezo e o questionamento cínico de Edward. Os sapatos restauram minha fé em mim mesma. Instantaneamente. Quando me deito na cama sobressalente com meu livro, meu Lapsang Souchong e o restante do chocolate, tudo está certo de novo no mundo.

2

Faltam oito semanas para Gabby ir para o Peru. Ainda não decidi se vou com ela: não consigo concluir se isso seria um erro estúpido ou um anúncio de uma nova e maravilhosa aventura. Minha mente está em um debate constante consigo mesma sobre os prós e contras. Em uma tentativa de diminuir meu estresse com a enormidade da decisão, atiro-me no trabalho.

E então, alguns dias depois, estou sentada à minha escrivaninha no escritório no meio de uma conversa com uma das colunistas do jornal, uma morena bonita cujo trabalho inclui aconselhar a classe A sobre moda, fitness e terapias alternativas. Estamos discutindo o tema de sua próxima coluna — o eterno bicho-papão das mulheres, a celulite. Tento convencê-la dos méritos de escrever uma parte explicando que os homens sofrem com isso também, usando como exemplo a luta de seu ex-namorado famoso contra o "efeito casca de laranja" nos braços. A colunista está preocupada em quebrar um código de comportamento tradicional entre ex-namorados sobre lavar roupa suja em público. Saliento que como o ex dela está escondido em algum lugar no sul do Pacífico para evitar perguntas da polícia sobre um negócio duvidoso em seu país, provavelmente o "código" não se aplica nesse caso.

Finalmente ela concorda e pego um táxi para um hotel elegante em Kensington projetado por Anouska Hempel para entrevistar uma celebridade com um produto para empurrar e uma história para contar.

O caminho me leva através do Hyde Park. Em um maravilhoso momento de descanso da selva de concreto em que vivo, vejo a luz do sol brilhando por entre as árvores, seus múltiplos dedos explorando as folhas com a intimidade de uma carícia. O tempo para, o glamouroso carrossel de entrevistas e redes de contato faz uma pausa, e eu respiro e sinto meus ombros abaixarem alguns centímetros. Por um milésimo de segundo, fico em paz.

E então o sinal de trânsito muda.

Agora paramos no hotel e sou levada para uma grande suíte dominada por dois sofás de couro preto imponentes em ângulo reto um com o outro. Instalo-me em um deles. Algum minutos depois, um homem forte com mãos enormes e o nariz com uma mossa do tamanho de uma cratera entra na suíte e se atira do lado oposto. Meus dedos ainda estão doendo com o aperto de mãos do boxeador quando começamos a falar sobre seu envolvimento com a polícia em Mayfair, algumas noites antes. Eles tinham encontrado o boxeador imobilizando um esquelético empresário no chão, em uma improvisada prisão civil de um homem que alega ser um escroque. Todos os tabloides haviam publicado a matéria, mas fui a única jornalista a conseguir uma entrevista com ele.

Como uma pessoa que fica tonta à menção de sangue e nunca sentiu a menor vontade de assistir a uma luta, não sou uma escolha natural como entrevistadora. Mas a relações-públicas é minha amiga e a entrevista é uma ação bem-sucedida. E eis-me aqui.

— Então esse vigarista vem direto na minha direção — diz ele.

Ele se inclina para a frente, entusiasmando-se com o tema.

Tento fingir interesse; no que me diz respeito, isso é um prelúdio para a descoberta do homem por trás da imagem cuidadosamente cultivada de boxeador. Espero o momento propício, reduzindo-lhe a resistência. Estou indo bem. Mas subitamente a porta se abre e uma mulher de cabelos escuros e aparência sensata entra na suíte, beija o boxeador e senta-se perto dele no sofá.

— Não se preocupe comigo — diz ela com um sorriso.

Mas eu me preocupo com ela. O boxeador tem fama de ser libertino e esquentado, e são esses traços de personalidade que quero explorar para minha matéria. A presença da esposa dele tornará isso difícil.

Faço apressadamente algumas avaliações mentais e então me inclino para a frente e ponho a mão no joelho dela.

— Vamos beber alguma coisa? — Sorrio, antes de o boxeador ter tempo para continuar sua história.

— É claro — responde ela com entusiasmo. — Vamos pedir uma garrafa de champanhe.

Ambos sabemos que ela está me testando, sondando o terreno. Mas tenho algo maior com que me preocupar do que com explicar minha conta de gastos para meu editor. Faço um sinal afirmativo com a cabeça ansiosamente.

Antes de eu poder dizer algo mais, o boxeador se vira para a esposa e se intromete na conversa:

— Vá pedir para nós. — Ele dá a ordem em um tom imperioso. Acho rude o modo como fala com a mulher. Contudo, ela desaparece tranquilamente.

Sorrio para mim mesma — isso vai ser mais fácil do que eu havia imaginado. Tinha achado que teria de arrastar a entrevista até o álcool operar sua magia. Agora há uma chance de conseguir minha história antes de eles ao menos provarem o champanhe.

— Fiquei bastante machucado durante a briga — diz o boxeador, retomando a entrevista no momento em que sua esposa saiu pela porta. Tentando provar o que está dizendo, ele se levanta. — Olhe! — acrescenta, estendendo a coxa para meu rosto e ao mesmo tempo soltando as calças com satisfação para mostrar um abdômen definido, acentuado pela pequena e justa cueca azul-celeste que usa, e duas pequenas marcas de furos na coxa direita. Ele me observa observando-o.

Contenho o riso e mudo de assunto. Preciso ser rápida. Introduzo o tema do boxe, sugerindo sutilmente que acho que é pouco mais do que um esporte sangrento socialmente aceitável.

— Não, não — diz ele seriamente. — Você está enganada. Os boxeadores são guerreiros. O boxe é uma arte nobre.

— Você não acha que é um esporte bastante agressivo para uma arte nobre? — pergunto gentilmente.

Ele balança a cabeça.

— Os boxeadores canalizam a raiva. Nós controlamos nossa agressividade. — Ele fala com convicção.

Faço um sinal afirmativo com a cabeça, seriamente. Até aqui, tudo bem. Agora vem a parte difícil.

Faço uma pausa.

Ele me olha na expectativa.

— Você entende que tenho de lhe perguntar sobre a matéria recente no tabloide — começo.

— Caí numa armadilha — interrompe ele em um tom frio.

— Ah, estou enganada? — pergunto inocentemente. — Você não tentou seduzir as duas mulheres?

— Sou um homem bem casado — retruca ele, desafiadoramente. — Sou um rei em meu lar com minha esposa e meus filhos — acrescenta.

— Estou certa de que sim — digo.

O maxilar do boxeador está tão travado que parece que o osso poderia rachar, e vejo uma veia pulsando insistentemente na sua bochecha direita.

— Mas você foi perseguido pelos repórteres, não foi? — continuo. — Eles tiraram fotos.

O boxeador explode imediatamente.

— Os tabloides fazem qualquer coisa por uma matéria — diz ele com raiva. — E as pessoas dizem qualquer coisa para ver seus nomes na imprensa junto com o meu. Eu não estava me comportando mal. A câmera mente... Como foi mesmo que você disse que se chamava?

— Anna. — Sorrio, achando graça no comentário mordaz.

— A câmera mente — repete o boxeador.

— Mas as garotas deram entrevistas. Se as alegações são falsas, por que você não processou o jornal?

— Esta entrevista deveria ser sobre minha vida atual — responde ele raivosamente.

Ficamos sentados em silêncio. A veia agora está pulsando tão violentamente que ameaça explodir. Consegui minha matéria e a entrevista está praticamente encerrada. Mas não resisto a uma última observação sarcástica. Inclino-me para a frente e falo em um tom conspiratório.

— Então me diga — pergunto em voz baixa bem quando sua esposa reaparece com uma garrafa de Moët e três taças —, é isso que você chama de canalizar sua raiva?

O brigão está prestes a explodir de novo, mas não pode.

Sorrindo largamente, eu me levanto, aperto as mãos deles e os deixo com a garrafa.

— Você não vai ficar para tomar uma taça? — trina ela.

— Não, obrigada — respondo alegremente. No fundo, estou aliviada. Moët nunca foi minha bebida favorita. Prefiro um Laurent-Perrier Rosé.

Saio do hotel e entro em um táxi chamado por um porteiro. Estou feliz por ter minha história. Ninguém mais conseguiu um comentário do boxeador sobre a matéria no tabloide. Também consegui a entrevista exclusiva sobre a prisão civil. Meu editor ficará feliz. A etiqueta da entrevista normalmente me preocupa: não gosto de incriminar pessoas dando falsas informações e me preocupo com o efeito do que escrevo. Mas o boxeador é um brigão e chauvinista, e me sinto triunfante por expô-lo. Pelo menos hoje estou do lado dos bons.

O táxi para em The Dorchester. A instituição londrina está promovendo o lançamento para a imprensa de uma coleção nova de lingerie de uma supermodelo. Entro em uma sala decorada como um *boudoir* e fervilhando de garçonetes minimamente vestidas e inquietantemente magras que são as modelos da coleção de outono. Imediatamente uma delas se dirige a mim. Está segurando uma enorme bandeja de prata com várias taças de champanhe. Estende-me uma e explica que o coquetel foi criado especificamente para a ocasião.

— Como foi a entrevista?

Viro-me. Meu editor está em pé perto de mim. Esse é o meu momento.

Quando lhe digo que consegui a entrevista exclusiva sobre a prisão civil, além de um comentário sobre a matéria no tabloide, ele me olha fixamente. Luzes cintilam na superfície de seus olhos escuros.

— Muito bem — diz finalmente. — Falaremos sobre seu cargo — acrescenta ele, ao ir embora.

Sorrindo para mim mesma, volto-me para a taça em minha mão. O coquetel é adequadamente cor-de-rosa e efervescente. Também é um tanto inadequadamente enjoativo. Mas não me importo. Enquanto bebo uma segunda taça, convenço-me de que uma promoção é a solução óbvia de longo prazo para meus ataques de tristeza. No mínimo, tornará muito mais fácil o custeio de minha sempre crescente coleção de sapatos — o remédio de compras está funcionando em curto prazo. Vivo em uma das cidades mais glamourosas do planeta, namoro um cidadão rico e adequado e minha carreira está em ascensão. Meu trabalho é minha vida. Meu romance com o jornalismo sobreviveu a todos os relacionamentos que tive com homens até agora. Além disso, me dá independência, status e poder de compra.

Não tenho mais em comum com o boxeador e sua desafortunada esposa do que com as belezas frágeis que me servem drinques. Mas elas pertencem a um mundo agitado, glamouroso e repleto de aspirações. E eu também pertenço a ele.

Sou a Carrie Bradshaw londrina com um closet cheio de sapatos de salto alto, uma despensa lotada de chocolates Green & Black's e uma tiara proverbial em minha cabeça.

3

Infelizmente, tentar me convencer a ficar feliz nunca funciona por muito tempo. Uma hora — no máximo algumas horas — depois meus verdadeiros sentimentos em relação à minha vida sempre ressurgem. Meu único consolo para isso é que não estou sozinha em minha desilusão. Nenhuma das minhas amigas tem uma solução para o enigma de como encontrar a simples felicidade entre a sofisticação, o glamour e o "sucesso" da vida metropolitana. A abordagem de Hels foi tirar um tempo para se descobrir na Índia, enquanto a de Lulu é conduzir uma campanha constante para encontrar o sr. Certo.

No redemoinho dessa vida estamos ocupadas demais para ir a jantares festivos. Em vez disso, nosso modo de nos confraternizarmos inclui idas noturnas a clubes privados elegantes. Lulu, a esgotada dona de uma empresa de relações públicas voltada para a área da música que está louca para se livrar disso tudo e se casar, organiza procedimentos como parte de sua "Campanha para Encontrar um Marido (Rico) para Lulu". Ela fornece um grupo de garotas lindas e bem relacionadas que aparecem tarde, conforme a moda, enquanto nosso amigo Guy, um analista de mercado do Goldman Sachs, assume a responsabilidade de reunir um grupo de colegas com grande apetite por excessos hedonistas e carteiras recheadas para bancá-los.

Contudo, hoje é diferente. Como sempre, nos encontraremos com Edward e alguns dos fundadores da FLAWHC mais tarde esta noite. Mas antes vamos a um encontro de solteiros. Lulu decidiu acelerar sua busca. Convenceu-me a lhe fazer companhia dizendo que é isso que as melhores amigas fazem.

Meu namorado acha que vou sair para beber com minhas amigas — uma mentira fácil de contar porque, segundo a cartilha de Edward, esse tipo de *soirée* é uma panaceia para a mulher hormonal. E a verdade é que estou bastante animada. Para uma mulher tão viciada em seu poder de compra como eu, ver vitrines não deixa de ser fascinante.

Saio tarde do escritório e, quando chego, há um mar de pessoas na entrada do Imperial War Museum. Procuro minha amiga entre os grupos de homens constrangidos usando ternos sem gravatas — presumo que em uma tentativa de parecerem casuais — e mulheres com um ar ansioso usando perfumes caros e muita base facial.

— Como foi Mônaco?

Viro-me.

Lulu se aproxima de mim em uma explosão de cachos castanhos e um elegante terninho de cor creme.

— Deus, como é bom vê-la — diz ela entusiasmadamente, entregando-me uma taça de champanhe. — Quero saber de todas as fofocas — trina. — Como foi o Grande Prêmio? E como foi o baile? Você acabou usando o vestido de Amanda Wakeley ou Stella McCartney?

— O de Amanda Wakeley. — Dou uma risadinha. — Embora tenhamos ficado tão bêbados no baile que caí ao voltar para o hotel e rasguei a bainha. Levei o vestido de volta para ver se pode ser consertado, mas acho que está arruinado — confesso com uma pitada de vergonha.

— Estou certa de que você pode persuadir Edward a lhe comprar outro. — Lulu ri.

Sorrimos uma para a outra e esvaziamos nossas taças.

— Outro o quê? — pergunta uma mulher simples com cabelos loiros finos.

Lulu apresenta os cérebros por trás da noite. Jane é uma evangélica recém-convertida que trabalha como contadora e é noiva de um homem que conheceu em um fim de semana de autoaperfeiçoamento da Landmark. Diante dessas boas credenciais, penso que devo parecer uma total renegada quando Jane nos diz que é hora de entrarmos.

A sala de estar opulenta e de teto alto está cheia de mesas para dois. Lulu e eu começamos a procurar nossos nomes. Felizmente, estamos em mesas vizinhas.

— Ótimo! — digo muito animada enquanto me sento do lado oposto de um homem de ossos pequenos que parece inofensivamente charmoso e se revela totalmente enfadonho.

Falamos sobre nossas respectivas credenciais por três minutos, antes de uma campainha tocar, o sr. Enfadonho se levantar e um novo homem se sentar no lugar dele.

Um quarto de hora depois, começo a ficar cansada de partilhar as mesmas informações com rostos diferentes. Meu último companheiro se levanta e eu me viro para Lulu. Ela parece estar se divertindo. Balança sua cadeira para a frente e para trás animadamente.

— Cuidado com sua cadeira. — Sorrio, olhando para as pernas frágeis.

Lulu não responde.

Um homem se sentou do lado oposto ao dela. Ele é alto e tem certo charme. Lulu está claramente impressionada.

Ergo os olhos esperançosamente à chegada do meu novo companheiro. Infelizmente ele é um homem corpulento e sem atrativos, cabelos ruivos muito cacheados. Contendo o riso, olho para Lulu, pronta para um comentário sarcástico. Mas ela não consegue tirar os olhos do seu parceiro. Em sua animação, balança sua cadeira para a frente e para trás ainda mais violentamente.

— Então você é uma jornalista de celebridades — diz o homem.

Volto minha atenção para ele.

— Como sabe disso? — balbucio.

— Por acaso ouvi você conversando com sua amiga mais cedo — anuncia ele sem o mínimo constrangimento.

Não sei o que me espanta mais: sua flagrante bisbilhotice ou sua enorme falta de vergonha de admiti-la.

— Você conseguiu um convite para assistir ao Grande Prêmio de Mônaco no último fim de semana — continua o homem.

Ergo os olhos para ele. Está me olhando astutamente.

— É um convite quente — declara ele em um tom inexpressivo.

Interpreto seu comentário como um elogio.

— Obrigada — respondo.

— Onde você ficou? — insiste ele.

— No Mirabeau — respondo.

— De onde assistiu à corrida? — O tom dele é brusco.

— De um iate particular.

Ele faz um sinal com a cabeça, como se satisfeito com algo.

— Foi ao baile?

— Sim — respondo.

Seu exaustivo e indelicado questionamento está começando a me aborrecer. Sinto-me mal com isso, e então mudo de assunto:

— E quanto a você? Trabalha na cidade?

— Trabalho em um pequeno banco de investimentos chamado J. P. Morgan — responde ele, arrogante. — Talvez já tenha ouvido falar. — O homem ri para si mesmo. Não demora muito para se dobrar de rir de sua própria piada.

Acho a arrogância dele insuportável. Mas não tenho tempo para retorquir porque naquele momento a atmosfera é abalada por um estrondo e um grito.

A cadeira de Lulu caiu para trás e minha querida amiga está deitada de costas com as pernas para o ar, incapaz de se mover. Seu "companheiro" não move um dedo para ajudá-la. E, a propósito, o meu também não. Corro para o lado dela.

— Droga, Lulu, você está bem? — pergunto.

A resposta para minha pergunta é uma estrondosa risada.

Também tenho um ataque de riso histérico e demora um pouco para recuperarmos nossas forças e eu conseguir colocá-la em pé.

— Ah, meu Deus, minhas calças — consegue ela dizer, segurando o cós com uma das mãos e meu braço com a outra. Somente quando Lulu me arrastou para o banheiro feminino sua situação embaraçosa ficou clara.

— O zíper quebrou — anuncia ela.

— Não se preocupe — digo. — Seu paletó é bem longo.

— Não, querida, você não entende. Estou sem calcinha. Minhas calças estavam apertadas demais — explica ela.

Tenho outro ataque de riso.

— Você tem um alfinete de segurança ou algo no gênero? — balbucia ela.

— Não em mim — respondo abafando o riso.

De todas as pessoas na sala, é óbvio que a única que poderia ter um alfinete de segurança é Jane. Como era de esperar, ela tem um kit de costura na bolsa. Procuro uma agulha e linha e volto para o banheiro.

Quando começo a costurar as calças de Lulu, pergunto-me por que esse desastre tinha de acontecer com o homem lindo, e não o ruivo enfadonho. Edward sempre desprezou Lulu como uma boa-vida. Sempre defendi minha amiga veementemente. Mas quando penso nela deitada de costas com as pernas para o ar e sem calcinha, tenho de admitir que Lulu é uma figura.

Edward e Guy estão entretidos em uma conversa e seus pratos principais, quando subimos os grandes degraus do clube no Soho, algumas horas depois. Alguns amigos estão sentados do lado oposto ao deles, e um homem que não reconheço volta para a mesa quando Edward se levanta para nos cumprimentar.

— Grey é um contato importante — sussurra meu namorado ao meu ouvido, fazendo um sinal para eu me sentar perto do novo rosto.

Há finos grãos de pó branco na narina direita de Grey. Ele estende o braço distraidamente na minha frente para pegar um pouco de pão, roçando a mão em meu peito, embora eu me achate contra minha cadeira em uma tentativa de abrir espaço para ele.

O tema da conversa passou a ser os méritos da educação. Tendo tomado conhecimento de que estudei em Cambridge, Grey critica a atitude inglesa em relação ao aprendizado.

— Obtive meu MBA em Harvard — anuncia ele. — Não há lugar no mundo melhor para estudar, se você leva as coisas a sério.

Lulu e eu trocamos olhares zombeteiros. Edward sorri para mim enquanto olha a carta de vinhos.

— Estaria interessado em uma garrafa de Clos de Tart Grand Cru, Grey? — pergunta ele a seu convidado.

— Qualquer coisa cara. — É a resposta de Grey.

— Trezentos dólares a garrafa está bom para você? — Edward ri.

Acho a exibição mútua dos homens endinheirados deprimente e grotesca. Tomando um grande gole de champanhe, percebo que Edward está gastando mais em uma garrafa de vinho que eles terminarão em uma hora do que eu gasto em sapatos de salto de grife que durarão anos.

Enquanto continuo a ouvi-los falar sem lhes prestar muita atenção, sinto-me tomada por um sentimento familiar de depressão. Olho para nosso grupo. Lulu está se jogando na conversa — mas não quero nenhum daqueles homens como meu amigo. Ela merece algo muito melhor.

Meus pensamentos vão para o trabalho. Garanti a promoção e o aumento salarial. Mas em vez de diminuir minhas crises de tristeza, como eu esperava, meu novo status só as aumentou. Para criar minha nova função, meu editor reduziu algumas das responsabilidades dos outros executivos e o poder da assessoria. Além de criarem desafios para mim em um nível pessoal, essas responsabilidades extras significam que agora trabalho ainda mais horas. O tempo para qualquer simulacro de intimidade com Edward tem de ser roubado do tempo em que eu deveria estar fazendo outras coisas — geralmente à uma hora ou às duas da manhã, quando chego em casa bêbada de uma longa noite fora trabalhando em minha rede de contatos, e tudo que realmente quero é dormir.

Estou sobrevivendo de migalhas de sustento emocional.

Se essa fosse uma situação temporária com uma data certa para acabar — como, por exemplo, causada por um novo lançamento no trabalho —, eu poderia tolerá-la. Afinal de contas, adoro meu trabalho. Mas não há nada de temporário em meu estilo de vida, absolutamente nada. Percebo que há tão pouco para cortar em minha vida que se ocorresse apenas um evento inesperado ou não planejado — como uma doença grave em minha família — não sei como encontraria tempo para ajudar. Pior ainda, pergunto-me que reservas emocionais me restariam. Minha vida é muito cheia de trabalho, eventos e refeições caras, e ao mesmo tempo incrivelmente vazia.

Essa contradição não faz sentido.

Todos os dias tento me convencer de que minha vida é ótima, de que é assim que uma vida bem-sucedida deveria ser. Mas está ficando cada vez mais difícil me iludir.

Penso na noite de ontem. Como sempre, não consegui dormir. Como sempre, acabei no quarto de hóspedes com meu Lapsang Souchong e meu MacBook. Sorrio ao me lembrar da hora que passei no Peru — transportada para a floresta tropical e depois para as montanhas e um monte de culturas e tribos diferentes. Lembro-me do momento em que Machu Picchu inevitavelmente brilhou em minha tela, e descobri que não conseguia tirar os olhos da cidade escondida durante séculos do mundo exterior pela vegetação rasteira da selva.

Sonho acordada com como seria voar para o outro lado do mundo.

Pergunto-me se ainda me sentiria eu.

Em Londres, estou constantemente estressada e cansada, sem nenhum tempo real para nada ou ninguém. Estou começando a gostar cada vez menos desta Londres.

Eu gostaria mais de mim mesma no Peru?

Ergo os olhos. Edward está me observando atentamente com uma expressão intrigada.

4

Minha aflição chega a um ponto crítico enquanto espero na recepção do estúdio de ioga mais chique de Londres por minha conversa semanal com meu conselheiro pessoal. Krishna é indecentemente bonito e moderno. Eu ficaria feliz em pagar uma hora apenas para me sentar e olhar para ele, que dirá para lhe confiar meus pensamentos mais íntimos.

Normalmente chego atrasada e perco os primeiros 15 minutos de minha consulta tentando me descontrair rapidamente — um oximoro, se é que se pode dizer isso — e mudar minha persona de profissional estressada para mulher jovem introspectiva. Mas hoje, em um raro momento de boa sorte, saí do trabalho a tempo e posso até mesmo fazer minha aula de ioga favorita antes da minha consulta. A ioga me fornece alívio da minha vida agitada, e saio do estúdio me sentindo como se alguém tivesse passado uma hora massageando os pontos tensos em meu corpo e apaziguando minha mente, deixando-me em um estado tão relaxado que me sinto um pouco como uma água-viva.

Tenho meia hora entre o final da aula e minha consulta, por isso peço uma xícara de Lapsang Souchong na pequena lanchonete orgânica e me sento. Como tem ocorrido nos últimos tempos, os efeitos da aula de ioga duram pouco — minha mente logo fica ligada e aproveita a oportunidade para dissecar minha semana. Diante da série de incidentes dos últimos sete dias, quaisquer esperanças que eu ainda pudesse ter de continuar enterrando minha cabeça na areia em relação ao trabalho haviam desaparecido. Isoladamente, esses incidentes não seriam excepcionais, e eu conseguiria encontrar alívio nos costumeiros paliativos baseados no bom senso — "Você está ganhando um ótimo salário, Anna", "Sua carreira está em rápida ascensão", "É isso que você sempre quis fazer em sua vida" etc. Combinados, eles agiriam como um catalisador, forçando-me a avaliar honestamente onde estou em minha carreira e, mais importante ainda, para onde vou e o que estou prestes a me tornar.

Minha semana começou com um café da manhã com um antigo colega que agora está trabalhando como editor de outro jornal. Durante nossa conversa informal, ele me confidenciou que, em seu primeiro dia de trabalho, encontrou o antigo editor em sua escrivaninha — sem saber que fora substituído. Eles acabaram ocupando o mesmo cargo durante seis meses em uma "briga mortal", até que meu colega desistiu espontaneamente do cargo e o outro homem — pobre coitado — foi demitido.

Achei isso absolutamente chocante, e entrei no escritório me sentindo desmotivada e distraída.

Subsequentemente, minha semana ficou ainda pior.

Alguns dias depois, estava trabalhando em uma matéria de destaque à minha escrivaninha quando uma redatora passou por mim correndo, em lágrimas. Eu nunca havia visto aquela mulher — uma mulher sensata na casa dos 50 anos que era uma fonte divertida de fofocas e de quem eu gostava muito — nesse estado. Preocupada, eu a segui até o banheiro feminino.

Demorou um pouco para ela conseguir falar.

— Deixei escapar para um dos executivos que falei sobre um artigo que estou escrevendo com uma amiga que trabalha em outro caderno — disse ela com uma voz baixa.

— E qual é o problema disso? — perguntei. — O outro caderno vai sabotá-la? Teremos de mudar seu artigo?

Ela balançou a cabeça.

— Bem, então qual é o problema? — insisti.

— Não sei. Minha amiga é promotora, não redatora ou editora, e a coluna dela não tem nada em comum com a nossa. Além disso, nós nos conhecemos há mais de 20 anos e ela não faria uma sujeira dessas. — Ela conteve um soluço. — Acho que nunca tomei uma bronca como essa, Anna.

Vendo os olhos vermelhos da minha amiga, senti a raiva crescendo no peito. O mundo da mídia é duro e competitivo, e eu aceitava isso. Mas essa situação era ridícula. A aparente lógica por trás da cultura agressiva de alguns jornais era a de que ela garantiria que todos nós teríamos nosso máximo desempenho. Mas o ambiente de insegurança e estresse que gerava — e o muito óbvio custo humano — me desanimava.

Permaneci no banheiro depois que a redatora saiu. Joguei água fria no rosto e me olhei no espelho, vendo minha palidez doentia e as enormes bolsas sob meus olhos. Na noite anterior eu havia cancelado um jantar com Lulu e esperado até as três da madrugada que um correspondente enviasse uma matéria sobre celebridades e seus mimados cães. A matéria já estava com duas semanas de atraso, faltava um dia para o prazo final e minha caixa de entrada continuava vazia. Minha frustração não poderia ser descrita com palavras. Eu estava abrindo mão da minha vida por uma matéria de destaque que era o epítome da inocência em vão, porque eu acabaria levando a culpa pela incapacidade do correspondente de cumprir o prazo.

Meia hora depois, um dos nossos designers internos e eu estávamos sentados do lado oposto de três homens de meia-idade em uma agência de design ultramoderna, a Soho HQ. Quando meu colega começou a falar sobre a crítica de nosso editor aos redesigns deles da revista, deparou-se com a mudez que transmitia a impaciência dos designers com a interferência do "pessoal das letras" em seu negócio de artes visuais.

— Não há como fazermos tanto trabalho em uma semana — anunciou o diretor administrativo sênior da agência.

Houve uma ironia no comentário dele: estávamos tentando ter essa reunião havia duas semanas.

— Não podemos fazer isso — reiterou ele, recostando-se em sua cadeira com os braços atrás da cabeça. — Ponto final.

Um silêncio embaraçoso desceu sobre a sala. Meu colega se enterrou em seu notebook, os três designers olharam para o teto e minha barriga se contraiu de nervoso.

— O que *pode* ser feito? — aventurei-me a perguntar em um tom conciliatório.

O designer deu de ombros.

— Muito pouco.

Sustentei o olhar dele, forçando-me a resistir à tentação de quebrar pela segunda vez o embaraçoso silêncio.

— Metade — finalmente admitiu.

— O problema do meu editor é que ele vai apresentar os designs na semana que vem.

O designer me olhou sagazmente.

— Isso não é problema *meu*.

— Acho que provavelmente é problema de todos. — Tentei sorrir. — Sei que todos nós realmente queremos fazer esse trabalho. Infelizmente, para isso temos de fazer o redesign dessas páginas.

— O problema não é o editor — anunciou o designer para a sala. — É este. — Ele apontou para mim.

Seus colegas sorriram de um modo afetado. Meu colega me olhou solidariamente. E fiquei tão enraivecida que desejei mais do que tudo me levantar e ir embora. Mas sair dali sem obter o resultado que meu chefe exigia não era uma opção.

— Não creio que isso seja verdade — respondi, forçando-me a sorrir e fingir indiferença. — Então qual é a solução?

Novamente, silêncio.

— Tentaremos — disse ele finalmente.

— Fico grata por isso. Devo lhe telefonar no meio da semana que vem para saber como andam as coisas?

No momento em que saí da reunião, lembrei-me dos cães. Chequei minha caixa de entrada — ainda vazia. Ao mesmo tempo, também me lembrei da hora marcada com meu médico. Eu já estava 10 minutos atrasada. Droga! Pensei, enquanto ligava para o cirurgião.

— Você também faltou à sua última consulta — observou a voz masculina amigável.

Nesse dia eu também estivera muito ocupada no trabalho.

— Eu sei — respondi. Desculpe-me. — Senti-me sem valor e constrangida.

— Quando você pode chegar aqui?

— Daqui a 20 minutos.

— Eu a esperarei — disse ele sem hesitação.

Quando se tornou claro que a dieta e os suplementos não estavam resolvendo minhas terríveis cólicas, meu médico reiterou o que eu já sabia.

— Você não pode continuar assim, Anna.

A garçonete põe uma xícara de chá fumegante na minha frente. Enquanto me perco em suas profundezas cor de âmbar, percebo que estou abrindo mão de tudo — minhas amizades, meus valores, minha saúde — para manter meu emprego. E para quê? — pergunto a mim mesma, tomando um gole de chá. Contudo, não posso desistir do meu trabalho, reflito. Tampouco quero. Mas não posso considerar a ideia de encontrar outro emprego imediatamente. E se eu acabasse em algum lugar com a mesma pressão? Sorrio ao me dar conta de que o único benefício de ter mantido meu emprego por tanto tempo é que não preciso mais mantê-lo. Poupei o suficiente para tirar alguns meses de férias. Devo partir com um objetivo, decido; devo partir *para* algo. Minha mente se fixa no enigma do Peru.

Eu realmente poderia fazer isso acontecer?

Vejo o livro em minha bolsa. O folheto está dentro da sobrecapa. Não olhei para ele desde aquela abominável conversa com Edward um mês atrás. Olho para a adolescente que sorri segurando o cabrito. Duvido que ela tenha um único par de sapatos de salto alto. Além disso, está claramente perto de passar pelo trauma da puberdade — se é que ainda não passou. Contudo, algo na liberdade inconsciente e desinibida de seu sorriso me hipnotiza. A garota exala naturalmente algo pelo qual anseio. E não consigo tirar os olhos dela.

— Anna, como vai você?

Gabby está em pé perto de mim. Usando calças esportivas e uma camiseta vermelha grande demais, ela parece deslocada no estúdio de ioga com seus adeptos de ashtanga magros como palitos. Ao mesmo tempo, transmite calor humano e bondade. E como alguém a quem é oferecida uma cerveja gelada no meio do deserto, sinto-me irresistivelmente atraída por ela.

— Você decidiu? — pergunta Gabby subitamente. — Está preparada para o Peru?

Quando nos deparamos com o que sabemos intuitivamente que é uma das escolhas monumentais da vida, refletimos sem parar sobre os prós e contras até praticamente esgotarmos nossa capacidade de pensar. Mas quando chega o momento em que a decisão tem de ser tomada, somos forçados a buscar a resposta em nossas entranhas. E ela é surpreendentemente fácil.

Olho para Gabby.
Olho para o folheto.
Olho para ela de novo.
E, sem hesitação, digo:
— Sim.

5

Um mês depois, estou de quatro, me arrastando em um caminho implacável que sobe em zigue-zague por uma enorme pirâmide de barro. Não me reconheço. Estou a 9.656 quilômetros do meu guarda-roupa de sapatos de salto alto e jeans skinny e usando um casaco de fleece disforme e coturnos fora de moda incrustados de lama. Não estou com uma boa aparência. Ela ficou ainda pior com a capa impermeável fúcsia de Gabby que uso em uma tentativa patética de me proteger da chuva torrencial. Mas o que me faz encabeçar a liga de "Os Piores Deslizes na Moda de Anna" é meu cabelo: o aguaceiro transformou meu cabelo curto, liso e sedoso em um aglomerado de cachos rebeldes, e estou tendo o equivalente a 50 dias de cabelo ruim ao mesmo tempo.

Há 10 dias Gabby e eu estamos em uma exploração exaustiva do Norte do Peru, seguindo um itinerário que poderia ter sido traçado às pressas por Cristóvão Colombo e envolve todos os meios de transporte conhecidos pelo homem: avião, barco, carro, a pé, a cavalo e — meu favorito: ônibus noturno. (Imagine uma viagem de nove horas em um cubículo abafado sem ar-condicionado e suspensão. Imagine acordar no meio da viagem infernal e descobrir que um homem velho e baixo dormiu apoiado em seu ombro e há uma poça de baba na base do seu pescoço.) Tudo isso para chegar a Túcume: uma cidade feia de ruas de terra com casas simples de adobe cuja característica distintiva é o cheiro. Túcume exala pobreza — tem aquele cheiro único de fezes, lixo e animais infestados de pulgas. Há dois dias estamos hospedadas em um albergue modesto com dois quartos, sem eletricidade (normal) e sem água corrente (anormal), e o resultado é que não posso usar um secador de cabelos (apenas tolerável) e me lavar (totalmente intolerável). Túcume não é meu destino preferido.

Chego a uma pequena saliência arenosa logo abaixo do ápice da pirâmide ofegante, suada e desgrenhada. Em pé, com as mãos nos quadris, examino a paisagem. Estou cercada de pirâmides. No total, 30. Durante milênios, desde sua construção, o barro rachou ao sol, formando sulcos profundos nas paredes que me dão a sensação de que estou em uma cidade de gigantescos favos de mel. Esquecendo-me de mim mesma por um momento, admiro a pura beleza ao meu redor. Ela é cativante. Mas então me ocorre que a vista de Primrose Hill também é muito bonita — e chegar lá não envolve uma viagem de 24 horas, um fuso horário de seis horas e lidar com um monte de coisas do Terceiro Mundo.

Enquanto Lulu entendeu muito bem minha decisão de tirar um período sabático de três meses, começando com seis semanas no Peru, e meu editor me deu sua bênção — depois de um impasse temporário — oferecendo-me uma licença não remunerada com uma editoria associada na minha volta, Edward não hesitou em me dizer que eu era uma idiota e me arrependeria disso no momento em que saísse do avião. Eu estava começando a achar que ele poderia estar certo.

Suspiro ao me apoiar em uma parede. Infelizmente, a realidade de estar no Terceiro Mundo e a natureza inquestionavelmente duvidosa da minha aparência são os menores dos meus problemas. Gabby concluiu que trabalhar com um xamã é a solução infalível. Ela chegou a essa conclusão uma hora depois de eu aterrissar em Lima, e tocava nesse assunto todos os dias com zeloso entusiasmo, ignorando deliberadamente meus céticos protestos de que eu não aceitava o conceito de ser "curada" por um assim chamado xamã.

A metamorfose de Gabby de uma figura materna afetuosa em prosaica adepta do xamanismo havia culminado em um inevitável confronto alguns dias antes, depois do almoço — se é que uma tigela de mingau com alguns pedaços de carne inidentificáveis boiando na superfície merece esse título.

— Estou tomando providências para você passar alguns dias com Maximo Morales — anunciara ela entusiasmadamente.

— Quem é Maximo Morales? — perguntei com indiferença.

— Um xamã que eu conheço.

— O quê? — perguntei incredulamente.

— Ele tem um lindo centro de cura nos arredores de Cusco — continuou Gabby, antes de notar minha expressão horrorizada. — De qualquer modo, você terá de voar para Cusco depois que eu partir, Anna, porque é de lá que vai para Machu Picchu — declarou ela em um tom peremptório. — Além disso, enviei um e-mail para Maximo e ele realmente está ansioso por conhecê-la.

— O que você quer dizer com "enviei um e-mail"? — interrompi-a, indo momentaneamente do ceticismo para a incredulidade: isso não se encaixava em minha imagem de um xamã como um selvagem primitivo usando tanga e vivendo em uma iurta.

— Maximo é bastante sofisticado, Anna. — Gabby riu. — Ele é professor de arqueologia. E um dos empresários mais bem-sucedidos de Cusco.

Olhei para ela, estupefata.

— Ele é peruano, mas viajado. Fala seis idiomas.

Esse homem me pareceu bom demais para ser verdade.

— Ele é casado? — desejei saber.

— Era. A esposa dele morreu.

— Como? — Fiquei chocada.

— Durante uma cirurgia. Maximo tem apenas quarenta e poucos anos, mas é viúvo há mais de 10... — Gabby fez uma pausa. — Maximo tem uma reputação e tanto, Anna — confessou ela. — Não se esqueça disso. Mas é fascinante — disse rapidamente. — E você vai gostar dele. E ele também vai gostar de você — acrescentou enigmaticamente.

O sol do final da tarde baixou no céu, um domo ardente cor de laranja que ilumina o barro em forma de favos de mel. Volto a pensar nesse Maximo Morales. Admito que a descrição de Gabby despertou meu interesse. Mas o fato é que um xamã é um xamã, e eu simplesmente não consigo aceitar a ideia de que um deles pode me ajudar. A síndrome de esgotamento profissional é um fenômeno do século XXI.

Como alguém do Terceiro Mundo que não sabe nada sobre a vida em uma metrópole agitada do Primeiro Mundo pode ao menos entender isso, quanto mais fazer algo a esse respeito?

De qualquer modo, não preciso de ajuda, lembro-me com a firme determinação de uma pessoa que no fundo sabe que o que está dizendo para si mesma não é verdade. Só preciso de espaço. Foi por isso que vim para o Peru — para tirar uma folga, fugir de Londres e reavaliar para onde estou indo.

Subitamente avisto duas crianças de cabelos cacheados. Em minutos, a pequena saliência se enche de um grupo de estudantes. Eles olham para mim sem demonstrar vergonha. Tento lhes sorrir. Nenhum deles me sorri de volta. Começo a me sentir muito constrangida.

Finalmente um deles diz:

— *Você* tem cabelos loiros! *Você* tem cabelos loiros como David Beckham!

— David Beckham não é abençoado com cachos como esses — digo para mim mesma.

— David Beckham é meu ídolo — disse outro garoto. Você o conhece?

— Sim. — Eu sorrio. — É meu vizinho.

— É mesmo? — diz todo o grupo em uníssono.

Vários corpos masculinos se aproximam de mim, fazendo perguntas:

— Como ele é?
— Há quanto tempo você é vizinha dele?
— Ele deve ser muito rico!

Gabby chega e me encontra cercada de estudantes, enquanto tento explicar que estou brincando. Ela começa a rir descontroladamente. Mas não por muito tempo. Logo atrás vem o chauvinista de meia-idade atarracado que está ficando careca e é nosso guia. Aproximando-se dela, ele faz uma longa descrição da área, parando apenas para instruí-la a traduzir o dialeto local para mim.

— Ele só está me entediando com informações sobre a agricultura daqui — diz Gabby simplesmente.

O guia olha para ela, claramente intrigado por seu longo discurso ter sido tão resumido, e então continua.

Subitamente Gabby começa a rir.

— Ele acabou de me dizer... — começa, antes de ter um ataque de riso histérico — acabou de me dizer... que as pirâmides são chamadas "As Pirâmides" por causa de sua forma de pirâmide.

Rindo, balanço a cabeça. Nosso guia deve ter roubado a coroa do "Homem mais Enfadonho do Planeta" do homem em meu encontro de solteiros. Em uma tentativa de controlar meu riso, olho para longe.

Um grupo de turistas em pé em uma saliência logo abaixo de nós atrai minha atenção. Há 15 mulheres e um homem — que eu concluo ser bastante corajoso. Eles se encaixam perfeitamente no que só pode ser descrito como estilo hippie — cabelos compridos despenteados, calças com caimento ruim, camisetas, muitas bijuterias douradas, esse tipo de coisa. E estão alinhados com os braços estendidos e os olhos fechados. Ao observá-los, com minha curiosidade despertada, dou-me conta de que em Túcume moda é um conceito relativo e, pelo menos em comparação com esses turistas, pareço ter acabado de sair de uma passarela.

Um homem com cabelos fartos na altura dos ombros está em pé na frente dos hippies, de costas para mim. Ele segura um chocalho. No momento em que começa a sacudi-lo, todo o grupo começa a gemer e balançar de um lado para outro. A inibição excessiva leva a uma falta de espontaneidade e isso não é bom, segundo minha cartilha. Mas, na verdade, a falta dela é ainda pior. Pergunto-me quem são essas pessoas e que diabos estão fazendo quando, de repente, o estranho se vira.

Noto seus mocassins modernos de couro preto, primeiro. Parecem singularmente elegantes na obsoleta mistura a seu redor. Ergo os olhos devagar das calças de cintura baixa que cobrem suas longas pernas para a camisa preta sob medida abraçando possessivamente seu peitoral firme, e mais alto até os dois olhos grandes cor de âmbar brilhantes em um rosto de feições atraentemente andróginas e delicadas.

Ele é o peruano mais bonito que já vi.

E está olhando diretamente para mim.

Ele não sorri, não para de sacudir o chocalho, só olha.

Sinto-me começando a arder sob seu descarado escrutínio. Mas não desvio os olhos. Estou completamente paralisada.

E então, subitamente, o belo estranho pisca os olhos para mim antes de se virar de novo para os hippies.

Fico totalmente intrigada.

Quero saber quem ele é. De onde é. Por que está com esse grupo de turistas um tanto estranhos. Mas quando nosso guia finalmente encerra as atividades do dia, o semideus e seu grupo de hippies desapareceram.

Na manhã seguinte, sou despertada do meu desassossegado sono por uma desafinada banda. Ainda não há água e, por isso, pelo terceiro dia seguido, não consigo me lavar. Fazendo uma careta, vou lá fora descobrir o que está acontecendo.

— É o festival da Virgem — diz a dona do albergue, uma mulher jovem com o rosto largo, nariz adunco e cabelos pretos volumosos, enquanto me arrasta para a rua.

Uma enorme imagem de Maria está sendo levada em uma procissão acompanhada por muita fanfarra, cortesia de um grupo heterogêneo de músicos usando uniformes cinza desbotados por muitas lavagens. Subitamente eles param do lado de fora de uma grande fazenda. Nesse momento, um homem velho muito baixo com um gorro bege e um sorriso irreprimível aparece na entrada e os conduz para um pátio de terra que abriga alguns porcos, um cão e uma pequena capela. Os fiéis carregam a Virgem para dentro, batendo com sua cabeça na porta de forma não muito cerimoniosa. Mas ninguém mais parece notar, e logo outro *medley* desafinado anuncia a chegada de uma segunda banda, essa vestida de verde.

Durante algum tempo há uma impasse enquanto os Uniformes Desbotados e os Robin Hoods tocam músicas diferentes ao mesmo tempo. O pequeno pátio explode em uma cacofonia de barulho. Por fim, a primeira banda recua relutantemente para a estrada e a segunda assume.

De repente avisto o elegante semideus da véspera.

Ele está falando com o homem velho baixo, e eles estão rindo muito de alguma piada. Observando-os, vejo-me rindo também.

— Para o que você está olhando? — Gabby está ao meu lado. Ela segue meu olhar e, antes que eu tenha tempo para responder, grita.

— Você está bem? — pergunto preocupada.

Mas ela está olhando para além de mim.

— Maximo! Maximo! — exclama.

O semideus se vira para nós.

Nossos olhos se encontram.

Sorrindo, ele pisca para mim. De novo.

Gabby não nota.

— Que coincidência! — diz entusiasmadamente. — Estávamos falando sobre você.

— Você estava falando sobre ele — interponho.

— Maximo Morales — continua ela. — Esta é...

— Sei quem é — interrompe-a ele.

Sua voz é profunda, rouca. Encaixa-se no pacote. Perfeitamente.

Com total confiança, o semideus caminha a passos largos para mim, pega minhas duas mãos nas suas e olha nos meus olhos. De perto ele é ainda mais bonito. Estou dominada demais por sua presença, seu poder, para sequer me sentir constrangida — apesar da minha aparência desastrosa.

Ele se inclina para mim e sussurra:

— Por que você demorou tanto? Eu estava esperando por você, Annita.

Desde o início, fui sua "Doce Anna".

6

Duas semanas atrás, Gabby voou de volta para Londres e eu voei para Cusco, onde ficaria pelas duas últimas semanas da minha viagem. No aeroporto, entrei na internet pela primeira vez desde que cheguei ao Peru. Recebi uma série de e-mails de Lulu e Hels, mas nenhum de Edward.

Isso me magoou, mas não me surpreendeu.

Quando as tentativas de Edward de me demover da minha decisão de tirar um período sabático se revelaram inúteis, ele se distanciou. Mal nos vimos durante duas semanas antes da minha partida — e quando telefonei do táxi a caminho de Heathrow, meu namorado não atendeu meu telefonema. Digitei um rápido e-mail para ele com o coração cheio de tristeza. Sabia que Edward ficaria aborrecido com minha decisão de buscar um pouco de liberdade, mas não havia imaginado que ele poria tanto gelo em nosso relacionamento. Por um momento, vacilei. Queria que meu namorado me apoiasse, não que me puxasse para baixo. Queria que acreditasse em *mim*, não em minhas credenciais — meu emprego, meu apartamento e minha vida social.

Mas então caí em mim e me lembrei de que Edward estava muito longe e eu estava no meio de uma excitante aventura. Não queria pensar nos problemas em casa. Queria aproveitar minhas férias. E não deixaria nada — nem ninguém — me impedir de fazer isso.

Durante todo o voo fiquei com o rosto grudado na janela, maravilhada com o belo conjunto de picos de montanhas abaixo. As colinas individuais pareciam dedos inchados das mãos de um gigante. O solo era uma rica panóplia de castanhos e vermelhos, a magnificência verdejante do norte dos Andes — onde eu passara as últimas três semanas — sendo substituída por um ocre tão vívido que parecia que as entranhas da Terra estavam expostas.

Cusco é o único aeroporto em que estive onde uma banda — essa perfeitamente afinada e usando ponchos muito coloridos e pequenos chapéus de lã — recepciona com música de sopro os viajantes que estão enfileirados para pegar suas bagagens. Enquanto o norte era um deserto turístico, Cusco era uma máquina turística bem regulada. Eu a achei mágica.

Maximo Morales está à minha espera em meio à multidão de motoristas de táxi. Destacando-se entre seus conterrâneos, a maioria dos quais é da altura de pigmeus, o xamã é inconfundível.

Ele me leva para um Toyota Land Cruiser que também se destaca entre as fileiras de velhos Mini Metros cor de mostarda que realizam o serviço de táxi de Cusco e lotam o estacionamento.

— Vamos direto para o meu centro no Vale Sagrado — explica Maximo, ligando o quatro por quatro e se dirigindo à saída cantando pneus e deixando para trás um rastro de borracha queimada.

— Esse motor é muito barulhento — comento.

— Adaptei o de um Chevy — diz Maximo. — Eu era corredor de rali — acrescenta.

Isto está ficando cada vez melhor, penso.

— Também gosto de velocidade — digo casualmente, recostando-me no banco de couro de cor creme.

Os meios de transporte que Gabby e eu havíamos usado para percorrer o norte se assemelhavam em sua lentidão, e eu sentia falta do Audi R8 de Edward. A desenvoltura de Maximo atrás do volante representa uma bem-vinda mudança.

Num piscar de olhos chegamos aos arredores de Cusco, um conjunto disperso de casas simples de adobe e lojas diminutas com bandeiras azuis e vermelhas do lado de fora para anunciar seus produtos — pão e chicha, cerveja de milho. Cães abandonados perambulam pela beira das ruas sem pavimentação em que crianças pequenas descalças, com roupas sujas e rostos sorridentes, chutam a terra.

As ruas se tornam uma estrada e os subúrbios apinhados se transformam em campo aberto.

O vermelho novamente se encontra com o azul quando montanhas cor de sangue cortam um céu translúcido. A terra foi rasgada em enormes terraços, que estão sendo trabalhados por bois lutando com arados de madeira primitivos. A estrada ziguezagueia através da cordilheira de uma curva fechada para outra. O caminho é traiçoeiro e cães, vacas, porcos e burros vagueiam por ele, mas Maximo não reduz a velocidade.

— Bem-vinda ao Vale Sagrado — anuncia.

Estou totalmente hipnotizada. Acho que é um dos lugares mais lindos que já vi.

— Então, fale-me sobre sua saúde — começa Maximo, virando-se para mim.

— Não é nada importante — respondo indiferentemente. — Estou tirando umas férias de alguns meses e depois ficarei bem.

Maximo estuda silenciosamente meu rosto.

Sinto uma chama vermelha se espalhar pelas minhas bochechas. Desvio o olhar, constrangida.

— Você é feliz? — Sua objetividade me pega desprevenida.

— Muito. — Encolho os ombros.

— Então por que está aqui?

— Estou em um período sabático.

— De quê?

— Sou jornalista. Trabalho para um jornal.

— Por que você quer deixar seu emprego?

— Não quero deixar meu emprego — retruco. Seu questionamento abalou meu humor calmo e meu tom é mais defensivo do que pretendo. — Só quero uma folga — suspiro. — Tenho trabalhado demais e preciso de um pouco de descanso. Não deixei meu emprego. Eu o adoro.

Depois das minhas conversas diárias com Gabby sobre meu esgotamento profissional e a notável e perturbadora ausência de Edward em minha caixa de entrada, as indagações práticas de Maximo fazem com que eu me sinta estranhamente desconfortável. Mas em momento algum me ocorre que eu poderia simplesmente me recusar a respondê-lo. Imagino que nada é recusado com muita frequência a Maximo.

Nós ficamos sentados em silêncio durante algum tempo.

Subitamente, a troco de nada, ele anuncia:

— Não existem coincidências, Annita. Você não acabou aqui por acaso.

— Com certeza — gracejo, antes de perceber que esta provavelmente não é a melhor hora para uma piada sobre a campanha contínua de Gabby para nos conhecermos.

De qualquer modo, Maximo não parece estar ouvindo.

Entramos em um caminho de terra e paramos ruidosamente do lado de fora de um muro cor de prímula.

— Você não vai voltar para seu trabalho — declara ele confiantemente, abrindo a porta e saindo. — Também não vai voltar para seu namorado! — grita por cima do ombro.

Fico vendo-o se afastar, meu ceticismo substituído por incredulidade.

Como ele sabe sobre Edward?, pergunto-me.

Enquanto Maximo dá instruções para um homem diminuto que tira nossa bagagem do Toyota, entro pela porta da frente em uma construção de dois andares em forma de L com vigas de madeira. À direita estão a cozinha e a sala de jantar. À esquerda, os quartos e a escada para o andar superior. Na minha frente há um gramado incrivelmente verde rodeado de pequenas árvores e flores muito coloridas. Ao contrário da paisagem poderosa e selvagem lá fora, o centro de Maximo é a imagem da domesticidade — e me lembra a Inglaterra. Sinto um nó no estômago ao pensar em meu lar. Mas, ao mesmo tempo, dominada por uma sensação de paz.

— Bem-vinda a Wasi Ayllu — anuncia Maximo com uma pequena mesura. — Espero que você se sinta em casa em meu centro.

O xamã claramente sabe agradar um turista, penso enquanto vou para o gramado e me sento debaixo de uma das árvores. Pequenos beija-flores verde-garrafa bebem de várias garrafas vermelhas penduradas nos galhos. Eles não produzem nenhum som, exceto pelo rápido bater de asas ao beberem com seus bicos longos e incrivelmente delicados. Eu nunca tinha visto pássaros tão bonitos.

— Vejo que você escolheu a árvore com o olho. — Maximo se senta perto de mim.

— O que quer dizer? — pergunto.

Ele aponta para dois sulcos circulares profundos no tronco — um círculo dentro de um círculo que poderia passar por um olho para uma criança com uma imaginação hiperativa. Erguendo as sobrancelhas, viro-me de frente para ele.

— Todos os xamãs têm ótima visão.

Minha expressão cética se torna um ponto de interrogação.

— Logo você entenderá — garante-me ele.

Rindo em constrangida confusão, desvio o olhar. Há três cactos com superfícies surpreendentemente lisas, retos como varetas, em uma das extremidades opostas a nós.

Maximo segue meu olhar.

— O São Pedro. — Ele sorri.

— O quê? — pergunto.

Ele se recusa a explicar. Em vez disso, se levanta e me conduz ao meu quarto.

— Os quartos em Wasi Ayllu têm os nomes dos animais e das plantas que são importantes na tradição xamânica — começa ele. — Escolho quartos para meus clientes usando minha intuição — acrescenta. — Então, para você, Annita, escolhi Fogo. — Ele se vira de frente para mim. — Fogo representa transformação. Você não será a mesma mulher quando deixar o Peru, minha princesa.

Sorrio friamente para ele. Mas basta. Minha confusão é substituída por aborrecimento. Estou farta dessas opiniões não solicitadas sobre mim e minha vida.

Você pode ser um dos homens mais bonitos que já conheci, Maximo Morales, mas não sabe do que está falando, penso comigo mesma. Estou aqui em um breve período sabático — e depois voltarei para casa.

Para meu emprego.

Para meu namorado.

Para minha vida.

7

Está anoitecendo quando me junto aos hippies na sala de meditação, um espaço arejado no alto da escada feito de vidro, bambu e chonta — madeira preta da selva. Um homem de meia-idade com pele negra, cabelos pretos grossos e feições fortes se senta na frente da sala. Está usando roupas semelhantes à dos músicos no aeroporto — um poncho, um pequeno chapéu com pompons que parecem gigantescos protetores de ouvido de lá e, bizarramente, sandálias abertas que não oferecem nenhuma proteção contra o frio cortante e através das quais vejo suas unhas dos pés pretas. Fico intrigada e nervosa. Isso é real, viagem pura — a mudança total de cenário que eu procurava. O melhor de tudo é que estou sozinha — sem Edward, sem Gabby, sem as limitações de uma identidade fixa.

Sorrindo largamente para mim, o homem de meia-idade se levanta com dificuldade e me dá um forte abraço. Fico totalmente surpresa — tanto com sua cordialidade quanto com seu cheiro almiscarado natural disfarçado pela combinação de unguentos que as pessoas no Primeiro Mundo usam todos os dias sem pensar.

— Está vendo? — Maximo se materializou do nada. Ele põe o braço ao redor da minha cintura possessivamente.

— Vendo o quê? — pergunto, virando-me para olhá-lo.

— Você é uma de nós, Annita — responde ele.

Maximo está falando enigmaticamente de novo. Pergunto-me por que ele não parte para um flerte direto. Isso seria mais do que suficiente para mim.

— José vai fazer um despacho, uma oferenda para Pachamama, a Mãe Terra, pedindo-lhe para abençoar nosso grupo e nossas duas semanas juntos — anuncia ele, enquanto me sento.

Os hippies se entreolham, sorriem ansiosamente e voltam a se concentrar no xamã. Balançando a cabeça em cínica descrença, olho pela janela para a misteriosa cruz andina que projeta sua luz no céu noturno.

Como pessoas cultas podem levar isso a sério?, pergunto a mim mesma. Esse é um belo espetáculo a acrescentar às histórias de viagens, nada mais.

— José é um Dom — diz Maximo. — Esse é o título dado a um xamã realmente poderoso por sua comunidade — continua. — José vive em Queros, uma vila no alto dos Andes a 10 dias de caminhada de Cusco.

— Ele caminhou até aqui apenas por nós? — pergunta uma das mulheres entusiasmadamente.

Maximo faz um sinal afirmativo com a cabeça e o público diz "oh" em uníssono. Até eu fico impressionada.

— A oportunidade de trabalhar com Maximo vale a caminhada. — O velho xamã fala com tranquila humildade enquanto estende cuidadosamente um lenço no chão e começa a cobri-lo com uma pilha alta de pétalas, sementes, especiarias e, meus favoritos, pequenos chocolates.

Maximo começa a nos explicar o intricado simbolismo por trás de cada item. Estou um pouco desatenta quando ele anuncia:

— Estas moedas douradas de chocolate simbolizam dinheiro, e os confeitos prateados representam o trabalho que você deve fazer para ganhá-lo.

— Então o xamanismo encoraja você a ganhar dinheiro? — pergunto surpresa.

— É claro, minha princesa. — Maximo se vira para olhar para mim.

— Graças a Deus! — exclamo, pensando na renúncia ao materialismo defendida por muitas tradições espirituais orientais. Nunca entendi essa separação entre o supostamente espiritual e o supostamente material. A abordagem xamânica parece muito mais sensata, especialmente para alguém cuja existência depende de ter poder. Como Edward nunca deixa de me lembrar, "Você é uma máquina cara para operar, Anna".

Meus pensamentos vão para a Inglaterra. Começo a me sentir triste de novo.

Dom José se levanta e minha atenção é imediatamente atraída por nós de veias varicosas atrás de seus joelhos. Não consigo tirar os olhos deles, ao mesmo tempo fascinada e com certa repulsa pelas veias com aparência de framboesas. Ele começa a dar uma volta pela sala, entregando pequenos montes de folhas para todos.

Que estranho, penso.

— Quando for a sua vez de ir para a frente — diz Maximo —, segure as folhas com a mão direita, afirme suas intenções para a viagem e as entregue para José.

Meus ouvidos ficam atentos. Intenções?, penso. Que intenções?

Os hippies começam a assentir com a cabeça, claramente confiantes no que vão pedir. Olho para fora da janela e tento concatenar meus pensamentos. O melhor que consigo pensar é em ter boas férias.

— Annita! — sussurra Maximo. Não o ouvi se aproximar. Sua respiração está quente em meu rosto. — Sua intenção deveria ser se reconectar com sua sabedoria feminina. Você precisa se reconectar com Pachamama.

— O quê? — Viro-me de frente para ele, mas ele já se afastou.

Não tenho a menor ideia do que significa "se reconectar com Pachamama". Contudo, não consigo pensar em nada melhor. Então, quando chega a minha vez de ficar na frente de

Dom José, sussurro apressadamente uma intenção de me reconectar com Pachamama — secretamente feliz por ninguém de Londres poder me ver —, antes de voltar depressa para meu lugar.

Fogo é um dos cinco quartos em um pequeno prédio circular adjacente à cozinha. Com chão de madeira, paredes de cor creme azedo e uma pequena suíte com um chuveiro, contém duas camas de solteiro cobertas com colchas vermelho vivo. Duas luminárias de teto iguais banham o quarto em uma luz amarela brilhante, completando um ambiente que é a própria personificação do lar.

Mais cedo, depois de pôr minha mala em uma das camas, tirar dela jeans claros e olhar saudosamente para meu único par de sapatos de salto alto não usado, comecei a empilhar minha roupa suja no meio do chão. Eu não havia conseguido lavar nenhuma desde que cheguei ao Peru, por isso a pilha logo se tornou uma verdadeira montanha.

Agora, refletindo sobre os acontecimentos do dia, eu estava deitada na outra cama me deleitando com o edredom surpreendentemente macio quando ouvi uma batida na porta. Maximo estava segurando um pote vermelho vivo e um chocalho.

— Vou pôr esta lama em sua barriga — anunciou ele, entrando rapidamente no quarto.

— O quê? — retruquei. Meu constrangimento com a enorme pilha de roupa suja logo se tornou insignificante quando senti um arrepio na barriga ao pensar que o semideus estava prestes a tocá-la.

Ele não perde tempo. Que tipo de abordagem é essa?, perguntei-me surpresa.

— Quero que você durma com isto na pele — continuou Maximo em um tom prático.

— Por quê? — perguntei indignadamente. A perspectiva de dormir com lama em meu corpo não me entusiasma.

— A lama é do lago Titicaca — explicou ele, estendendo o pote.

Olhei para sua mão — seus dedos longos e finos com unhas bem manicuradas.

— E? — Que mais você está pretendendo fazer com essa mão, perguntei-me.

— O Titicaca é um lugar sagrado — diz ele. — É o lago navegável mais alto do mundo.

— E? — repeti.

— A lama é um instrumento de cura.

— Como? O que ela faz?

— Ajuda a liberar — respondeu ele simplesmente.

Eu o olhei com desconfiança.

— Precisamos liberar esses bloqueios em sua barriga — continuou Maximo, como se isso fosse a coisa mais óbvia do mundo. — Você sofre com essas cólicas há meses, Annita, não é? — disse ele simplesmente.

Assenti com a cabeça.

— Então, você sofre porque o Universo está exigindo tempo do seu velho estilo de vida, mas você resiste a seguir em frente.

Olhei-o incredulamente.

— O que você está fazendo é totalmente normal — continuou ele. — Todos os seres humanos resistem a mudanças. Mas tentar evitar o inevitável só a faz sofrer, como você está sofrendo.

Eu não soube o que dizer.

Como Edward nunca deixou de salientar, eu vivia em uma cultura baseada no conceito de que estamos no banco do motorista, controlando nosso destino. Contudo, aqui estava Maximo, se referindo casualmente ao Universo fazer minha barriga doer para eu me dobrar à sua vontade — como se isso fosse a coisa mais natural do mundo.

O argumento era absurdo. Mas, ao mesmo tempo, Maximo entremeava seu jargão xamânico ininteligível com partes de bom senso e insights que eu não podia simplesmente ignorar.

É verdade que todos nós detestamos mudanças. Também é verdade que minha barriga doía havia meses. Eu não sabia o que pensar do xamã. Também não sabia o que pensar da proposta dele.

Como ele poderia remover bloqueios internos? Isso simplesmente não era possível.

Estava com esses pensamentos na cabeça quando, subitamente, vi minha roupa suja. Logo um problema mais urgente consumiu totalmente minha atenção ao me lembrar, mortificada, de que só me restavam duas calcinhas limpas. Eu havia usado toda a minha lingerie sexy no início da viagem, seguida da minha bonita coleção cor-de-rosa comprada em uma liquidação, e agora estava usando o que eu chamava de "meu básico de viagem" — calcinhas brancas de algodão resistentes que eu havia levado achando que, no Peru, a quantidade seria mais importante do que a qualidade.

O momento escolhido por Maximo não poderia ter sido pior.

Por que ele teve de vir esta noite?, perguntei-me aflita, ao mesmo tempo me lembrando de que eu tinha um namorado, o que me fez sentir uma onda de culpa desabar sobre mim.

Mas então ergui os olhos para o xamã. Ele me sorriu. E, sem querer, retribuí o sorriso. Apesar de minha confusão sobre seus motivos, meu ceticismo em relação à "lama que libera" e meu constrangimento porque Maximo era inegavelmente lindo, algo na real cordialidade por trás daquele sorriso me tranquilizou. E então me deitei na cama, abri o zíper de minhas calças e esperei.

Esperançosamente.

Com uma calcinha que teria ficado bem na minha avó.

— Feche os olhos — sussurrou ele.

Eu o ouvi abrir o pote. Murmurar ininteligivelmente sobre ele. Fiquei totalmente imóvel, com a respiração rasa, na expectativa.

Algo frio e macio desliza sobre minha barriga. De novo. E de novo. O toque pastoso deixa minha pele arrepiada. Maximo vai descendo pela minha barriga até a parte de cima da minha calcinha. Fico paralisada de constrangimento. Seus dedos se demoram por um momento.

O que ele vai fazer?, pergunto-me.

O quarto está em silêncio. Posso sentir o xamã em pé ao lado da cama. Mas ele não está fazendo nada. Não está dizendo nada.

E então ouço água correndo no banheiro.

— Posso abrir os olhos? — grito.

— Não — responde Maximo, voltando para o quarto e começando a sacudir o chocalho. O som é estranhamente alto, o ritmo estranhamente hipnótico. E ele continua. Pouco a pouco, a despeito de mim mesma, de minha mente resistente e meu coração disparado, começo a relaxar.

Então, repentinamente, aquilo para.

— Esse problema começou quando você tinha 7 anos — declara Maximo.

— O quê? — pergunto incredulamente.

— Sua intenção durante nosso tempo juntos deveria ser se reconectar com sua sabedoria feminina — lembra-me.

— Não entendi — respondo.

O que diabos aquilo significa?, penso.

O xamã se recusa a explicar.

— Deixe a lama em sua pele até amanhã e durma cedo — instrui ele, inclinando-se para mim e beijando levemente minha testa.

Seus lábios são macios contra minha pele. Maximo se afasta e nossos olhos se encontram. Ele sorri — com aquele mesmo sorriso afetuoso e convidativo que brinca nos cantos de seus lábios cheios e ilumina seus olhos.

A despeito de mim mesma, minha barriga se dissolve.

Estou agitada demais para dormir.

Não sei o que fazer com Maximo.

Não sei o que fazer com seus pronunciamentos xamânicos.

Não sei o que fazer com seu beijo.

Lembro-me de Gabby me prevenindo sobre a reputação do xamã. Ele faz isso com todas as mulheres que conhece?, pergunto-me.

Finalmente, no meio da noite, levanto-me exasperada. Minha barriga dói e, vendo-me no espelho do banheiro, pareço estar no quinto mês de gravidez.

Quando finalmente consigo dormitar, meus sonhos são vívidos.

Vejo-me no trabalho, primeiro no escritório do meu chefe, com dois colegas. Ouço um deles se declarar responsável por um trabalho bem-sucedido com o qual ele não teve absolutamente nada a ver, e momentos depois pôr a culpa de um erro com o qual ele teve tudo a ver em outro membro da equipe. Minha barriga se contrai fortemente de indignação.

Depois, apresento o caderno em que trabalho na reunião semanal da administração, um encontro dos líderes do jornal, a maioria dos quais são corpulentos, têm o rosto vermelho e uns 15 anos a mais do que eu. Meu corpo parece de papelão, rígido de estresse.

Olhando para mim mesma, percebo que não haverá volta — exatamente como Maximo disse.

8

Um dos maiores obstáculos a eu levar a sério o estranho mundo xamânico veio na forma dos hippies, que seriam meus companheiros de viagem durante os seis dias seguintes. Minhas suspeitas já haviam sido despertadas por seu total desinteresse pela moda — quanto mais por saltos altos. O gemido e o balançar constrangedores em Túcume confirmaram meus instintos.

Não há como, concluí.

Os hippies simplesmente não são legais.

No dia seguinte, sento-me perto de Peter, o cérebro por trás da viagem, no café da manhã. Ele me diz afavelmente e com um sotaque arrastado canadense que esse é o terceiro grupo de "buscadores da espiritualidade" que trouxe para o Peru para trabalhar com Maximo, antes de deixar escapar que o xamá cobra o equivalente a 1.000 libras esterlinas por pessoa.

Não admira que Gabby tenha descrito o xamã como um dos empresários mais bem-sucedidos de Cusco, penso, justamente quando um vulto humano com grandes olhos de Bambi e cabelos grisalhos encaracolados entra na sala arrastando os pés, e imediatamente explode em lágrimas.

Peter vai na direção da mulher misteriosa, mencionando que é sua esposa, Caroline.

— A energia daqui é simplesmente maravilhosa — soluça ela.

Não sei o que ela quer dizer, mas imagino que seja algo positivo, por isso não entendo por que está chorando.

— Isso é tão... tão comovente — continua ela, antes de enterrar o rosto no pescoço de Peter e gemer.

Alto.

A incontinência emocional de Caroline me dá uma sensação um pouco estranha. Vejo-me questionando se suas lágrimas são sinceras — seu comportamento tem algo do desempenho exibicionista em Túcume.

Uma hora depois, Maximo, 16 hippies e eu estamos em pé no fundo de uma cratera em um lugar chamado Moray. Em Moray há uma série de gigantescas depressões circulares escalonadas que foram cortadas na terra pelos incas, a civilização indígena destruída pelos conquistadores espanhóis no século XVI. O objetivo dos incas era criar microclimas diferentes — 14 no total — para descobrir como as plantações reagiam a altitudes e condições diferentes. Aquela em que estamos tem 30 metros de profundidade e a diferença de temperatura entre o terraço superior e o círculo interno é de surpreendentes 15ºC. Sinto-me como se estivesse nas entranhas da Terra. É uma sensação maravilhosa.

A orientação de Maximo sobre me conectar com Pachamama surge em minha mente.

Eu havia acordado me sentindo muito bem e tranquila. Minha barriga estava lisa e sã, e quase me perguntei se havia sonhado com os efeitos da estranha lama. Mas algo — um conhecimento interior — me disse que não. E o fantasma dos meus sonhos — e a perturbadora compreensão que eles anunciaram — me afligiria durante todo o dia.

Como também minha tentativa de descobrir o que estava acontecendo entre mim e Maximo. Minhas emoções e meus pensamentos eram caóticos e contraditórios. E eu não tinha a quem confidenciá-los. Desejei poder trazer magicamente Lulu para o Peru por um dia para nos reconfortarmos com fofocas.

— Deite-se no chão sobre seu lado esquerdo e se concentre em liberar para o chão tudo de que você não precisa.

O quê?

As instruções de Maximo me trazem abruptamente de volta para o presente.

Ergo os olhos. O xamã — hoje usando uma camisa azul bem passada e calças Christian Dior — fala como se essa ação fosse uma parte normal do dia a dia. Previsivelmente, os hippies seguem suas instruções sem questionamentos — ou qualquer deferência às normas sociais, como a de não querer parecer um tanto ou quanto insano.

A confiança, o bom gosto no vestir e a inegável sensualidade de Maximo me permitem deixar passar seu jargão xamânico. Além disso, em um nível mais prosaico, levo em conta que essas chocalhadas de improviso são parte de sua herança cultural. E lembro a mim mesma de que esse é um dos motivos de eu ter vindo para o Peru — para experimentar o novo, me conhecer em um mundo fora da minha vida londrina de saltos altos, entrevistas de celebridades e rapazes ricos.

Mas não há nenhum tipo de defesa para meus companheiros de viagem.

Concluo que ninguém com um mínimo de bom senso seguiria sua liderança — mesmo se isso pudesse guiá-lo para a realização de uma assim chamada "intenção". Então me levanto em silêncio e vou na direção da outra extremidade da cratera.

Terminei de explorar o restante de Moray e estou sentada em uma saliência, observando Maximo sacudir o chocalho enquanto os hippies se prostram com os olhos fechados, quando um celular toca. Especificamente, uma versão remixada em hip-hop de "El Condor Pasa", uma música peruana tornada famosa por Simon & Garfunkel. De repente as chocalhadas param e os hippies abrem lentamente os olhos e se apoiam em seus cotovelos enquanto olham ao redor da cratera, procurando o culpado. Indiferente a seus olhares críticos, Maximo tira seu celular do bolso e tem uma conversa particularmente longa e alta antes de se lembrar dos hippies e fazer um sinal para se levantarem.

Não consigo parar de rir. Ele é inegavelmente legal, concluo. Isso me tranquiliza.

Ainda rio intermitentemente para mim mesma quando voltamos ao micro-ônibus. Estamos subindo cada vez mais as montanhas quando de repente circundamos o cume de uma colina. Abaixo de nós, centenas de bacias salinas imaculadas estão lado a lado, brilhando à luz do sol. Pequenos grupos de homens e mulheres estão sobre as pilhas de sal que reuniram no meio de diminutos tanques quadrados e as colocando em sacos. Uma pequena caravana de burros carregados de sacos de pano está sendo conduzida pelas montanhas para a cidade mais próxima.

Sob todos os aspectos, acho a cena pitoresca, e fico hipnotizada.

— Bem-vinda a Salinas — sussurra Maximo em meu ouvido. Ele pôs o braço no encosto do meu banco e se inclina na minha direção.

Ergo os olhos para seu rosto, a centímetros do meu; o xamã não deixa escapar nada. Quando o ônibus para em uma área de estacionamento, Maximo pega minha mão e me arrasta alegremente para fora do veículo e pela descida de uma íngreme encosta na direção das bacias salinas. Grito em desinibido contentamento, abandonando minha persona londrina controlada. A espontaneidade pulsa em minhas veias. E isso é maravilhoso.

Então, por acaso, olho para trás na direção do ônibus. Caroline sorri para mim, mas algumas das outras mulheres me fitam com expressões hostis. Contudo, não tenho tempo para me concentrar nelas. Maximo está me puxando na direção da água. Ele absorve totalmente minha atenção.

— Vamos tirar nossos sapatos e meias — diz.

Começamos a patinhar em um dos tanques. O sal está empedrado sob nossos pés.

Finalmente, os outros se juntam a nós.

— Encontrem o reflexo do sol na água — instrui Maximo quando todos nós estamos em pé na água salgada.

Olho fixamente para o domo amarelo pálido brilhando nas profundezas transparentes.

— Fechem os olhos e brinquem com as cores — continua ele.

Não entendo o que ele quer dizer, mas estou feliz demais para querer questioná-lo, por isso simplesmente observo o diamante azul flutuando em um mar cor de laranja por trás das minhas pálpebras.

— Abram os olhos e olhem para o sol de novo — instrui Maximo um pouco depois. — Agora fechem os olhos novamente.

De volta ao ônibus, os hippies falam entusiasmadamente sobre o que viram e sentiram, quase como se tentassem se sobrepujar em suas histórias de perícia xamânica. Maximo entra no ônibus e uma mulher usando um vestido amarelo-mostarda que parece uma tenda começa a passar os dedos sugestivamente por seus cabelos mal aparados.

Sorrio com malícia para mim mesma justamente quando o xamã fixa os olhos em mim.

Corando, desvio o olhar.

Ele se dirige diretamente ao banco ao lado do meu.

— Que cores você viu, Annita? — pergunta, pegando minha mão nas suas.

— Um diamante azul contra um fundo cor de laranja — respondo sem hesitação.

Maximo começa a balançar a cabeça.

— Por que está balançando a cabeça? — pergunto.

— Luz é energia em sua forma mais básica — responde.

Espero por uma explicação mais detalhada, mas ele apenas fica sentado lá.

— E? — insisto.

Ele aperta minha mão e fala com entusiasmo:

— As plantas se alimentam de luz por meio da fotossíntese. Naquele exercício, estávamos fazendo o mesmo.

— Nos alimentando de luz? — pergunto ceticamente.

Ele assente com a cabeça.
Ergo uma sobrancelha.
Ele me ignora.
Ocorre-me que nunca conheci alguém tão pouco preocupado com as opiniões alheias. Há algo de maravilhoso na independência de Maximo.

— As cores que você viu — continua ele — correspondem às cores dos chacras. Você sabe o que é chacra?

— Esse é um termo hindu, não é? Uma das minhas professoras de ioga às vezes conduz uma meditação nos chacras no final da aula. Ao me lembrar de Londres, percebo o quanto minha vida parece distante.

— Sim — responde Maximo. — Todas as culturas antigas falam sobre os centros de energia do corpo. Na tradição hindu, são chamados de chacras. Há sete chacras. Naquele exercício, sua sabedoria subconsciente alimentou com luz os chacras mais fracos. Isso é cura em seu nível mais básico.

Não sei o que concluir dessa tolice, por isso não respondo. Além disso, Maximo começou a passar seu polegar sobre o meu. Para cima e para baixo. E não consigo pensar em mais nada além do erotismo suave de seu toque. Sei que deveria puxar minha mão.

Mas não puxo. Não consigo.

— Laranja é a cor associada ao segundo chacra — diz Maximo. — Ele está localizado na barriga e relacionado com como gastamos nosso tempo: expressa nossa criatividade, ganhar dinheiro, dar sentido à vida...

— Em outras palavras, trabalho — interponho.

— Sim, trabalho. — Maximo assente com a cabeça. — Entende por que sua barriga estava doendo? — Ele não espera por minha resposta. — O outro chacra importante para você fica na garganta. Está associado à cor azul e tem tudo a ver com expressão.

— Mas eu ganho a vida com comunicação — apresso-me a retrucar.

— Não estou me referindo a esse tipo de comunicação — responde ele calmamente. — Você viu um diamante, não foi?

Faço um sinal afirmativo com a cabeça.

— Os diamantes simbolizam o DNA, a origem de tudo, quem realmente somos... — Ele faz uma pausa. — Estou falando sobre autoexpressão, Annita. Como você se expressa em seu modo de viver, trabalhar.

Penso nos meus sonhos.

— Então você está dizendo que tenho dificuldade em expressar quem sou? — pergunto hesitantemente.

Maximo me sorri. É impossível para mim não lhe sorrir de volta.

— A maioria de nós tem, minha princesa — diz ele gentilmente, dando um tapinha debaixo do meu queixo. — É por isso que a jornada da vida tem tudo a ver com aprendermos a expressar quem somos quando todas as personas e expectativas são removidas. Esse é o segredo da verdadeira felicidade, não é?

Não respondo.

Todos os dias que passo com Maximo, ele contradiz mais algumas das minhas suposições sobre a vida. Contudo, apesar da terminologia duvidosa — energia, alimentar-se de luz e assim por diante —, também há um inegável fundamento lógico em algumas das coisas que ele diz. Isso é só um modo diferente de expressar os insights dos meus sonhos. Estou intrigada. Confusa. E também um pouco desanimada.

Não sei de onde vêm os insights de Maximo. Na verdade, não sei de onde ele vem. Estou repleta de perguntas sobre o agradável semideus, mas não sei onde procurar as respostas. Ironicamente, isso só aumenta a urgência do meu interesse.

Nunca fiquei tão intrigada com alguém como estou com Maximo Morales.

Somente quando apago a luz antes de dormir percebo que Edward não passou pela minha mente nem uma vez durante o dia.

9

O Expresso do Oriente para Machu Picchu parte de Ollantaytambo, uma cidade no limite ocidental do Vale Sagrado. O trem antiquado já está na estação, seus pequenos vagões na cor azul-real dando-lhe a aparência de uma locomotiva em uma estrada de ferro de brinquedo. Abrimos caminho através de uma multidão de habitantes locais vendendo refrigerantes na forma de Coca-Cola e Fanta (prova da invasão americana) e fast-food na forma de milho fresco (prova de que a cultura indígena a está combatendo).

Sento-me na frente do vagão. Fico um pouco irritada quando Maximo se senta com uma das outras mulheres atrás. Alguns minutos depois de sairmos da estação, ouço-a rindo. Tenho vontade de me virar para ver se Maximo está segurando a mão dela como segura a minha, mas digo a mim mesma que estou sendo ridícula e, em vez disso, olho para fora da janela. A paisagem de montanhas estéreis desapareceu, substituída por uma vegetação deslumbrante e altos bambuzais. Estamos na floresta tropical. Fico hipnotizada pelo jogo de luzes nas folhas desse estranho mundo verde vitalmente caótico.

Passo o almoço me esforçando para conversar educadamente com Caroline e Peter. Logo se torna claro que não temos quase nada em comum. Nenhum deles trabalha. Em vez disso, eles viajam pelo mundo se encontrando com "gurus espirituais" — um estilo de vida que mantêm organizando viagens bizarras como esta. Em Londres, o trabalho define todos os que conheço e costuma ser o primeiro assunto da conversa quando você conhece pessoas. Não tenho a menor ideia de como classificar o casal, portanto não tenho a menor ideia de como despertar o interesse deles, por isso falo muito pouco e os deixo conduzir a conversa.

Enquanto ouço suas descrições das maravilhas da energia e da luz, noto um homem alto de cabelos longos e crespos conversando com Maximo. Subitamente ambos se viram para olhar para mim e o homem misterioso vem em minha direção. Ele se apresenta com uma pequena mesura.

— A bela garota inglesa! — exclama. — É um prazer conhecê-la, Annita.

Esses peruanos certamente sabem seduzir, penso.

Ele entra na conversa e começa a nos falar sobre sua loja xamânica e seus clientes famosos.

— Adorei seu cinto, Caroline — diz subitamente, a troco de nada.

— Este? — Caroline aponta para o cinto cor de laranja que usou todos os dias da viagem com calças jeans desbotadas e tênis brancos baratos. Esse não é o mais bonito dos visuais.

Ele faz um sinal afirmativo com a cabeça.

— Ganhei este cinto de um grupo de índios navajos... — Ela faz uma pausa. — Fique com ele! — exclama.

O homem balança a cabeça constrangidamente, mas Caroline já está desafivelando o cinto. Por sua expressão de puro contentamento quando ela o entrega, você diria que o homem havia acabado de ganhar 1 milhão de libras.

Não sei se me surpreendo mais com o interesse do lojista por algo tão fora de moda ou com a disposição de Caroline de dá-lo tão prontamente. Talvez eu tivesse entendido tudo errado, reflito. Talvez, afinal de contas, ela realmente tenha um estilo próprio.

Só chegamos às ruínas no final da tarde. Algumas das mulheres estão entrando em pânico.

— O lugar fecha às cinco horas, Maximo! — dizem aflitamente.

Elas têm razão. Somos as únicas pessoas indo contra a maré de turistas desgrenhados que andam na direção da saída, encerrando seu passeio do dia.

— Não teremos tempo — reclamam as mulheres.

Maximo simplesmente lhes sorri, sem dizer nada.

Estou ansiosa por minha primeira visão da Cidade Perdida dos Incas. Assim que meu ingresso é carimbado, sigo em frente. Maximo logo me chama de volta, e é imediatamente distraído por duas jovens arqueólogas. Entre uma profusão de beijos, ele as encanta até elas rirem como colegiais e depois olha sem nenhum constrangimento para a bainha de suas minissaias quando elas se afastam.

Fico perturbada por sentir ciúmes pela segunda vez naquele dia.

— Maximo! — gritam as mesmas hippies. — Todos estão indo embora. Por que viemos para cá agora?

O xamã se vira para elas.

— Viemos para cá agora para podermos ver as ruínas em paz — diz ele.

— Mas não teremos de ir embora logo?

— Não — responde ele. — Iremos quando terminarmos.

Um murmúrio incrédulo se faz ouvir no grupo. Sorrindo para mim mesma, pergunto-me como ele faz isso.

Com a partida dos últimos turistas, Machu Picchu começa a se despir, tirando a armadura que usa contra o ataque diário de 2.500 pares de botas de caminhada. O mundo ocre do Vale Sagrado é uma lembrança esquecida. A floresta tropical é um lugar virente, uma explosão de verde. Enormes montanhas verdejantes cercam a cidade de todos os lados, protegendo sua forma de pássaro de olhos indesejáveis, como sentinelas eretas sempre de serviço. Filetes de névoa se erguem do fundo do vale abaixo de nós. As ruínas estão cobertas de silêncio — uma tranquilidade misteriosa e viva interrompida apenas pelo farfalhar dos rabos de um pequeno grupo de lhamas pastando. O ar está carregado de umidade.

Nós nos deparamos com um segredo. Um turvo crepúsculo banha as paredes da cidade de pedras em um tom suave, tornando indecifráveis os limites entre as construções feitas pelo homem e a natureza. Parece que a cidade existe desde sempre, nascida no mesmo momento que esta cadeia de montanhas com a qual permanecerá até o tiquetaquear do relógio do tempo chegar ao fim. Sem querer, nós entramos no lugar onde o mundo termina.

E seu término é meu começo.

O xamã anda depressa pelas pequenas construções sem telhado da cidade, conduzindo-nos através de um indecifrável labirinto de ruelas estreitas até chegarmos a uma clareira no centro da qual há um vasto bloco rosado.

— Esta é Pachamama, ou Pedra da Mãe Terra — anuncia.

Penso em minha intenção. Estou intrigada.

— Segundo uma lenda local — continua Maximo —, esta pedra é tocada, pisada e adorada há milhares de anos como um modo de nos conectarmos com nossa mãe.

— Mas meu guia de viagens diz que Machu Picchu foi construída pelos incas — interrompe-o Caroline —, e eles só existiram por algumas centenas de anos a partir de 1.200 d.C., não é?

Maximo faz uma pausa antes de responder.

— As pessoas dizem que Machu Picchu foi construída pelos incas, e os historiadores concluíram que a civilização inca durou de 1200 a 1573. Mas descobri muitas ruínas, petroglifos e pinturas em paredes na selva ao redor desta bela cidade, que provam que ela foi povoada durante milhares de anos. Além disso — acrescenta —, uma civilização não aparece e desaparece no espaço de 400 anos.

Ouço atentamente; estudei história na universidade e o que Maximo diz parece totalmente razoável.

— Amanhã falarei sobre o que sei sobre a arqueologia de Machu Picchu, os fatos históricos — explica ele. — Mas quero que sua primeira conexão com este lugar mágico venha de sua sabedoria, sua intuição, sua conexão com a natureza, com Pachamama.

Quando ergo os olhos, Maximo está me olhando com tanta intensidade que é como se estivéssemos totalmente sós nesta cidade em ruínas única.

A expectativa me provoca um arrepio na barriga.

— Hoje nossa cultura está obcecada por conhecimento — continua ele, sem tirar os olhos de mim. — Somos bombardeados com informações pela TV, internet e assim por diante. Mas conhecimento não é sabedoria. Sabedoria não pode ser ensinada. Tem de ser descoberta. Sentida.

Cinco minutos depois, estamos em uma estreita saliência cortada no lado de uma rocha, esperando. A atmosfera é tensa. Viro-me de frente para meus companheiros de viagem. Como estátuas de sangue quente, eles estão de costas para a pedra. Maximo caminha em nossa direção — em minha direção. Carrega uma pequena garrafa plástica de Coca-Cola e uma xícara de madeira do tamanho de uma dose. Ele abre a garrafa. Um cheiro amargo invade rapidamente o ar: o que estou prestes a beber claramente não é o doce refrigerante.

Maximo enche a pequena xícara até a borda com o líquido viscoso marrom-escuro e a entrega para mim.

Olho para ele.

Ele faz um sinal afirmativo com a cabeça, encorajando-me.

Olho para a xícara em minha mão e depois para Maximo de novo.

Maximo ergue as sobrancelhas. Faz novamente um sinal afirmativo com a cabeça.

— O São Pedro — sussurra.

— O São Pedro? — pergunto, desejando saber como um cacto reto como uma vareta poderia se transformar em uma bebida.

— Sim, o São Pedro — repete Maximo. — Beba — acrescenta.

Cheiro cautelosamente o líquido; sua acridez me faz recuar. As pessoas começam a se remexer de impaciência. O xamã olha para o chão aos meus pés, evitando meus olhos.

— Bobagem — murmuro, perguntando para mim mesma como consegui ficar nessa situação e ao mesmo tempo erguendo os olhos para o belo culpado na minha frente. Fiquei tão enamorada do xamã que meu controle interno — que normalmente garantiria que não haveria a menor chance de eu ir parar em uma cidade em ruínas à noite com um grupo de hippies e um copo de suco de cacto — de algum modo se tornara inoperante. No café da manhã, Caroline mencionara algo sobre trabalhar com São Pedro, mas eu não havia prestado muita atenção. Isso não tem nada a ver comigo.

O que está acontecendo?, pergunto-me.

Mas não há tempo para pensar nisso agora. Percebo que é tarde demais para voltar atrás. Então respiro fundo e tomo decididamente a dose, mal deixando a mistura tocar nos lados da minha garganta, mas mesmo assim o gosto residual amargo me nauseia. Maximo faz um sinal afirmativo com a cabeça e passa para a próxima pessoa.

Pego minha garrafa de água em uma tentativa de eliminar o gosto.

— Somente um gole, Annita.

Quando todos beberam da xícara, Maximo toma uma dose e fala para o grupo:

— Dirijam a atenção para sua cabeça — diz ele. — Sintam-na pousada em seus ombros... — Ele faz uma pausa. — Agora sintam seu pescoço... — Outra pausa. — Agora seu peito... — Ele vai descendo pelo corpo. — Sintam todo o seu corpo em pé encostado na rocha. Nós não estamos aqui para sair de nossas mentes — acrescenta enfaticamente. — Estamos aqui para estar presentes, abrir nossos sentidos neste lugar especial. Repitam depois de mim: eu estou aqui agora.

Nós repetimos a frase.

— De novo — ordena ele.

Nós repetimos o mantra três vezes.

Então Maximo pega sua mochila e desaparece. Nós pulamos da pedra e o seguimos por mais caminhos diminutos, agachando-nos sob saliências e nos espremendo através de estreitos túneis na rocha.

Ocorre-me que a mulher bem-sucedida se transformou em uma seguidora. Não sei ao certo como me sinto em relação a essa metamorfose. Mas o fato é que não tenho nenhuma escolha. A menos que queira ser deixada para trás sozinha nesta cidade na selva, tenho de seguir Maximo como todos os outros.

Estou tão concentrada em acompanhá-los sem pisar em falso que somente quando olho para meu relógio, cerca de meia hora depois, percebo que não sinto nenhum efeito colateral do suco de cacto. Estou começando a me perguntar por que todo aquele estardalhaço em relação a plantas nativas quando subitamente me dobro com uma dor excruciante na barriga. Mal consigo falar. Cambaleio para a frente até encontrar Maximo.

— Sua barriga está mal — afirma ele antes de eu ao menos abrir a boca.

Confirmo com a cabeça.

— A resistência em suas entranhas está lutando contra o remédio — explica ele.

— O quê? — pergunto incredulamente.

Maximo não responde. Sinto raiva do *non sequitur* — e mais ainda de mim mesma por ter tomado a asquerosa bebida. Maximo se vira para me encarar. Meus olhos ansiosos procuram os dele, que demonstram confiança e calma inescrutáveis.

— Não se preocupe, minha princesa — diz ele, pegando minha mão nas suas. — Sei o que fazer.

Maximo me puxa para a frente até chegarmos a um viçoso gramado no centro das ruínas, isolado por uma grossa corda. Ele faz um sinal para que todos nós passemos por baixo dela. O gramado cheira a relva recém-cortada, um aroma estranhamente confortador nesse lugar selvagem e estranho. Depois de dizer a todos para se sentarem e relaxarem, Maximo me instrui a deitar de barriga para cima.

— Não se preocupe com o que estou prestes a fazer — diz-me.

Imediatamente, começo a ficar tensa.

Ele revira sua mochila e tira de dentro uma garrafa com um líquido amarelo pálido chamado água de flórida e um saco plástico. Ergue minha camiseta, expondo meu umbigo. Sinto o ar frio em minha pele.

— Feche os olhos — diz.

Eu o ouço dar um gole da garrafa. Sinto-o esguichar o líquido frio em minha barriga. Tem um cheiro forte, revigorante. E agora sua boca está em minha pele, perseguindo o líquido ao redor do meu umbigo. Reteso-me involuntariamente e sinto um arrepio na barriga.

O arrepio é de desejo? Ou ansiedade? Um estranho híbrido de ambos?

Minha mente está acelerada. Meu coração bate violentamente. O arrepio se multiplica. As cólicas pioram.

De repente o xamã suga o líquido de volta para sua boca e o vomita imediatamente no saco.

Dou um pulo, chocada. Sem pensar, abro os olhos.

Ele está ajoelhado ao meu lado, com os olhos arregalados e a testa muito esticada devido ao esforço do que quer que esteja fazendo. Seus olhos se fixam nos meus.

— Feche os olhos! Feche os olhos! — grita ele insistentemente.

Eu os fecho com força. Ouço-o dando um segundo gole da garrafa, esguichando o líquido em minha pele, sugando-o de volta e o vomitando no saco. Ele para e repete o procedimento mais duas vezes.

E então tudo é silêncio, exceto pelos lhamas e a respiração pesada do homem perto de mim.

Abro um dos olhos cautelosamente. O xamã está deitado de barriga para cima com os olhos fechados. Estudo sua pele

bronzeada perfeita no crepúsculo, observando seus densos cabelos pretos, o nariz fino e aquilino e os lábios cheios.
Ele pega minha mão na sua sem abrir os olhos.
— OK, Annita! — diz. — Está feito. Agora você se sentirá melhor, minha princesa.
Ele aperta minha mão com mais força. Não sei por quanto tempo ficamos deitados lado a lado. Perco a noção do tempo observando as nuvens passando rápido no céu cinzento e as montanhas agora cor de alcatrão.
A luz desaparece rapidamente e logo é difícil distinguir qualquer coisa. Contudo as ruínas são pacatas e não sinto medo.
Finalmente, o xamã se levanta. Ele amarra o saco plástico e o põe em sua mochila. Levanto-me cuidadosamente.
Fico surpresa; minha barriga parece bem. A dor intensa simplesmente sumiu. Tudo que resta é uma leve sensação de vazio que não consigo explicar muito bem.
Não tenho tempo para decifrar o enigma porque Maximo pega minha mão e me conduz de volta por sob a corda e ao longo de mais caminhos, mais degraus de pedra íngremes. Viro-me brevemente para trás. Os hippies ainda estão descansando na relva, absortos em sua conversa.
— Eles não vêm? — pergunto.
Maximo não responde. E anda tão rápido que tenho de correr atrás dele.
Na próxima vez em que ergo os olhos, um grande grupo de andinos está dançando, bebendo e festejando um pouco à nossa frente. Transmitem uma leveza e cordialidade indescritivelmente fascinantes. Parando abruptamente e me esquecendo de meu ambiente e meus companheiros, concentro-me nos espíritos festejadores, enlevada.
— É aí que os incas costumavam festejar.
A respiração quente de Maximo acaricia meu ouvido. Viro-me de frente para ele.
— Como você sabe? — pergunto.

— O cacto abre nossa intuição — responde Maximo.
— Então você também pode vê-los?
Ele faz um sinal afirmativo com a cabeça. Ouço risos vindo da direção da saliência relvada.
— Você está se reconectando com sua sabedoria, Annita — diz Maximo. — Está se reconectando com Pachamama. O cacto também gosta de você.
Estou totalmente confusa.
É isso que realmente está acontecendo? Um tipo de reconexão com a natureza?
E como um cacto pode ter sentimentos?
E se tem, e esses sentimentos são positivos, por que senti tanta dor?
Tento esquadrinhar o rosto do xamã.
Ele se recusa a sustentar meu olhar.
Viro-me de novo para os andinos que festejam. Eles desapareceram.
Pisco algumas vezes, desejando que retornem para me convencer de que são mais do que apenas uma fantasia criada por minha mente.
Mas, segundos depois, os hippies se juntam a nós, Maximo parte e não tenho outra opção além de segui-lo.
O céu está agora completamente preto. Um pequeno número de estrelas iridescentes e uma encanecida meia-lua iluminam as ruínas. O xamã desce os degraus estreitos da cidade, sem reduzir seu ritmo nem mesmo quando a empírea cunha de queijo desaparece atrás de uma nuvem, tornando praticamente impossível ver alguma coisa.
Quem é você?, pergunto-me, enquanto o sigo devagar, tateando em meu caminho de volta para a entrada.
E o que quer de mim?

10

Na manhã seguinte, quando chegamos, Machu Picchu estava banhada em luz solar brilhante. Porém, antes de passarmos pela roleta na entrada, começou a chuviscar. Não um, mas dois arco-íris fluorescentes brilharam no céu, um diretamente acima do outro.

E então começou a chover. Muito.

Simplesmente me recusei a pôr a capa impermeável de Gabby. Como eu me incendiava pelo menos uma vez por dia na presença de Maximo, concluí que o tom fúcsia não me ajudaria em nada. Corri para debaixo de uma saliência coberta de palha em uma tentativa de encontrar abrigo, e observei o aguaceiro. Não conseguia me lembrar da última vez em que realmente observara a natureza. Isso foi maravilhoso. As gotas de chuva eram tão grandes que quase não dava para diferenciar uma da outra. Caindo torrencialmente longe de nós, elas faziam parecer que o céu estava despejando prata derretida no chão. Fiquei maravilhada com o poder absoluto da Terra.

Senti um braço ao redor da minha cintura. Caroline estava em pé perto de mim. A noite anterior me deixara totalmente desconcertada e me sentindo estranhamente só. Minhas cólicas não haviam voltado desde que Maximo operara sua magia, mas aquela sensação de vazio persistia dentro de mim. Era como se algo tivesse sido removido, deixando um vácuo. A presença de Caroline foi extremamente tranquilizadora, equivalente a alguém estender a mão e me amparar.

Seu sorriso irradiava calor humano. Sorrindo-lhe de volta, senti-me relaxar.

Finalmente a chuva parou e Maximo veio até nós, com Peter a reboque. Enquanto eu seguia o xamã e Caroline por uma saliência para o coração de Machu Picchu, notei a simples corda segurando seus jeans.

— Ela não tem outro cinto — explicou Peter, rolando os olhos na direção do céu, embora eu pudesse ouvir o amor na voz dele. Não conseguia me lembrar de já ter conhecido alguém que deu prontamente um de seus pertences, sabendo que isso comprometeria seu próprio conforto.

Havia algo de especial em Caroline. Perguntei-me se eu havia julgado a inócua hippie muito duramente.

De repente Maximo parou na frente de uma enorme fenda no chão.

— Este é o ponto central da cidade — anunciou ele quando o restante do grupo se juntou a nós. — Como podem ver, fica sobre uma falha geológica. Por isso, nada foi construído aqui. Há três mundos na tradição xamânica: o mundo superior, a ordem espiritual original; o mundo inferior ou interior, a terra física, o corpo mortal; e o presente. Há três mundos em Machu Picchu e esta falha geológica com sua mensagem sobre a impermanência simboliza o presente. Abaixo de nós está o mundo inferior, e acima, o mundo superior. Há três lugares cerimoniais em cada.

Fiquei maravilhada com a precisão do design dos incas, sua dedicação a algo maior do que a mera estética.

— Dois é outro número importante em nossa tradição, porque simboliza os princípios da dualidade e complementação — continuou Maximo. — Machu Picchu tem dois lados. O direito simboliza o masculino, o sol, e é onde estão localizados todos os espaços para cerimônias. O esquerdo simboliza o feminino, a Terra, e é onde os incas construíram seus depósitos e suas casas.

Avistei o gramado onde Maximo sugara a dor para fora da minha barriga no anoitecer do dia anterior e eu havia visto os andinos dançando. A mesma família de lhamas estava pastando calmamente perto, dando à cena dos acontecimentos que abalaram as bases do meu mundo um afável ar de normalidade e domesticidade.

* * *

Algo poderoso e incompreensível havia acontecido comigo naquele gramado e minha mente estava cheia de perguntas. Mas sempre que tentava falar com Maximo sobre os acontecimentos da véspera, ele mudava de assunto. Ao contrário de Caroline, o xamã era imune às minhas sensações de desconforto e insensível ao meu desejo de tentar encontrar sentido em minhas experiências.

— Estas plantas e árvores são consideradas sagradas em nossa tradição.

Voltei a prestar atenção na conversa. Maximo estava apontando para uma extremidade de onde ervas daninhas haviam sido recentemente arrancadas e que estava cheia de árvores e plantas identificadas por placas.

— Aquele não é um arbusto de coca? — perguntou Caroline nervosamente.

Maximo assentiu com a cabeça.

— É dele que é feita a cocaína, não é?

Maximo suspirou.

— No Peru, o arbusto de coca é visto como a árvore da vida porque suas folhas são muito nutritivas. Nós as mascamos para combater o mal da altitude e a fadiga, e os xamãs as usam em oferendas. A coca é um multivitamínico herbal — acrescentou.

— Pensei que fosse a maca — interpôs Caroline. A hippie havia feito sua pesquisa. A jornalista em mim ficou impressionada.

— A maca também — concordou Maximo. — A maca é feita de batatas. Temos mais de três mil variedades no Peru. — O xamã se inclinou na minha direção. — A maca é o segredo mais bem guardado do Peru, Annita — sussurrou ele.

Eu o olhei indagadoramente.

— É pura. Herbal. Viagra. — Ele disse as palavras devagar, sem tirar os olhos dos meus. — Embora alguns de nós não precisem de nenhuma ajuda nessa área — acrescentou, antes de se virar novamente para o grupo.

Tive de olhar para o outro lado, espremendo o riso.

— Você está certa. A coca é ilegal nos Estados Unidos. — Maximo retornou naturalmente a conversa. — Mas é preciso mais de um quilo de folhas de coca para fazer apenas um grama de cocaína. E também é preciso cozinhá-las com etanol. Coca não é cocaína — disse ele enfaticamente. — Os povos indígenas não usam cocaína — continuou. — O mercado para ela está na Europa e América do Norte. Talvez nossos governos devessem usar melhor o tempo deles descobrindo por que é assim e lidando com o problema.

Os hippies estavam em silêncio. Gabby tinha razão: o xamã não era apenas um Casanova de rosto bonito. Eu estava impressionada. Além disso, achei o indício de paixão por baixo do exterior frio de Maximo emocionante.

Sexo ótimo é previsto em coisas desse tipo, devaneei.

Contudo, não havia tempo para devaneios. Senti Maximo pegar minha mão e me conduzir degraus acima de uma rua íngreme, para o mundo superior. Quando o xamã parou, no início pensei que estava nos dando tempo para recuperarmos o fôlego. Eu estava errada.

Outra oportunidade para me lembrar de que a vida era muito mais intrigante e muito menos linear do que eu supunha.

Maximo aponta para uma rocha.

Inclino-me para a frente.

— Não consigo ver nada — sussurro.

— Visão — repete ele — é muito importante se você é um xamã.

— Então felizmente não sou! — brinco.

Ele se vira para olhar para mim, sua expressão indecifrável.

Alguns dos hippies se juntam a nós justamente quando a rocha começa a se mover. Ela se metamorfoseia em dois pequenos animais peludos.

— O que são? — pergunto.

— Coelhos andinos — responde Maximo. — Eles são raros.

— E saltadores — acrescento, quando os coelhos fogem.

Maximo se vira para mim, pisca um olho e se move na direção das criaturas, erguendo uma das mãos no ar. Os coelhos param no meio da fuga, hipnotizados pelo Crocodilo Dundee dos Andes. Até mesmo quando os hippies pegam suas câmeras, os coelhos continuam imóveis — sem se perturbar com os cliques e flashes. Contudo, no momento em que Maximo relaxa as mãos, eles se lembram de sua natureza medrosa e desaparecem.

Os hippies dão gritinhos de alegria com o truque de mágica. Olho para o xamã, boquiaberta. E ele olha para mim com um grande sorriso no rosto.

— Intihuatana é um dos lugares cerimoniais do mundo superior.

Chegamos ao último dos degraus e nossa recompensa é uma pequena saliência em cujo centro há uma grande pedra escura com uma forma bizarra. Machu Picchu está estendida aos nossos pés. — Intihuatana é o lugar mais importante de Machu Picchu porque se situa no topo de todos os cristais nesta Cidade de Cristal — continua Maximo. — O nome significa "amarrar o sol". E era aqui que o Inca, o homem mais importante do império, passava o Solstício de Inverno, o momento mais importante do ano.

— Por que o solstício é tão importante? — pergunto.

Sei que 21 de junho é o dia mais longo no hemisfério Norte, e o mais curto aqui no Sul. Mas e daí? O que eu tenho a ver com isso?

Uma das outras mulheres olha para mim com pena, como se fosse inconcebível alguém precisar fazer essa pergunta.

— Durante o Solstício de Inverno — explica Maximo com um sorriso —, o sol permanece no mesmo lugar no céu durante três dias. Em outras palavras, o tempo para entre o inverno e o verão, a morte e o renascimento, o passado e o futuro. O solstício é um momento mágico, um momento de transformação.

É preciso lembrar que os incas não tinham TV, carros e livros. Por isso, tudo na vida deles seguia os movimentos do sol e do clima. O Solstício de Inverno, quando a luz desaparece e a escuridão domina, era muito importante.

Enquanto tento digerir o que ele disse, Maximo pega meu braço e me conduz para a extremidade distante da saliência.

— Você viu isto, não viu, Annita? — pergunta, inclinando-se para o lado e apontando para uma forma oval gravada em uma pequena pedra abaixo de nós.

Balanço a cabeça.

— No nascer do sol do solstício — diz ele —, a luz se reflete na pedra intihuatana e atinge este ponto, formando um triângulo em cima daquele olho. É o único momento do ano em que faz isso.

Estou intrigada.

Sorrindo para mim, ele procura uma nota de um dólar no bolso de trás de suas calças cargo e aponta para a imagem da pirâmide circundada pelo sol na parte de trás.

— Fica assim — diz ele.

Estou fascinada.

— O que isso significa? — pergunto.

— O triângulo simboliza a trindade: sua mãe, seu pai e você. E o círculo simboliza o sol: a luz, Deus.

— Mas o que isso significa? — repito.

— Significa — explica Maximo — que a luz, Deus, está sempre conosco. Essa era a mensagem do Universo para o Inca no solstício, o dia mais importante do calendário. — Ele começa a se afastar.

— Eu nasci em 21 de junho — penso em voz alta.

Imediatamente Maximo se vira para mim. Ele me olha sem dizer nada. Mas dessa vez sua expressão é totalmente clara. O xamã está espantado.

E eu não tenho a menor ideia de por quê.

11

Obviamente o xamã é um mestre nos truques. E também uma bela fonte de informações fascinantes. Mas ele é uma força do bem?
 Estou segura com ele?
 Ele é a resposta para meu esgotamento profissional, um médico de verdade de uma escola de medicina alternativa com sua própria lógica e ética?
 Ou é apenas um Casanova excepcionalmente belo?
 Um brincalhão cuja sorte com pequenos animais peludos e insights sobre mim e minha vida está prestes a acabar?
 Minha resposta está mais próxima do que eu imaginava.

Às sete horas da manhã seguinte nosso micro-ônibus estava subindo tão devagar a estrada vertical para as colinas acima de Cusco, a capital do Império Inca, que fiquei convencida de que começaríamos a deslizar para trás. Estava pensando saudosamente no Toyota Land Cruiser de Maximo quando senti uma insistente pressão por trás dos meus olhos. Quando, em um momento de desespero, nosso motorista empurrou o pé até o chão e o ônibus deu uma forte engasgada antes de ganhar um mínimo de velocidade, essa pressão havia se transformado em uma leve dor de cabeça.
 Paramos em um estacionamento poeirento e entramos em um turbilhão de mulheres carregando bebês em xales nas costas — e cobertores, ponchos e joias nos braços.
 Um homem baixo estava falando com um grupo de turistas.
 — Sacsayhuaman é um local inca importante — disse ele.
— Se vocês tiveram dificuldade em pronunciar o nome, apenas

pensem em uma mulher sexy. — O homem bateu na coxa com a palma da mão, dando uma gargalhada.

Algumas pessoas do grupo sorriram educadamente.

— Não é difícil, é? — apressou-se ele a dizer. — Mulher sexy! Entenderam?

Perguntei-me quantas vezes por dia ele repetia aquilo.

De repente senti algo batendo em minha perna. Olhei para baixo e vi uma garotinha segurando um cabrito. Lembrei-me do folheto de Gabby.

— É um sol para tirar minha foto — disse ela simplesmente.

Não gostei da primeira foto, por isso preparei-me para tirar outra.

— Dois soles — disse ela com a pequenina mão estendida, quando terminei.

— Nós combinamos um.

— É um sol por foto — suspirou a emergente empresária, exasperada. — *Você* tirou duas fotos — acrescentou.

Sorrindo para mim mesma, procurei uma segunda moeda em minha bolsa.

Chegar à Mulher Sexy envolveu uma árdua subida por uma encosta íngreme. Em seu cume havia três fileiras de enormes dentes pretos. Pedras imensas de 3 metros de altura haviam sido exaustivamente polidas e juntadas com precisão formando três níveis em zigue-zagues perfeitamente simétricos. Em pé à sombra desses enormes monólitos, os hippies pareciam um grupo de anões.

— Os incas construíram sua capital na forma de um puma — começou Maximo. — Sacsayhuaman corresponde à sua cabeça e essas muralhas nos limites da cidade representam sua coroa. Alguma pergunta?

A essa altura minha cabeça latejava violentamente e eu me sentia nauseada, prestes a desmaiar. Desejei que ninguém levantasse a mão. Então, é claro, uma mulher levantou.

— Por que um puma? — perguntou ela entusiasmadamente. — E por que ele teria uma coroa?

— Você já ouviu falar em animais de poder? — perguntou Maximo.

A autora da pergunta balançou a cabeça e algumas das outras mulheres exclamaram "Ah" animadamente.

Preparei-me para mais bobagens do tipo "alimentar-se de luz".

— Os animais de poder são criaturas sagradas que incorporam certos atributos — explicou Maximo. — O gato, ou o puma nas montanhas e o jaguar na selva, é o rei de todos os animais de poder, motivo pelo qual Cusco foi criada na forma de um. A coroa simboliza a conexão desse belo animal com a iluminação.

— Mas o que é um animal de poder? — insistiu ela.

— É um guia espiritual — respondeu ele. — Todo xamã tem pelo menos um ao qual pede orientação — acrescentou.

— Como você obtém um?

— Você não o obtém — respondeu o xamã. — Ele obtém você.

— Como?

— Um xamã tem de descobrir isso sozinho — respondeu ele alegremente. — Mas se um animal escolhe você, você sabe tudo sobre isso. Também não tem como escapar — acrescentou ele.

Como sempre, eu não tinha a menor ideia de sobre o que Maximo estava falando — e, francamente, naquele momento não me importava. Estava tão tonta que só queria terminar de explorar a Mulher Sexy e voltar para o ônibus. Felizmente não houve mais perguntas, por isso começamos a nos dirigir para o centro das ruínas. Estávamos atravessando um gramado seco quando Maximo veio até mim e, sem dizer nada, passou a mão em minha cabeça e depois apertou com força a base do meu pescoço. Gritei de dor.

— Soroche — anunciou ele.

— O quê?

— Estamos 6.096 metros acima do nível do mar, Annita — respondeu ele gentilmente. — Você está com o mal da altitude.

Fiquei surpresa. Não havia mencionado a dor de cabeça para ninguém. Mas antes de eu ao menos tentar descobrir como Maximo podia ter sabido, o xamã me ergueu em seus braços com tanto cuidado que me senti como uma boneca de porcelana. Parando por um momento, ele fechou os olhos e cheirou a base do meu pescoço.

Derreti-me por dentro.

— Não se preocupe, minha princesa — sussurrou ele enquanto começava a me carregar para o lado oposto do gramado. — Sei o que fazer. — Era a segunda vez que ele me dizia isso.

E tive total confiança nele.

Estamos em pé diante de uma pequena caverna. Sua entrada parece uma boca torta, revelando o segredo de uma mulher. Maximo me coloca delicadamente na frente da caverna e eu me agacho para passar por entre os lábios afastados para a úmida escuridão de seu santuário interior. Tateio até uma saliência onde posso me sentar. A atmosfera é totalmente silenciosa, desconfortavelmente claustrofóbica.

Quando todos nós estamos dentro da caverna, Maximo nos diz para fecharmos os olhos e começa a salmodiar e sacudir o chocalho.

Minha cabeça está latejando. Mal consigo me sentar ereta. Parece que o chocalho de Maximo está dentro do meu cérebro, massageando minha massa cinzenta com a sutileza do manuseio de uma criança.

Só consigo distinguir uma palavra, que parece algo como "Wayra! Wayra!".

Não reconheço o idioma, mas por algum motivo estou bastante certa de que Maximo está evocando o vento. Contudo, não há nenhuma explicação racional para essa ideia, por isso a descarto como ridícula.

Subitamente um rugido é ouvido na caverna, interrompendo a inércia da atmosfera. O barulho fica cada vez mais alto, até se tornar ensurdecedor. O xamã continua a sacudir o chocalho e recitar "Wayra!", até o rugido ficar ainda mais alto.

Até não existirmos mais eu, a caverna, Sacsayhuaman, e só existir o som.

Minha cabeça dói muito. Estou suando. Sinto-me tonta. Abro os olhos para me firmar, mas não consigo ver nada. Agarro a pedra fria e áspera sobre a qual estou sentada, lutando contra o desejo do rugido de me consumir.

E então de repente o xamã se cala. Imediatamente o vento desaparece.

Nós ficamos sentados imóveis — de algum modo exaustos —, como sobreviventes se recuperando dos efeitos de uma tempestade.

Sinto a presença de Maximo perto de mim.

— Abra suas mãos, Annita — diz ele. — Inale isto. Você se sentirá melhor.

Reconheço a água de flórida de Machu Picchu. No momento em que sinto seu cheiro forte, a tontura desaparece e me recomponho.

Vou lá para fora, piscando à luz brilhante do sol. Espero que fira meus olhos, mas não fere. A dor de cabeça e a náusea simplesmente desapareceram. Sumiram. Fico ao mesmo tempo surpresa e confusa. Algo catártico aconteceu, mas não consigo entender o que ou como.

Ao mesmo tempo, percebo que minha pergunta sobre se Maximo é um médico de fato sincero e com boas intenções foi respondida.

Enquanto o grupo perambulava pelas ruínas, subi para a saliência relvada no topo das pedras pretas e me sentei para pensar. Eu deveria partir para a última parte da minha viagem dentro de alguns dias. Sentia-me totalmente desanimada com a perspectiva de deixar Maximo. Simplesmente não podia me imaginar lhe dizendo adeus.

Ainda restava muito a ser explicado, e ainda mais a descobrir.
Olhei de relance para o gramado abaixo de mim. Uma jovem andina vinha na minha direção. Segurava o braço de uma mulher idosa e elas subiam os íngremes degraus com tranquilidade e confiança, a avó parando de vez em quando para acariciar a garota gentilmente na cabeça. Suas roupas surradas deixavam claro que a dupla não tinha nada em termos materiais. Contudo, ao observá-las e testemunhar a intimidade implícita entre ambas, percebi que, em outro sentido, elas tinham tudo.

Isso encerrou a questão.

Quero aprender mais sobre o Peru, decidi. Quero aprender mais sobre o país dentro dele, não como uma estrangeira ignorante de passagem. Quero prolongar minha estada em Wasi Ayllu.

Como se por encanto, o xamã se materializou do nada. Ele se sentou perto de mim.

— Está melhor, Annita?
— Sim, obrigada... — Fiz uma pausa. — Como você sabia que eu estava com dor, Maximo?
— Eu pude ver.
— Ver o quê?
— Sua dor.
— Como?
— Eu já lhe disse, Annita, os xamãs têm ótima visão.

Lembrei-me da árvore com o olho em Wasi Ayllu, mas ainda não entendia o que Maximo estava dizendo.

— Nós vemos as coisas — acrescentou ele.

Durante algum tempo, nenhum de nós disse nada.

— Maximo — aventurei-me.

Ele se virou de frente para mim e por um instante me esqueci da minha pergunta, distraída por sua beleza. Porém o rubor surgiu e desapareceu mais rápido que de costume. E então minha amnésia temporária também desapareceu.

— Maximo — repeti —, eu deveria ir embora depois de amanhã. Mas o grupo ficará aqui por mais uma semana e soube que vocês vão para a selva. Há alguma possibilidade de eu ir também?

O xamã me olhou por um longo tempo.

Quando ele finalmente falou, seu tom foi formal e distante.

— O voo para Puerto Maldonado, a cidade da qual vamos para a selva, está lotado — anunciou ele bruscamente antes de se levantar e andar de volta para o estacionamento.

Maximo nunca havia sido tão áspero, e não entendi sua súbita mudança de humor. Desanimada e confusa, caminhei atrás dele.

Simplesmente não me parecia possível nos separamos dali a dois dias.

Contudo, eu não desistiria tão facilmente.

Toquei de novo no assunto no dia seguinte, durante o almoço. Maximo anunciara orgulhosamente que comeria porquinho-da-índia assado — o prato típico de Cusco e sua comida favorita.

— Você realmente vai comer porquinho-da-índia? — perguntei incrédula, pensando em meu animal de estimação na infância.

— É claro. — Ele sorriu.

Fiquei em silêncio por um momento. Então, pensando no velho adágio sobre "quando em Roma", perguntei se poderia partilhar sua refeição — de qualquer maneira, eu não havia gostado muito do meu porquinho-da-índia quando era criança, pensei.

Maximo concordou, desde que eu não estivesse com muita fome.

— Eu estou — explicou ele.

A reação inicial do xamã à minha menção da viagem para a selva foi se fazer de desentendido.

— A viagem para onde? — perguntou ele. Sua próxima tática foi salientar que minha futura excursão seria para Manu.

— É a maior área de floresta tropical protegida do Peru. Você vai adorar. — Finalmente, Maximo argumentou que havia pessoas demais indo para Puerto Maldonado e que ele não teria nenhum tempo para mim.

— Quando você e eu trabalharmos com a ayahuasca — declarou ele —, precisaremos trabalhar profundamente para eliminar a resistência em seus intestinos.

— O que você quer dizer com "trabalhar profundamente"? — perguntei. — E o que é ayahuasca? — acrescentei.

Maximo ignorou minhas perguntas.

— Haverá mais de 15 pessoas na selva trabalhando com a planta — disse ele. — Por isso não poderei lhe dar o tipo de atenção de que você precisa.

— Que planta? — interrompi-o.

— A ayahuasca — respondeu ele, justamente quando o porquinho-da-índia chegou em uma bandeja de prata.

Percebi que Maximo estava jogando comigo, inventando desculpas a esmo.

Era quase como se ele não quisesse que eu ficasse, pensei. Mas isso não fazia nenhum sentido.

Caroline, que estava ouvindo nossa conversa, olhou para mim solidariamente.

— Que pena — disse ela. — Eu queria que você fosse, Annita. Sentiremos sua falta.

Sorri-lhe com gratidão e me dei conta de que na última semana eu havia apreciado muito sua natureza genuinamente gentil.

Voltei a atenção para o porquinho-da-índia. Sua boca estava entreaberta, revelando duas fileiras de pequenos dentes travados em um eterno esgar. Fiz o possível para ignorar isso — com certo sucesso — enquanto Maximo e eu separávamos a carcaça em busca de carne, com menos sucesso. Os poucos pedaços que consegui encontrar pareciam frango fibroso, e terminei o almoço com necessidade de uma segunda refeição.

* * *

Depois de um sono intermitente, acordei cedo no dia seguinte. Maximo estava debruçado sobre seu computador.

— Tenho 50 e-mails para responder — disse ele carrancudamente, sem erguer os olhos. — E mais da metade deles estão marcados como urgente.

Esperei em silêncio até finalmente ele olhar para mim.

— Minha princesa! Como vai você?

Não me dei por vencida. Intuindo como eu estava me sentindo, Caroline havia aparecido em meu quarto na noite anterior. Ela era uma ótima ouvinte e conselheira, e tê-la tornado minha confidente havia me dado uma determinação inabalável de garantir o resultado certo nesta conversa com Maximo. Desta vez — em nítido contraste com como eu me sentia em Londres — não havia nenhum conflito interior entre o que eu deveria e o que queria fazer. Desta vez, minha mente e meu coração estavam totalmente unidos.

— Maximo, quero ir para a selva — anunciei. — Deve haver algum modo de eu ir.

— Está bem — respondeu ele com indiferença, sem um momento de hesitação.

— O quê? — perguntei incredulamente.

— Dê-me seu passaporte depois do café da manhã e providenciarei tudo. Você e eu pegaremos o primeiro voo amanhã de manhã e encontraremos os outros lá.

— Ótimo — gaguejei.

— Siga a dieta também!

— Que dieta?

— A dieta da ayahuasca — respondeu ele.

Eu o olhei confusamente.

— Evite açúcar, café e frutas cítricas. E não coma carne vermelha. Só ingira alimentos leves.

— Por quê?

— Para dar um descanso ao seu fígado, certificar-se de que seu corpo conseguirá digerir o remédio facilmente.

— O remédio?
— Sim, o remédio. A ayahuasca.

Assenti com a cabeça e comecei a me afastar, intrigada com a súbita mudança de humor de Maximo, mas apesar disso exultante.

— E também nada de fazer sexo, Annita — sussurrou Maximo em meus cabelos.

Eu não o havia ouvido se levantar da escrivaninha e me virei de frente para ele. Maximo segurou minha cintura possessivamente. Sem pensar, atirei os braços ao redor do seu pescoço.

— Como se eu tivesse alguma chance de fazer — provoquei-o.

Maximo ergueu uma das sobrancelhas e nós olhamos fixamente um para o outro. Seu rosto estava a centímetros do meu. Senti-me começando a arder.

— Por quê? — perguntei, tentando aliviar a tensão.

— Em uma cerimônia, você trabalha em si mesmo, em seus desequilíbrios físicos e emocionais — respondeu ele simplesmente. — Sexo é uma troca de energia e é melhor a sua não estar confundida com a de outra pessoa.

Liguei meu radar hippie à menção da palavra "energia". Mas seu argumento fazia sentido. Além disso, eu estava empolgada demais com a minha vitória — com a perspectiva de outra semana com meu xamã — para me importar. Sem me preocupar com meu iminente encontro com outra planta em outra cerimônia, fui rapidamente para a sala de jantar, irradiando entusiasmo.

Mas minhas experiências com o São Pedro não chegariam aos pés do meu encontro com a ayahuasca.

E o que eu estava prestes a descobrir era que quando você dança com a planta-mãe, não há volta.

12

O pequeno aeroporto de Cusco estava deserto. Maximo e eu ficamos em nossos lugares atrás da bancada de check-in de aparência um tanto sombria. Só havia dois casais na nossa frente, mas eles demoraram quase uma hora para fazer o check-in. O problema foi a bagagem do segundo casal. Consistia em duas malas velhas e duas caixas de transporte de madeira da qual vinham pios abafados e o cheiro repugnantemente adocicado de pintinhos.

— Eles realmente vão despachar essas caixas? — perguntei, perplexa.

Maximo me olhou desdenhosamente, como se dissesse "É claro!", e não respondeu.

Senti-me como o bobo da corte.

Era a primeira vez que o semideus e eu ficávamos sozinhos. Apesar de ser absurdamente cedo, eu mal podia conter minha animação. Contudo, Maximo estava desanimado. Caroline não tinha passado bem durante a noite e ele ficara acordado desde a madrugada cuidando dela. Naturalmente, a descoberta de que eu estava na presença de uma Florence Nightingale de calças só aumentou minha empolgação com meu companheiro de viagem.

O avião era velho. Sua fuselagem rangente fez desaparecer o restante do meu cansaço no momento em que decolamos. De algum modo, Maximo conseguiu cochilar. Eu aprenderia que isso era típico — o xamã conseguia cochilar em qualquer momento e lugar.

Uma hora depois, saí trêmula do ciclo de centrifugação aeronáutico para a luz brilhante do sol e intensa umidade. Imediatamente meus cabelos começaram a encrespar. Passei a mão por eles, constrangida.

— Gosto dos seus cabelos, Annita. — Maximo sorriu.

Eu não soube dizer se ele estava sendo sarcástico.

Puerto Maldonado é uma cidade encardida e desinteressante às margens do rio Madre de Dios, um afluente do Amazonas. Pegamos uma moto — um riquixá peruano — para o centro da cidade, correndo por estradas de terra esburacadas em cuja beira havia um monte de casebres de barro. Enquanto as montanhas eram edificantes e inspiradoras, Puerto Maldonado era deprimentemente inerte. Exalava sujeira e pobreza. Eu detestei.

A moto nos deixou em um bar na praça principal. Nós nos sentamos a uma mesa de plástico vermelha e Maximo pediu uma pequena garrafa de Inca Cola, um refrigerante amarelo fluorescente com cheiro de chiclete e sabor açucarado, a bebida de preferência nacional. Na verdade, é bem saborosa.

— Pode me falar mais sobre a ayahuasca, Maximo? — Eu havia me dado conta de que estava prevista outra cerimônia. Senti-me nervosa.

O xamã sorriu para mim.

— O que você quer saber?

— Bem, o que é?

— Para os ocidentais, é uma droga. Um alucinógeno que ajuda você a se esquecer de si mesmo por algum tempo. Contudo, para nós, a ayahuasca é sagrada. Quando você a bebe do modo certo, no ambiente certo e com as pessoas certas, é um enteógeno: um portal para o divino. Há milhares de anos os xamãs usam a ayahuasca para curar pessoas, ajudá-las a se encontrarem e, com isso, encontrarem a paz. Hoje você verá por si mesma quem está certo — pronunciou ele.

— De que é feita? — perguntei.

— Isso depende.

— Do quê?

— De quem a faz. Da tradição à qual pertence. Da planta escolhida.

Eu o olho indagadoramente.

— A maioria dos xamãs começa fervendo o vinho de ayahuasca com chacrona, outra planta da selva. Então eles adicionam outros ingredientes, coisas como tabaco ou datura, dependendo de para quem estão preparando o remédio e dos problemas que estão querendo tratar.

— Quem fez a nossa?

— Um verdadeiro mestre — sussurrou Maximo enigmaticamente.

Olhei para ele na expectativa.

Maximo permaneceu em silêncio por um longo tempo.

— Tive muitos professores em minha vida, minha princesa — ponderou ele. — Mas só tive dois mentores.

— Qual é a diferença? — perguntei.

— Um professor é alguém que lhe dá uma nova habilidade, uma nova perspectiva. Mas um mentor... Um mentor é uma alma gêmea, uma pessoa a quem você está ligado para sempre, que você de algum modo reconhece no momento em que a vê e de quem jamais se esquece.

Eu estava totalmente confusa.

— Conheci meu primeiro mentor quando eu tinha 7 anos — continuou Maximo.

— É mesmo?! — exclamei.

— Sim. Ele morreu há muito tempo. Mas você conhecerá o outro esta noite. Esta noite, Annita, você conhecerá o Avô, um verdadeiro mestre.

Um arrepio involuntário percorreu minha espinha dorsal.

Terminamos a Inca Cola em silêncio, Maximo perdido em um alegre devaneio, eu perdida em um redemoinho de expectativa e ansiedade.

* * *

O Madre de Dios é uma grande rio viscoso como chocolate que serpeia para o infinito. Depois de sair de Puerto Maldonado, nosso modesto barco de madeira a motor começou a navegar em seu largo leito. A vegetação da selva terminava abruptamente nas margens do rio, com densas camadas de folhas dispersas mergulhadas em suas profundezas marrom-escuras. Uma família de tartarugas de casco azul-acinzentado descansava em um tronco. Ao ouvirem o som do nosso motor, elas entraram atabalhoadamente na água. Passamos por uma embarcação estreita guiada suavemente rio abaixo por um velho cuja carga consistia em uma vaca que ocupava o restante do barco.

E então ficamos sós.

— Está conseguindo ver a vila? — Maximo apontou para a margem do rio.

Entre a densa vegetação, vi de relance camisetas e calças balançando em uma corda suspensa entre duas árvores. Fiquei surpresa de como a vida humana poder ser sustentada desse modo estranho e selvagem.

Subitamente fizemos uma curva fechada para a esquerda e nos dirigimos à margem oposta. A única indicação de que havíamos chegado ao nosso destino era um pequeno bote balançando na margem do rio. No momento em que nosso motor foi desligado, comecei a ouvir o zumbido incessante de insetos. Maximo pulou para fora do barco, passou sob a densa copa das árvores e seguiu um caminho coberto de folhas mortas. Os degraus de madeira levavam a uma clareira. Pequenas cabanas de madeira sob palafitas com tetos de palha e redes verde-claras servindo como janelas estavam bem ao lado uma da outra, sua ordenada domesticidade contrastando muito com a profusão de plantas ao seu redor.

Eu estava empapada de suor. No momento em que entrei em meu novo lar, tirei a roupa e pulei sob o fio de água que passava por chuveiro. Claramente minha vizinha havia tido a mesma ideia; seu grito foi um aviso para mim. A água estava gelada. Saí do chuveiro e esperei que esquentasse. Não esquentou. Água gelada estava na ordem do dia.

Infelizmente, água gelada não estava na ordem do dia na sala de jantar. O líquido nas enormes garrafas alinhadas sobre as antiquadas mesas com cavaletes estava desagradavelmente tépido. Para piorar as coisas, tinha gosto de plástico. A pousada se anunciava como um spa ecológico sofisticado. Concluí que era menos ecochique e mais econômica.

Durante o almoço, bagre — um peixe de carne branca e suave — enrolado em folha de bananeira, Maximo se dirigiu ao grupo. Depois de tomar banho e vestir calças cargo e camisa azul-marinho, parecia ainda mais elegante do que de costume.

— Muitas coisas foram escritas sobre a ayahuasca — começou ele. — A maioria besteiras. A primeira vez em que tomei o chá da planta eu tinha 18 anos. Esperava toda a experiência a que tinha direito e estava muito empolgado. Mas durante a noite inteira não vi ou ouvi absolutamente nada. No dia seguinte, queixei-me com o xamã principal. — O que deu errado? — perguntei. — Não fiquei enjoado, não tive diarreia, não vi, ouvi ou senti nada. — O xamã principal olhou para mim. — Repita isso — falou. — Repeti: Não me senti mal e não vi, senti ou ouvi nada. — Ele começou a rir. Respondeu: — Maximo! Quando você tomou conhecimento de que a selva estava quieta? Como pode dizer que a planta não lhe ensinou nada? Ela lhe ensinou que nada é como parece. Ensinou-lhe a não ter expectativas.

Maximo olhou para cada um de nós.

— Não tenham expectativas esta noite — disse. — Bebi ayahuasca centenas de vezes e em cada uma delas foi diferente. Nós nos encontraremos na recepção às oito.

Enquanto o grupo saía da sala de jantar, Maximo pegou minha mão e me puxou para o lado.

— Você conhece a sua intenção, não é, Annita?

— Sim — respondi incertamente, presumindo que ainda fosse o mesmo objetivo indecifrável: reconectar-me com Pachamama.

Maximo sorriu para mim e apertou meu queixo.
Eu me perdi em seus olhos.

Quando o dia morre, a selva começa a falar, sua voz em um crescendo de zumbidos e gritos, pios e asas batendo. O lugar parece selvagem e exótico. Começo a me sentir desconfortável. Pego minha lanterna na mesa de cabeceira. Uma enorme barata preta passa correndo por sua superfície, a milímetros de meus dedos, e desaparece descendo pelo pé da mesa. Isso acaba imediatamente com qualquer resto de entusiasmo pela selva. Gritando, solto as rédeas da minha princesa interior enquanto o medo se aloja em meu estômago, seu gosto metálico invadindo a parte interna da minha boca.

Começo a ter uma total crise de confiança. Faço acrobacias mentais tentando compreender por que estava tão determinada a ir para a selva beber aquele chá estranho. Edward ficaria lívido. Mas sua língua afiada é o menor dos meus problemas — por enquanto tenho de enfrentar um chuveiro frio, ausência de luz e eletricidade, insetos enormes e um encontro iminente com um chá alucinógeno.

Tenho um estranho e mau pressentimento. Não consigo afastá-lo.

A atmosfera na recepção está tensa. Fico surpresa. Os hippies que haviam passado toda a viagem salientando o quanto estavam familiarizados com energia e xamanismo se sentem tão assustados quanto eu, quando se trata de ir fundo nas tradições. Apesar da óbvia ironia, na verdade acho isso tranquilizador. Faz com que eu não me sinta retardada em relação ao xamanismo. E, pela primeira vez, percebo que estou me relacionando com pessoas reais sob a máscara de "tudo é maravilhoso e emocionante".

O tempo passa devagar.

Maximo ignora totalmente nossa aflição e, como manda o figurino, chega meia hora atrasado, quando a maioria das pessoas mal consegue ficar sentada quieta. Ele imediatamente nos conduz por mais degraus de madeira para fora da pousada e dentro da selva nevoenta. Pisando em raízes gigantes e plantas redondas cujas folhas rasgadas brilhavam de suor vegetal, entramos em um mundo misterioso de bronzes e verdes. O caminho é iluminado pelas mesmas pequenas luzes cor de laranja que vi no jardim em Wasi Ayllu. Seu brilho indistinto dá à jornada um quê de peregrinação, e me pergunto se a maioria dos peregrinos sente o mesmo temor respeitoso que sinto.

Subitamente, sem aviso, nos deparamos com uma clareira. Há uma pequena cabana redonda em seu centro. Está vazia, exceto por um conjunto de colchões espalhados em um semicírculo no chão e uma mesa com duas velas, tabaco solto e uma grande garrafa de plástico cheia de um líquido escuro.

Trato de escolher um lugar. Olho de relance para a mesa. Perto dela há uma cadeira, onde está sentado um homem — ele é baixo e quieto e eu não o havia notado. Usa uma camisa branca impecavelmente passada aberta no pescoço e calça escura. Sua pele não tem manchas nem rugas. Seus cabelos fartos mesclando tons claros e escuros estão arrepiados. Não sei quem ele é, mas acho que está na casa dos 40, como Maximo.

Caroline se senta perto de mim e logo começa a se inquietar. Ela exala ansiedade. Distraio-me de novo.

— Annita! — sussurra ela nervosamente.

Olho para Caroline e faço um sinal afirmativo com a cabeça.

— Eu me esqueci da minha água.

Sorrio e ponho minha garrafa entre nós. Ela abre a boca para continuar a falar e fico aliviada quando Maximo a interrompe.

— Esta noite temos o privilégio de trabalhar com um mestre xamã — começa ele. — Dom Inocencio tem 75 anos.

Fico boquiaberta.

— Ele trabalha com a ayahuasca desde que tinha 11. Dom Inocencio presidirá a cerimônia desta noite e eu trabalharei como seu assistente. — Ele aponta para um jovem em pé perto da porta. — Marco não beberá da planta. Está aqui para ajudar qualquer um que precise ir lá para fora.

Pergunto-me por que alguém seria louco o bastante para querer ir lá para fora a essa hora da noite. A Amazônia é um lugar que faz você acreditar em magia e acontecimentos estranhos. Então, ao olhar ao redor, noto que não vejo um banheiro. A ginástica mental recomeça.

Dom Inocencio ouve em silêncio. Quando Maximo termina de falar, o mestre abre a garrafa sem dizer uma só palavra, estuda a mulher à sua esquerda e enche um grande copo até a metade com ayahuasca. Ele olha para ela de novo, faz um sinal afirmativo com a cabeça para si mesmo e entrega o copo a Maximo, que age como um garçom. A mulher bebe seu conteúdo e Dom Inocencio volta sua atenção para a pessoa sentada perto dela. Depois de observá-la por um longo tempo, enche o copo até a borda e faz um sinal afirmativo com a cabeça. Mais uma vez, Maximo cumpre seus deveres de assistente.

Assim, os dois xamãs prosseguem com o grupo até as pernas sedutoramente longas e musculosas de Maximo chegarem na frente do meu colchão. Estou com o coração na boca. Sinto-me quente e zonza.

Pego o copo com as duas mãos e olho para a infusão grossa e de cor forte. De tão cheio, o copo está quase transbordando.

Ah, meu Deus, penso.

— Ayahuasca — sussurro. — Por favor, conecte-me com minha energia feminina. — Repito minha intenção para enfatizá-la e me preparo para engolir a mistura de uma só vez.

Mas não consigo.

Vejo-me tomando três longos goles antes de esvaziar o copo. Tomo cada um deles decididamente, temendo uma repetição da reação sensorial do São Pedro. Contudo, a ayahuasca não é fétida. É forte e grossa, mas sem a acridez do cacto de Maximo.

Depois de repetir o mantra usual, nós ficamos em nossos colchões. O ambiente está envolto em silêncio, umidade e expectativa. Um uivo estranho vindo das profundezas da selva corta a atmosfera sem vida, assustando-me.

Maximo apaga as velas, deixando a cabana na escuridão. O uivo se torna mais alto e perturbador. O ar começa a vibrar, fragmentando-se em uma grande quantidade de lantejoulas girantes. Fico tonta ao olhar para elas, por isso fecho os olhos. Duas jiboias — tão fortemente coloridas que parecem personagens de desenhos animados da Disney — se enrolam uma na outra, brincando. Alterno abrir e fechar os olhos — primeiro o esquerdo e depois o direito —, brincando com eles, um de cada vez.

Subitamente minha mente entra em ação. Torno-me muito consciente de exatamente onde estou e o que estou fazendo. "Boba" é a palavra que fica ricocheteando em minha cabeça. E a palavra não só tem um som, como também uma cor — amarelo-vômito — e um cheiro — bolor úmido.

— Que diabos você está fazendo aqui com esse bando de hippies? — pergunta uma voz sem corpo.

A pergunta paira no ar. Irrespondível. Pensamentos sufocam minha mente — vejo-me sentada à minha escrivaninha no trabalho, deitada na cama lendo jornais com Edward em uma manhã de domingo e elegantemente vestida em uma festa em um clube glamouroso com amigos.

Desejo fugir dessa cabana revoltantemente primitiva com ar que dança.

Desejo fugir das cobras que enchem minha mente.

Desejo fugir de mim mesma.

— Como você está? — pergunta uma voz.

Abro os olhos. Maximo está ajoelhado perto de mim.

Meus lábios são duas medusas grudadas uma na outra e preciso de toda a minha concentração para articular uma resposta inteligível.

— Não muito bem, Maximo — consigo dizer. — Estou viajando. Isso é horrível.

— Concentre-se em sua intenção, Annita — diz ele. Sua voz é dura, sua postura firme. — Para eliminar a resistência — acrescenta ele, apertando minha mão e se afastando.

Essa maldita palavra, penso. Ao mesmo tempo, percebo que pedi à ayahuasca a coisa errada no início da cerimônia. Confusa, fecho os olhos. O olho da minha mente está vazio, branco, morto. Começo a sentir raiva. Fico repetindo a intenção correta, desejando ver alguma coisa, qualquer coisa. Em vez disso, vejo-me escorregando para esse vácuo branco.

Pouco a pouco, começo a me tornar nada.

E não posso fazer nada em relação a isso; não posso nem mesmo me mover.

Uma música chega até mim nas ondas aéreas. Abro os olhos. Dom Inocencio e Maximo estão cantarolando e sacudindo seus chocalhos. Eu os observo, mas não consigo vê-los claramente. Eles parecem muito distantes. Entre nós há um denso rio de névoa. Estou vagamente consciente de uma sensação de ser puxada através do vácuo branco. Mas percebo que estou paralisada. Eles permanecem no seu lado do rio de névoa e eu permaneço no meu.

Volto a cair no vácuo.

Na próxima vez em que abro os olhos, a névoa desapareceu e apesar da escuridão da noite consigo ver Dom Inocencio claramente. O pequeno homem de 75 anos continua sentado em sua cadeira. Sua camisa muito branca parece quase fluorescente contra a escuridão da sua pele. Por algum motivo, ele me lembra um duende — um espírito, mais do que um homem. Contudo, ele não é assustador. Em vez disso, impressiona-me como uma personificação de velhice e sabedoria.

Dom Inocencio pega seu chocalho uma segunda vez. Subitamente um pássaro — um gigantesco pássaro marrom — passa rapidamente por mim, suas penas roçando em meus braços. O pássaro me chama. Seu canto me envolve, carregando-me gentilmente através do vácuo.

Começo a tremer. Com o olho da minha mente, vejo-me viajando através do meu corpo. Passo por meu coração e meus pulmões, meu estômago e meus intestinos — cada órgão fantasticamente colorido, pulsante de vida. A náusea está presa bem dentro de mim, incapaz de se mover. Algo a está retendo, resistindo a deixá-la ir.

Percebo que esse algo sou eu.

Maximo está ao meu lado.

— Como você está, minha princesa?

— Não posso vomitar. Acho que isso é porque estou resistindo a alguma coisa. Mas não sei o que é — acrescento.

Ele assente com a cabeça.

— Sua mente está jogando jogos. Continue concentrada na sua intenção, em eliminar a resistência — repete. Ele ergue minha camiseta e sopra água de flórida sobre minha barriga.

Observo as gotas voando em câmera lenta e pousando uma a uma na minha pele. A náusea desaparece em um instante.

Quando o xamã volta para seu colchão, uma voz sem corpo sussurra em meu ouvido:

— Você não quer me eliminar. Não dê ouvidos a ele. Eu a conheço há muito, muito tempo.

— Quero que você vá embora — responde outra voz. — Quero ser livre.

Fecho os olhos. Dentro da minha barriga há um lago inexplorado cercado de rica vegetação. A paisagem está envolta em escuridão e só quando olho mais atentamente vejo o grande grupo de aves brancas encolhidas de medo na margem mais distante. É como se alguém tivesse apertado a tecla de pausa durante um filme. O lago está cheio de vida, vigor e promessa. Mas de algum modo o tempo está parado, deixando aquela promessa irrealizada.

A primeira voz continua:

— Sou uma parte de você. Estou em suas veias.

— Quero que você vá embora — repito, agora conscientemente.

Sangue ardente gorgoleja em minhas veias, fazendo minha essência vibrar. Suspiro de dor. Um jato de ácido de cor cítrica é despejado em meus intestinos e sobe até o estômago. A náusea volta. E é avassaladora.

Agora os pombos estão empoleirados em uma gaiola, amontoados dentro da prisão de madeira. Parece que sempre esperaram para voar, mas algo os detinha. É óbvio que esse algo sou eu.

— Quero que você vá embora — repito.

— Eu irei — diz finalmente a voz —, mas isso será doloroso. Doloroso e lento.

Subitamente a cena se dissolve. Espero. Nada. Com meus olhos abertos, com meus olhos fechados, só há escuridão. A irritação me consome.

Grito para Maximo:

— Por que está demorando tanto?

Ele se ajoelha ao meu lado e aperta um botão em seu relógio para iluminar o mostrador.

— Só se passou uma hora, Annita — diz rindo. — Seja paciente! — Ele passa as mãos sobre minha barriga. Não sei como escolhe o local exato do lago interior, das aves e da voz.

— Perfeito — acrescenta, antes de se afastar.

Estou desconcertada, frustrada e amuada.

Os xamãs começam a cantarolar juntos por uma segunda vez. No momento em que suas vozes se elevam em uníssono, meu corpo começa a tremer. Começo a suar. O fogo cor de laranja bem dentro dos meus intestinos sobe cada vez mais. Sou dominada pela náusea.

Viajo para meu futuro. Vejo-me casando e tendo dois filhos. A planta me leva mais longe e começa a me mostrar coisas sobre minha carreira. Não consigo ver exatamente o que estou fazendo, mas certamente não estou entrevistando celebridades. Contudo, de repente decido que não quero ver mais. Meu ceticismo patológico em relação a videntes e adivinhos empina sua cabeça mesmo no meio de uma intensa cerimônia alucinógena em que estou dopada. Forço meus olhos a se abrirem — meus olhos muito, muito pesados, como se alguém tivesse cravado pregos neles, fechando-os. Olho ao redor da sala.

A mulher do lado oposto ao meu se levanta com dificuldade. Marco vai imediatamente para o lado dela, segurando-a por baixo do braço enquanto a guia gentilmente lá para fora. A mulher está com o rosto mortalmente pálido e suas pupilas são pequeninos pontos no mar azul anormalmente brilhante de seus olhos. Ela parece uma louca. Segundos depois, ouço-a pondo as tripas para fora. Duas outras mulheres saem cambaleando atrás dela.

Sinto-me desligada de tudo, uma observadora do espetáculo, não uma participante. Percebo nossa separação inata uns dos outros, embora passemos a maior parte de nossas vidas em negação, cuidando de nossos ninhos e vidas sociais.

Don Inocencio e Maximo começam a sacudir seus chocalhos de novo; os tremores e suores voltam. Meus intestinos estão ardendo em fogo. Não consigo aguentar mais. Esforço-me para ficar em pé. A mão de Maximo está sob meu braço e nós saímos da cabana para a selva. O lugar está vivo — mosquitos enchem o ar, formigas andam pelo chão coberto de folhas e árvores se erguem acima de nós com trepadeiras enroscadas em seus troncos. Eu cambaleio para a frente sozinha.

Maximo corre atrás de mim.

— Annita, pegue isto! — Ele coloca um pedaço de papel higiênico em minha mão. — Eu esperarei aqui por você — acrescenta.

Minutos se passam.

— Annita? — chama o xamã com uma voz preocupada.

— Sim. — Cambaleio na direção dele, totalmente dopada, totalmente feliz e totalmente saudável. As cólicas em minha barriga passaram. Voltamos para a cabana.

O lago está banhado em luz solar, sua superfície prateada brilhando como diamantes derretidos. As aves brancas esticam suas asas e voam para o éter sem-fim. Estão livres. Fico pasma. Poderia ficar observando suas brincadeiras intermináveis na corrente de ar quente para sempre.

Alguém chama meu nome. Abro os olhos. A sala está vazia.

— Annita! — diz Maximo. — É hora de ir.

— Onde estão os outros? — murmuro.

— Já foram dormir — responde-me.

Estamos sozinhos. Fico feliz.

Junto minhas coisas devagar e caminho vacilantemente na direção da porta. É como se eu fosse uma criança aprendendo a andar, descobrindo pela primeira vez a arte do movimento. Começo a rir. Sorrindo, Maximo pega minha mão e voltamos lentamente pela selva na direção da pousada.

Ele me ajuda a entrar em minha cabana e afasta o lençol para eu me deitar. Fitando-me por um momento longo demais, seu olhar um coquetel indecifrável de emoções, ele balança a cabeça antes de me beijar ternamente na testa e deitar no colchão ao lado do meu. A experiência que partilhamos durante a cerimônia criou uma intimidade confiante entre nós. Ficamos à vontade perto um do outro, como dois amantes de longa data.

Dou-me conta de que nunca me senti tão relaxada com alguém.

Minutos depois, a respiração leve e serena de Maximo me diz que ele adormeceu. Mas estou agitada demais para descansar, por isso me distraio observando o jogo de sombras projetado nas paredes pelo lampião de querosene de cheiro insalubre, e ocasionalmente relanceio os olhos para a forma deitada de Maximo. Dormindo, ele é impressionantemente belo.

Penso no aviso de Maximo de que não se pode ter sexo antes de uma cerimônia. Dada a forma como me sinto cansada, agora entendo por quê. A experiência da noite esgotou todas as minhas reservas de energia. Ao mesmo tempo, a ayahuasca de algum modo me ligou intimamente ao xamã. Esta noite não estamos separados o suficiente para precisarmos nos unir. Nenhum de nós está em busca dessa sensação de pertencer, desse sabor de lar.

Esta noite já estamos unidos. Esta noite já somos um só.

Revejo a noite em minha mente, voltando repetidamente aos dois xamãs. De algum modo beleza e feiura, dançando uma estranha valsa juntas, trocaram de lugar. Porque, apesar das terríveis renúncias ao meu desejo de confortos materiais básicos, nunca em minha vida testemunhei tanta beleza quanto naquela suja cabana de madeira.

Nunca em minha vida senti um amor tão completo e generoso quanto o dos xamãs durante aquela cerimônia.

13

Era o último dia dos hippies no Peru. Estávamos de volta ao mundo ocre do Vale Sagrado, fazendo um piquenique em uma das colinas fora de Urubamba, uma cidadezinha a alguns quilômetros de Wasi Ayllu. Cinco famílias catavam abacates no chão, com garotos de 3 anos trabalhando junto de homens de 60, enquanto suas mães e esposas depenavam cinco pequenos papagaios para cozinhar no fogo improvisado que haviam feito na beira de um dos campos. Havia uma paz encantadora nessa cena de vida em família, nessa fusão dos limites entre trabalho e diversão, velho e novo. Isso fez eu me sentir enternecida e feliz.

Maximo e eu estávamos sentados perto um do outro, aproveitando a predisposição do grupo a ingerir comida saudável para devorar um bolo de chocolate intocado entre nós.

— Isto é dos deuses — suspirou ele.

Sorri, minha boca cheia da aveludada delícia. A descoberta de que Maximo era louco por chocolate foi importante. A vida me ensinara que, além de ser vital para minha existência, o chocolate dizia muito sobre as pessoas. Segundo minha cartilha, quem que se negava esse prazer proibido não era muito confiável. O amor de Maximo por chocolate consolidava minha boa opinião a seu respeito.

Normalmente, comer tanto bolo faria meu estômago doer terrivelmente, mas, desde a cerimônia da ayahuasca, ele estava liso e livre de dor. Porém, hoje era o primeiro dia em que eu havia acordado me sentindo energizada. Meu encontro com a ayahuasca me deixara exausta durante dias.

— É claro que você estava cansada, minha princesa — retrucou Maximo quando lhe disse isso. — Em um dia comum, sua mente tem por volta de 70 mil pensamentos. Durante uma cerimônia, você tem mais de 1 milhão.

— Como você sabe disso? — perguntei ceticamente.

— Há um cientista nos Estados Unidos chamado Rick Strassman. Ele inventou um aparelho que mede a atividade cerebral humana detectando sinapses nervosas.

Ergui uma sobrancelha.

— E ele trouxe esse aparelho para a Amazônia e o experimentou durante uma cerimônia de ayahuasca?

— Não — respondeu Maximo alegremente. — Ele o usou em voluntários que concordaram em ser monitorados no hospital. Em metade deles foi injetado um placebo, e em metade foi injetado N-dimetiltriptamina, ou DMT, o mesmo composto alucinógeno encontrado na ayahuasca. — Ele acariciou meu queixo. — Você trabalhou muito durante a cerimônia, Annita. Teve muitas visões, muitos insights da sua vida, não é?

Assenti com a cabeça.

— Então não admira que tenha se sentido exausta.

Nós ficamos sentados juntos em confortável silêncio.

— Então você chegou a uma conclusão? — perguntou ele.

— Sobre o quê?

— Sobre se a ayahuasca é um alucinógeno ou um enteógeno.

Meu sorriso lhe disse tudo que ele precisava saber.

O grupo deixou Wasi Ayllu ao anoitecer com uma profusão de olhos vermelhos, cumprimentos efusivos e promessas de retorno. Enquanto Caroline e eu trocávamos endereços de e-mail, dei-me conta de que nas duas semanas que havia passado com os hippies nenhum deles me perguntara o que eu fazia para ganhar a vida. Isso significava que não houvera nenhum gracejo em conversas subsequentes do tipo "Isso é confidencial, Anna". Também não houvera nenhuma das perguntas costumeiras:

"Qual foi sua melhor entrevista de celebridade?", "Qual foi sua pior?" etc. A falta de preocupação deles com os sinais externos de sucesso me permitiu ser eu mesma — e me conhecer — de um modo como nunca pude fazer antes. Também me permitiu me abrir para as possibilidades do xamanismo, embora eu não pudesse entendê-lo racionalmente.

Ocorreu-me que eu não teria me sentido suficientemente desinibida para me atirar em minhas experiências se estivesse cercada pelo grupo londrino. Eu teria ficado muito constrangida, muito preocupada em manter a aparência da profissional elegante e centrada. E por isso, apesar do abismo que me separava dos hippies e muitas de suas visões do mundo um tanto ingênuas, fiquei sinceramente triste ao vê-los partir.

Porém, não fiquei triste em ficar sozinha com o xamã. Senti uma combinação de nervosismo e excitação.

— Tenho trabalho a fazer — anunciou prontamente Maximo, acabando com minhas esperanças de que poderíamos passar minha última noite em Wasi Ayllu, a última com ele, juntos.

— Faça o que quiser, Annita — acrescentou Maximo, saindo.

Fiquei ali por um momento, frustrada. Depois da intimidade de nossa experiência na selva, não podia acreditar que Maximo fosse tão desligado, tão indiferente. Contudo, de modo algum iria atrás do xamã errante, por isso decidi explorar Wasi Ayllu.

No fundo do jardim há um pequeno prédio caiado contendo algumas salas de terapia e uma estufa com uma jacuzzi. Mesmo ao crepúsculo, pude ver o vapor se erguendo tentadoramente da água, e logo ficou óbvio para mim como eu queria passar a noite. Só havia um problema. Eu partiria para Manu no dia seguinte e, ao me preparar para minha caminhada na selva, dera à bela e jovem cozinheira toda a minha roupa para lavar — inclusive meu único biquíni. Por um segundo pensei na vantagem de banhar meus membros frios e sujos na água quente *versus* ser encontrada totalmente nua por Maximo.

Ele não voltará, concluí rapidamente. Já saiu. Não voltará.

Quando tirei minhas roupas e relaxei na água com cheiro de eucalipto, soube que tinha tomado a decisão certa. Não havia tomado nenhum banho de banheira desde que cheguei ao Peru. Aquilo era o paraíso. Recostei-me na beirada da banheira de madeira e fechei os olhos.

Quando os abri alguns minutos depois, dei um pulo, chocada. Maximo estava ao pé da jacuzzi, segurando duas taças de vinho e olhando para mim sem nenhum constrangimento.

O que você está fazendo aqui?, desejei gritar. Mas era tarde demais para perguntas. Sem tirar os olhos de mim, Maximo havia pousado as taças e estava desabotoando lentamente sua camisa. A vergonha me deixou paralisada.

Ele sabe que estou nua?, perguntei-me. A essa altura eu estava embaraçada demais para ao menos olhar para ele, por isso desviei os olhos e me concentrei no céu noturno limpo acima que gradualmente se enchia de estrelas.

Nenhum de nós disse uma só palavra enquanto ouvi o xamã se abaixar na água do lado oposto da jacuzzi. A atmosfera era ao mesmo tempo claramente romântica e claramente tensa.

Por fim, não consegui aguentar mais. Olhando rapidamente para o xamã cujo corpo estava totalmente submerso na água, comecei a falar:

— Dom Inocencio é um homem surpreendente, Maximo.

— Eu lhe disse, ele é o mestre. — Ele falou em voz baixa.

— Como vocês se conheceram?

— Não me lembro. Tenho uma péssima memória. — Maximo riu. — Mas lembro-me de que senti logo de cara uma conexão incrivelmente forte com ele.

Lembrei-me da descrição de Maximo de Dom Inocencio como seu mentor, sua alma gêmea.

Ele fez uma pausa. Na próxima vez em que falou, sua voz foi um sussurro:

— Sinto a mesma conexão com você, Annita. Desde o momento em que a vi, eu soube.

Virei-me de frente para ele. O xamã estava apoiado no lado de nosso casulo de madeira, olhando para o céu. Seus cabelos fartos estavam molhados e afastados do seu rosto, acentuando a delicada sensualidade de suas feições. Gotas de água brilhavam em seus músculos peitorais bem definidos. Eu não conseguia tirar os olhos dele.

— Então por que você não queria que eu fosse para a selva? — finalmente perguntei com uma voz baixa. — O verdadeiro motivo.

Ele respondeu imediatamente.

— Isso foi um teste.

— Para quê?

— Para ver se você estava pronta para dar o próximo passo. Para trabalhar com o vinho da alma.

— Quer dizer, a ayahuasca?

Maximo assentiu com a cabeça.

— Os locais chamam a ayahuasca de "vinho da alma" — explicou ele. — E também de "pequena morte".

— Pensei que "pequena morte" fosse um orgasmo — brinquei.

Ele se aprumou. Olhou em meus olhos e estendeu a mão sobre o divisor de águas para apertar meu queixo.

Senti um frio no estômago.

— A ayahuasca não é para os fracos, Annita — disse Maximo com um tom subitamente sério. — Muitas pessoas querem beber a planta comigo, mas não as deixo porque não estão prontas. Eu precisava ter certeza de que seu espírito era forte o suficiente. E olhe para você! — declarou. — Ninguém mais no grupo trabalhou tanto quanto você, Annita. Ninguém mais teve a mesma afinidade com a planta. Você é natural. Mas você nasceu no solstício, por isso sempre seria.

Olhei para Maximo com incredulidade. Não tinha a menor ideia de sobre o que ele estava falando. Foi por isso que você me olhou tão surpreso em Machu Picchu?, perguntei a mim mesma.

— O Solstício de Inverno é o dia mais importante do ano — salientou Maximo. — Homens de poder nascem no solstício, Annita. Xamás destinados a entender os segredos do Universo.

Eu não queria ouvir mais. Algo no poder da presença e no tom determinado dele me assustava. Fico feliz em mergulhar o dedo do pé em mares xamânicos, mas aqui estava Maximo esperando que eu nadasse dentro da água com ele. Isso era demais. Suas expectativas eram prematuras. Senti parte de mim se fechar em uma espécie de mecanismo autoprotetor.

Mas o xamã não havia terminado. Ele se moveu na minha direção na água até nossa pele se tocar e sua boca ficar a centímetros da minha.

Eu não conseguia tirar os olhos dos seus lábios. Era difícil me concentrar.

— O aprendiz sempre vem — sussurrou ele. — Essa é a tradição. Um xamã pode ter de esperar anos e anos, mas seu aprendiz sempre vem. Sou o de Inocencio e você é a minha, Annita. Você trabalhou com a planta-mãe. Agora não há volta.

E, com isso, ele saiu rapidamente da água.

Olhei de relance para suas costas longas e musculosas e suas nádegas perfeitas à luz da lua.

Segundos depois, Maximo enrolou uma toalha na cintura e foi embora tão silenciosamente quanto veio.

14

Parti antes do amanhecer. Wasi Ayllu estava deserta, mas Maximo — muito elegante em um pijama de seda azul-marinho e chinelos modernos de couro — veio se despedir de mim. Ele não fez nenhuma menção à noite anterior. E, em uma aparente contradição no que dizia respeito à minha qualidade de aprendiza, não falou nada sobre se nos veríamos de novo. Isso apesar do fato de que, após minha caminhada de duas semanas em Manu, eu voltaria para a Inglaterra.

Em vez disso, simplesmente anunciou:

— Sentirei sua falta, minha princesa. — E me beijou na testa, sorrindo com a tranquilidade de quem havia sido abençoado por Morfeu.

Infelizmente, Morfeu fora seletivo em suas afeições. Eu não havia dormido nada. Depois que Maximo saiu rapidamente da jacuzzi, continuei na água por algum tempo, dominada por uma combinação de desejo sexual, choque e irritação. Desejei saber de que diabos ele estava brincando — provocando-me com seu corpo maravilhoso, confundindo-me com seus pronunciamentos xamânicos e depois desaparecendo no vapor de eucalipto. Quando finalmente fui para a cama, passei a noite toda me revirando, tentando ignorar a tensão em meu corpo e ao mesmo tempo refletindo sobre os comentários de Maximo e me esforçando por decifrar o que ele quis dizer.

Então eu nasci em 21 de junho. E daí? Por que isso me torna sua aprendiza?

Eu nunca havia pedido para ser. E tampouco estava certa de que queria ser. É verdade que estava fascinada pelo mundo xamânico secreto. Mas havia uma grande diferença entre estar fascinada e me tornar uma aficionada e discípula totalmente comprometida.

Então por que Maximo falava como se aquilo já estivesse decidido?

Sua arrogância me fez lembrar de Edward.

Quando o despertador quebrou o profundo silêncio das primeiras horas da manhã, confusão, exaustão e desejo sexual haviam se transformado em raiva. Ao ver Maximo acenando casualmente com a mão pela janela de trás do meu táxi, decidi que o viúvo com fobia de compromisso era um jogador que obviamente usava a conversa sobre ser aprendiza com todas as mulheres remotamente atraentes que encontrava.

Senti-me como uma boba ingênua.

Como eu podia ter interpretado tudo tão mal?, perguntei a mim mesma, sentindo-me péssima.

Algumas horas depois, eu estava sacolejando em um ônibus por uma estrada de pista única através das montanhas. Em todos os lados para os quais olhava, colinas onduladas se estendiam na direção do horizonte em uma mistura de marrons e vermelhos.

Eu estava no topo do mundo.

O israelense de vinte e poucos anos sentado no banco ao meu lado me trouxe sem cerimônia de volta para a Terra. Logo antes de deixarmos Cusco ele havia corrido para a frente do ônibus, perguntado se o lugar ao meu lado estava ocupado e, quando respondi que não, se sentado nele e iniciado um monólogo contínuo.

Avi era um piloto da força aérea israelense. Ele pilotava um avião de guerra de 45 milhões de dólares e fazia parte de uma elite encarregada de defender as fronteiras do país. Após parar brevemente nesse ponto para conferir se eu estava devidamente impressionada, Avi prosseguiu com sua autopromoção. Ele estava em um período sabático havia dois anos, passara uma semana em Cusco e na noite anterior dera um concerto na prefeitura a pedido do prefeito.

— Sou um pianista — explicou. — Poderia ter seguido carreira.

Olhei para meu relógio. Nove da manhã. A essa altura, o novo grupo teria chegado em Wasi Ayllu e, sem dúvida, Maximo os estaria encantando com sua irresistível combinação de beleza, inteligência e magia xamânica.

Senti-me enciumada, raivosa e impotente.

Subitamente percebi que Avi havia parado de falar e me olhava na expectativa.

— O quê? — perguntei.

— Eu estava lhe perguntando o que você faz — repetiu ele.

— Ah, certo — respondi, tentando rapidamente pôr meu cérebro em funcionamento.

Ele ouviu ansiosamente quando lhe falei sobre o mundo jornalístico de celebridades. Minha vida em Londres parecia totalmente estranha para mim. Era como se eu fosse alguém de fora descrevendo a vida diária de outra pessoa. Aquilo foi desconcertante. Lembrei-me da afirmação de Maximo de que eu não voltaria para meu trabalho. Lembrei-me dos meus sonhos quando fiquei com a lama em minha barriga. Suspirando, olhei para fora da janela. A estrada era agora um quebra-cabeça de buracos no cascalho, com uma largura que mal era suficiente para nosso ônibus e um íngreme declive em um lado. Isso não impedia o motorista de seguir rapidamente em frente. A cada vez que encontrávamos outro veículo, ele freava bruscamente e começava o processo de voltar para um ponto de passagem. Isso acontecia frequentemente e nosso progresso era longo. Mas a cada quilômetro que percorríamos eu me sentia cada vez mais desesperada.

Não podia acreditar que não veria o belo xamã de novo.

E não podia acreditar que nossas duas semanas mágicas juntos tinham terminado em tamanho anticlímax.

* * *

Demorou seis horas para o solo árido e vermelho do alto dos Andes se dissolver em altos bambuzais e vegetação densa, e o ar rarefeito se tornar denso, o frio cortante substituído por calor úmido. Quando chegamos à selva, eu estava coberta de brotoejas. A erupção vermelha e pruriginosa me dava a sensação de que minha pele estava cheia de formigas — uma analogia ironicamente apropriada.

Eu me sentia totalmente infeliz.

Nós caminhamos durante a última parte da viagem. A paisagem era o paraíso de um jardineiro, com enormes cestos pendurados nos galhos das árvores. A pequena parte da minha mente que não estava obcecada por Maximo e pelo estado calamitoso da minha pele quis saber o que eles eram.

— Ninhos de orrrrropendola! — exclamou uma voz com um forte sotaque italiano. Perto de mim estava um homem alto de nariz largo e cabelos escuros ralos e encaracolados presos em duas tranças. — Os pássaros são pequenos — continuou ele —, mas fazem esses ninhos suspensos para proteger seus ovos de predadores nas árvores.

Olhei para o italiano de aparência estranha, por um momento totalmente distraída de meus tristes pensamentos. Pensei que os hippies tivessem ido embora, mas de algum modo um substituto conseguira entrar no ônibus.

— Sou Alvaro. — Ele sorriu. — Seu guia — acrescentou.

O dia está cada vez melhor, pensei tristemente. Quando Alvaro se afastou, notei que ele havia dobrado as calças de seu training cor de laranja na cintura para mantê-las para cima, e me perguntei por que não havia simplesmente comprado calças do tamanho certo.

O acampamento consistia em dois grandes bangalôs abertos com camas sujas uma ao lado da outra. Depois de um banho frio de chuveiro — desagradável, mas esperado —, passei o restante da tarde tentando ignorar a sinfonia de roncos dos meus companheiros de viagem.

Perdi o sono pela segunda noite, pensando em Maximo. Minha raiva tinha sido agora totalmente dominada pelo desânimo.

Ele é o homem mais maravilhoso que já conheci, então por que acabamos nos despedindo de um modo tão casual?, perguntava-me repetidamente.

E o que eu poderia fazer agora — presa no meio da maldita floresta tropical a centenas de quilômetros de Wasi Ayllu, sem um telefone ou computador?

15

No dia seguinte, vi-me descendo por um estreito afluente do Amazonas em um barco simples de madeira com um hippie, um homem que ganhava a vida matando pessoas e um grupo de turistas comparativamente inofensivos. O barco era operado por um velho e seu sobrinho. Felippe estava na casa dos 60, tinha a pele cor de couro curtido, um rosto largo sempre franzido em um meio sorriso e olhos lacrimejantes. Sempre que eu olhava para Felippe, ele estava descansando no casco enquanto seu sobrinho dirigia, atracava e cuidava de tudo o que era preciso no barco.

Um bom trabalho para se ter, concluí para mim mesma.

Quando a madrugada rompeu a sufocante escuridão de um céu indomado por iluminação artificial, decidi que bastava. Eu tinha uma escolha: podia desperdiçar a próxima semana desejando o que não tinha ou me lançar na jornada e apreciar o que tinha. A autopreservação prevaleceu e escolhi a última possibilidade.

Eu estava na Amazônia.

Aquela era uma oportunidade única na vida.

Eu a aproveitaria ao máximo.

O sol estava diretamente acima das nossas cabeças e fazia calor demais para eu ao menos pensar. Isso era uma bênção diante de minhas dificuldades emocionais.

Eu estava vencendo a batalha contra a nostalgia, concluí com orgulho.

Infelizmente, não estava vencendo a batalha contra as brotoejas. A essa altura, havia coçado minha pele até deixá-la quase em carne viva e ela gritava por alívio, fazendo a sopa marrom ao nosso redor assumir o encanto de uma cachoeira cristalina formada por água de geleira.

No momento em que lançamos âncora, Alvaro tirou sua camiseta e suas calças — felizmente optara por manter um mínimo de decência usando um calção de banho — e desapareceu do lado.

Mal pude esperar para me juntar a ele.

A água fria foi uma panaceia imediata para minha pele. Suspirei de alívio. Alvaro e eu começamos a nadar juntos contra a corrente. Ou pelo menos tentamos. A força da água fez com que mal nos movêssemos.

— Vamos! — zombou Avi. — Por que vocês estão indo tão devagar?

Olhei para Alvaro, que balançou a cabeça quase imperceptivelmente. Avi mergulhou e nós observamos nosso companheiro lutar contra a corrente e começar a ser puxado para trás.

— É difícil, não é? — disse Avi ofegante quando se recompôs e estava novamente com a cabeça fora da água sem se mover, entre nós.

Alvaro piscou para mim. Sorri de volta. Minhas experiências com Maximo haviam me deixado muito abalada, e foi estranhamente tranquilizador me deparar com um espírito humorístico europeu. Concluí que, apesar da aparência incomum do italiano, eu gostava dele.

Depois, naquela tarde, nós largamos nossas mochilas em um vilarejo isolado de cinco cabanas de madeira sobre palafitas cercado de vegetação e entramos na selva. Não havia nenhuma trilha, por isso Alvaro usou um simples facão para abrir caminho através dos inúmeros galhos que impediam nosso avanço. Perguntei-me como ele podia saber para onde íamos. A selva estava por toda parte — atrás de nós, na nossa frente e dos dois lados.

— Conheço esta parte da selva como a palma da minha mão — explicou o italiano. — Mudei-me para o Peru quando tinha 21 anos e passei os primeiros dois anos sozinho em Manu — acrescentou.

— Por que sozinho? — perguntei.

— Foi o tempo necessário para as comunidades locais me aceitarem. Eles não têm muito contato com estranhos, e certamente não com europeus brancos. — Ele riu.

Virei-me para olhar para Alvaro. Havia mais nesse hippie do que os olhos podiam ver, pensei. Então notei que ele estava descalço.

— Você está descalço! — exclamei. — Vai ser mordido!

— Não, não vou — respondeu ele simplesmente. — Ando descalço na selva há 20 anos. Nunca fui mordido.

Olhei para Alvaro incredulamente, quando de repente ele agarrou meu braço e me puxou em sua direção.

— Ah! — gritei surpresa. — O que foi?

Ele apontou para algo brilhante entre as folhas mortas a não mais de um centímetro do meu pé esquerdo.

— Formigas-de-fogo! — respondeu. — Se você pisar nelas, saberá por que têm esse nome.

Olhei mais de perto. Centenas de formigas douradas de 2,5 centímetros de comprimento serpenteavam pelo chão da floresta em uma linha contínua. Não pude acreditar que Alvaro as havia notado. A possibilidade de ele realmente ser "virgem em mordidas" pareceu muito mais plausível.

Enquanto eu olhava para Alvaro com um novo respeito, notei o sol projetando no mundo verde ao redor uma forte luz amarela. Ficamos parados por um momento enquanto eu absorvia a floresta tropical. Esse mundo mágico era bem diferente de tudo que já visitara. As formigas agora subiam por um grande tronco de árvore para além de uma enorme teia de aranha em cujo centro havia uma mosca do tamanho de uma barata presa em seu delicado abraço. A maravilha do mundo natural começou a se infiltrar em minha consciência. Senti meus ombros abaixarem, como se um peso invisível me tivesse sido tirado.

Alguns minutos depois, estávamos em pé na frente de um grande lago; no meio havia uma ilha cheia de árvores e folhagem. Um sujo catamarã de madeira estava frouxamente preso a uma estaca na beira da água. Entrando no barco com cautela, tentei encontrar um lugar um pouco limpo e logo desisti, frustrada.

O crepúsculo começava a cair quando Alvaro nos empurrou para longe da margem e começou a remar na água cor de esmeralda parada como vidro.

— Este lago é o lar de uma das últimas famílias de lontras gigantes desta parte da Amazônia — sussurrou ele. — Elas são realmente tímidas, por isso temos de ficar em silêncio se quisermos vê-las.

Os únicos sons eram o do remo deslizando na água e a algazarra e os chamados de pássaros e insetos. Lâminas vermelhas e cor de laranja cortavam o céu azul-real. Fiquei fascinada com a beleza virgem do mundo aquático, totalmente absorta em sua paz natural e essencial.

Um brilho prateado atravessou o céu.

— É um biguá — sussurrou Alvaro. — E lá estão duas garças — disse ele apontando para a direita.

Não pude acreditar que ele havia notado as aves paradas como estátuas ao lado da água.

Sorrindo alegremente, o italiano me entregou seu enorme binóculo e apontou para as copas das árvores.

— Um macaco-aranha — murmurou.

O enorme macaco preto com braços exageradamente longos começou a sacudir o galho em que se balançava e soltou um grito agudo. "Olhe para mim! Olhe para mim!", parecia dizer. Era maravilhoso. Eu não conseguia tirar os olhos dele.

Lembrei-me do truque de Maximo com os coelhos em Machu Picchu. Perguntei-me como ele se comunicaria com o macaco e por um momento me senti triste.

Subitamente ouvimos o que parecia ser uma britadeira. E depois de novo, e de novo.

Virei-me para Avi.

— Que som foi esse? É parte da ameaça das madeireiras à Amazônia?

Alvaro olhou para mim e pôs o dedo sobre a boca.

Nós nos viramos para o canto do lago. Imediatamente descobrimos a fonte do som: uma família de lontras brincava junta, torcendo seus enormes corpos marrons na água como serpentes. A maior desapareceu abaixo da superfície, emergindo alguns segundos depois com um peixe na boca. Ela ficou de barriga para cima e começou a mastigar o suculento prêmio com alegre abandono. Duas pequeninas lontras atraíram minha atenção ao rolarem repetidamente na água, perseguindo uma fantasia infantil. Contei nove ao todo.

— Antes eram 12 — sussurrou Alvaro.

— O que aconteceu?

— Elas nadam para o mar todos os anos, mas para procriar têm de voltar para este lago. Essa é uma jornada perigosa. Também há o problema dos caçadores ilegais, embora elas estejam protegidas. — Ele balançou a cabeça. — Não sei quanto tempo resta para essas aí.

Nós observamos as lontras até o céu se dissolver em traços violeta e a cacofonia de cores ser engolida — alguns momentos depois — pela intensa escuridão da noite.

Sigo Alvaro em silêncio até o vilarejo, sob o efeito da melíflua magia verde da selva. Não me reconheço. Estou desgrenhada, malvestida e sem maquiagem. E sem acesso a nenhuma das bases que sustentam minha vida em Londres — chocolate, saltos altos, vida social intensa e confortos materiais.

Contudo, sinto-me livre.

Sinto-me viva.

Sinto-me em paz.

Não consigo pensar em nenhum outro lugar em que preferiria estar.

Só há uma coisa faltando.

A despeito de mim mesma, e de minhas bem-intencionadas resoluções, o que mais queria no mundo era que Maximo e eu estivéssemos partilhando esta experiência juntos.

Estou começando a sentir afeição por nosso maravilhoso guia italiano, mas só posso imaginar como o xamã aumentaria minha conexão com este mundo estranho e irresistivelmente belo.

16

Eu poderia ter me apaixonado pela selva, mas ainda havia limites. No que me dizia respeito, esses limites se apresentaram na noite seguinte, quando tive de dormir em uma barraca em uma praia estreita no meio do rio Amazonas.

Com Maximo, isso poderia ter sido romântico; sem ele, era apenas primitivo.

— Onde fica o banheiro? — perguntei desdenhosamente a Alvaro quando saímos do barco no final de um longo dia de passeios.

Ele apontou para a vegetação no final da ilha.

— Mas os jacarés vão para a praia à noite, Anna. — Ele sorriu zombeteiramente. — Portanto, se você tiver de se levantar, tome cuidado.

Coloquei a língua para fora à sua deliberada provocação e me afastei, perguntando-me como iria montar uma barraca.

A solução veio na forma de Avi. Como era de esperar, ele já estava em pé ao lado de uma pirâmide de lona imaculada. Então banquei a donzela em apuros e, sorrindo orgulhosamente, ele tirou a lona encerada das minhas mãos.

— Isso foi rápido! — exclamou Alvaro quando nos juntamos ao restante do grupo ao redor da fogueira.

— Foi? — Sorri com toda a indiferença que pude, pegando a garrafa sem rótulo com um líquido turvo da mão estendida de Alvaro.

Olhei para a lua baixa — uma lanterna branca enorme e perfeitamente esférica — no céu cor de piche. Meus pensa-

mentos voltaram para Maximo, sentado sob a mesma lua em algum lugar nas montanhas.
 Onde ele está? Desejei saber. Com quem?
 Antes de ser dominada pela tristeza, tomei um gole da garrafa. Logo comecei a tossir sem parar.
 — Essa é a bebida contrabandeada local — explicou Alvaro.
— É um presente da comunidade que visitamos esta tarde.
 Notei sua expressão divertida em meio às minhas lágrimas.

Estávamos andando de barco a motor pelo rio quando subitamente, sem aviso, paramos em um lugar em que o capim era particularmente alto, e deslizamos por uma abertura tão pequena que teria passado totalmente despercebida se você não soubesse que ela estava ali. Levava a um estreito afluente que terminava abruptamente em um juncal e três andinos de peito nu e aparência zangada brandindo arcos e flechas. Depois de um momento de tensão me perguntando se eu estava prestes a atuar em uma versão da vida real de *Mantenha o rio à sua direita*, um conto canibal moderno, os andinos reconheceram o italiano e suas expressões relaxaram.
 Eles entraram na densa vegetação.
 Nós avançamos lentamente atrás deles.
 Apesar da parede de mosquitos bloqueando o caminho em todos os lados para os quais nos virávamos, senti um arrepio de excitação. Isso era real, uma viagem fora dos roteiros comuns. Era por isso que eu havia tirado meu período sabático.
 Finalmente a vegetação deu lugar a uma clareira relvada com duas frágeis varas de bambu com as duas pontas fincadas no chão na frente de duas grandes cabanas sobre palafitas. Eu estava me perguntando para que eram as varas quando Alvaro pegou uma bola de futebol em sua mochila e um jogo começou, seguido de gritos de contentamento.
 O futebol é uma língua global que dá uma banana para Babel e num piscar de olhos a clareira deserta se encheu de aldeões

que saíram aos poucos das cabanas. Mães com saias curtas de algodão, seios nus caídos e bebês em seus quadris ficaram perto de homens mais velhos com grandes sorrisos que revelavam fileiras de dentes cobertos de metal e crianças pequenas descalças usando camisetas esburacadas. Todos estavam relaxados. Todos sorriam. E o bom humor era contagioso.

Ocorreu-me que eu nunca havia feito parte de uma comunidade tão cordial e integrada. Havia algo de maravilhoso nisso.

Entreguei uma banana para uma garotinha suja que usava um vestido simples de algodão com um rasgão do lado. Ela riu incontrolavelmente quando começou a morder a fruta. Logo seu pai estava ao seu lado. Eu não entendia o dialeto, mas ficou claro que ele lhe dizia para dividir a banana com seu irmão. Eu esperava que a criança se recusasse a dividir, como a maioria de seus congêneres ocidentais. Em vez disso, ela simplesmente partiu a fruta ao meio e deu o pedaço maior para o irmão. Em momento algum o sorriso deixou seu rosto.

Observar as crianças me afetou profundamente. Eu sempre havia pensado que os bens materiais eram cruciais para se começar uma família, mas obviamente essas crianças não tinham nada. De um modo estranho, contudo, tinham tudo — como a velha mulher e sua neta em Sacsayhuaman. Eu nunca havia testemunhado uma satisfação inconsciente tão irrestrita e não competitiva. Não havia birras e gritos exigindo a atenção de pais distraídos, apenas uma invejável despreocupação com a vida que fez com que me sentisse envergonhada.

Perguntei aos jovens irmãos se poderia tirar uma foto deles. Quando lhes mostrei o resultado, eles começaram a rir sem parar, incapazes de esconder seu encantamento com a tecnologia com que lido todos os dias tediosamente. Procurei algumas moedas em meu bolso, mas as crianças não tinham o espírito comercial de seus congêneres cusquenhos e não pediram nenhum tipo de pagamento. Em vez disso, a garotinha veio até mim e subiu em meus braços.

Eu a abracei com força. Foi difícil soltá-la.

— Temos muito a aprender com essas tribos da selva — estava dizendo Alvaro, seu sotaque suavemente sonoro me tirando do meu devaneio. — Elas estão muito mais satisfeitas com a vida do que as pessoas do Primeiro Mundo...

Avi o interrompeu.

— Isso é só porque não conhecem nada melhor — disse ele bruscamente. — Não são instruídas, por isso não têm nenhuma escolha. É claro que serão mais felizes. Mas eu ia querer ser um idiota feliz? — perguntou ele desgostosamente. — Creio que não.

Uma onda de discordância percorreu o grupo.

— Então o que o torna feliz, Avi? — perguntei com brandura.

— Tocar piano, música e voar — respondeu ele confiantemente.

Virei-me para uma das mulheres.

— Saúde e minha família — respondeu ela.

— E quanto a você, Felippe? — perguntou Alvaro.

O rosto do velho se franziu em um sorriso ainda maior do que de costume.

— Lavar meu barco e dirigi-lo quando me deixam. Normalmente meu sobrinho fica no comando porque sou cego de um olho — confidenciou —, mas hoje ele me deixou dirigir em uma parte mais tranquila do rio. Foi maravilhoso — sussurrou.

Olhei para Felippe, envergonhada de meu julgamento apressado de seu comportamento como preguiça. Eu sempre havia me considerado uma boa julgadora de caráter, e me senti estúpida. Pensei em como era fácil interpretar mal as pessoas — interpretar mal determinadas situações — nessa terra estrangeira.

Pensei em Maximo. Eu havia cometido o mesmo erro com ele?

— Mas você não quer um barco maior? — insistiu Avi agressivamente. — Ou mais barcos?

— Por que eu ia querer um barco maior? — respondeu Felippe calmamente.

Avi revirou os olhos para o céu.

— Estão vendo o que eu quero dizer? Não faz sentido conversar com essas pessoas.

— Ele tem razão, Avi — retorqui reflexivamente. — A ambição e a felicidade nem sempre andam de mãos dadas.

Meu comentário saiu dos meus lábios antes de eu ter tempo de pensar. Fiquei chocada. Essas não eram as palavras de uma profissional bem-sucedida em uma cidade grande.

O que estava acontecendo comigo?

Ergui os olhos. Alvaro estava sorrindo para mim e assentindo com a cabeça.

O israelense apenas me olhou. Ele não disse mais nada.

De volta à minha barraca fedorenta e úmida, reflito sobre essa mudança que estou testemunhando em mim mesma.

— Para você, Annita, escolhi Fogo — dissera Maximo ao me mostrar meu quarto naquela primeira tarde. Fogo representa transformação. Você não será a mesma mulher quando deixar o Peru.

A cena passa em minha mente como um minifilme. Lembro-me do meu ceticismo naquele dia. Mas agora percebo que o xamá estava certo.

Como ele sabia?, pergunto-me.

Ele foi de algum modo responsável?

Com o olho da mente, vejo os sorrisos prateados dos membros da tribo, ouço os gritos de entusiasmo enquanto 50 pares de olhos acompanham um grupo de garotos magros e musculosos perseguindo uma bola em um gramado, e sinto o corpo da garotinha, quente como o de um pássaro, aninhado no meu. Então penso de novo na pura paz do lago, no macaco gritando e nas lontras brincalhonas. Enquanto isso, algo dentro de mim — aquela mesma resistência interna — diminui e desaparece mais uma vez.

Percebo que não posso deixar o Peru. É o país mais encantador que já visitei. Quero descobrir mais sobre ele, seu povo e seu estilo de vida.

Não sei por que isso deveria ser assim, mas sei que é a verdade.

Também sei que Maximo será minha chave para explorar os mistérios de sua terra natal.

Um fato estranho da vida é que quanto mais você faz e se ilude para manter o *status quo* e evitar o caminho menos percorrido, mais se sente desconfortável. Ironicamente, a rendição traz uma paz incomparável. E então, no momento em que decido prolongar minha estada no Peru pelo restante do meu período sabático, a luta interna que me atormenta desde que pensei pela primeira vez em tirar uma folga meses atrás termina.

A luta interna entre a persona à qual tentei corresponder e quem realmente sou é decidida. Escolho eu mesma porque aqui, na floresta tropical, eu mesma sou suficiente.

Ocorre-me que se Maximo sabia que eu mudaria tanto durante minha estada no Peru, por que não saberia que nos veríamos de novo? A possibilidade de seus modos casuais em nossa última manhã juntos terem sido porque ele sabia que nosso adeus era apenas temporário me deixa eufórica.

Pela primeira vez desde que deixei meu xamã, consigo cochilar.

E quando caio no sono, não estou preocupada com jacarés, mas me banhando na luz cálida da esperança.

17

Só havia um problema: o que concluir dos pronunciamentos de Maximo sobre meu destino xamânico.

Ele realmente queria me ensinar?

Se quisesse, acho que isso explicaria sua decisão de não tornar nosso relacionamento físico. E eu deveria respeitar seu profissionalismo.

Mas e se ele só estivesse brincando comigo? Afinal de contas, por que escolheria uma garota europeia como aprendiza?

Isso não fazia o menor sentido.

Minhas respostas vieram em nossa última noite em Manu. O acampamento oferecia o luxo de uma plataforma de madeira — em vez de simples areia sobre a qual armar nossas barracas — e uma verdadeira sala de jantar que assumia a forma de uma pequena cabana contendo duas mesas com cavaletes de madeira em estado bruto e sem verniz. Aquilo não era como a rede de hotéis Four Seasons, mas certamente era pura opulência segundo os padrões de Manu. Eu estava dando minha primeira garfada do que parecia uma enorme pilha de espaguete, mas na verdade era uma salada de palmito — um gomo fibroso de cor creme encontrado dentro das palmeiras amazônicas — quando Avi entrou no assunto das plantas nativas.

— O que vocês sabem sobre a ayahuasca? — perguntou ele casualmente.

Agucei os ouvidos, surpresa. Alvaro olhou para o israelense, mas não disse nada.

— Aya o quê? — perguntou alguém.

— Ayahuasca — repetiu Avi. — Tenho lido sobre isso.

— O que é? — perguntou a mesma voz.
— Um líquido marrom com um gosto horrível — respondi.
— Você bebeu? — perguntaram Alvaro e Avi em uníssono.
— Sim — respondi impassivelmente. — Por que estão tão surpresos? — acrescentei.
— Como foi? — insistiu Avi.
— Uma experiência incrível.

O piloto se sentou mais para a frente. Ele ouviu ansiosamente enquanto eu contava as experiências da semana anterior.

— Com que xamã você trabalhou? — interpôs Alvaro.
— Um homem maravilhoso chamado Dom Inocencio.

Ele se inclinou para trás no fino banco e me olhou indagadoramente por tanto tempo que comecei a me sentir arder. Com Maximo fora do caminho, esquecera-me de como era ficar com as bochechas rubras. Lembrar não foi divertido.

Subitamente, sem nenhum aviso, Alvaro se inclinou para a frente e me envolveu em seus braços longos e finos, porém surpreendentemente fortes. Ele exalava calor humano.

— Eu não conseguia entender por que você era tão distante do grupo, Anna — sussurrou ele quando finalmente me soltou.

Ergui as sobrancelhas.

— Às vezes você parecia muito sozinha — continuou Alvaro. — Agora percebo que era porque bebeu a ayahuasca, e não qualquer ayahuasca, mas a preparada pelo mestre.

Ele era a segunda pessoa que descrevia Dom Inocencio como o mestre.

— Você o conhece? — perguntei.
— É claro. — Alvaro riu. — Todos conhecem Dom Inocencio. A planta torna as pessoas introspectivas, pensativas — continuou ele. — Ela muda você. Profundamente.

Ele também era a segunda pessoa que me falava sobre mudança.

— Anna trabalhou com Dom Inocencio — anunciou Alvaro para as sombras à porta.

O velho barqueiro concentrou seu único olho são em meu rosto.

— Ayahuasca — sussurrou ele, assentindo lentamente com a cabeça.

Comecei a me sentir novamente constrangida.

— O que há de tão importante nisso? — desejei saber.

Felippe apenas sorriu para mim e deixou Alvaro explicar.

— Anna! — O hippie italiano riu. — Você trabalhou com um dos xamãs mais poderosos da Amazônia. Isso exige coragem. Felippe mora no mesmo vilarejo que Dom Inocencio. Ele está olhando para você com respeito.

— Respeito? — perguntei.

— Sim. — O xamã é a pessoa mais importante em uma comunidade, Anna. Como um médico e um prefeito juntos... — Ele fez uma pausa. — Felippe perdeu a visão quando tinha 3 anos de idade porque foi pego espionando um grupo de xamãs.

— O que aconteceu? — perguntei, chocada.

— Um deles notou alguém observando sua reunião por um buraco na parede. Não sabia que era uma criança, por isso enfiou uma lança no buraco. Ela entrou direto no olho de Felippe.

— Meu Deus! — exclamei.

— Felippe sabe tratar xamãs com respeito.

— Esse foi um modo difícil de aprender, não acha?

— É assim que as coisas são na selva. — Alvaro encolheu os ombros.

A porta rangeu ao ser fechada. Felippe havia saído.

Aos poucos, todos os outros começaram a sair também, até o italiano e eu ficarmos sozinhos. Nós continuamos sentados em amigável silêncio.

— Como você foi trabalhar com Dom Inocencio? — perguntou ele.

— Fui com outro xamã — respondi.

— Qual?

— Ele se chama Maximo.
— Maximo? — perguntou Alvaro. — Maximo Morales?
Assenti com a cabeça.
— Como você conhece Maximo Morales? — perguntei sem poder acreditar.
— Todos conhecem Maximo — respondeu Alvaro imediatamente. — Ele é um xamã poderoso — acrescentou em um tom sério. — Como você o conheceu, Anna?
Comecei a contar a Alvaro como Maximo e eu nos conhecemos e depois passamos duas semanas incríveis juntos. Ao contar essa história, percebi o quanto andava me sentindo solitária. Era um enorme alívio conversar com alguém, e quando comecei, não consegui mais parar. Eu havia passado a respeitar e confiar em Alvaro, por isso lhe contei tudo, até o bizarro pronunciamento de Maximo sobre o aprendizado.
— O que ele disse? — interpôs o italiano, inclinando-se para a frente entusiasmadamente.
— Disse que quer me ensinar — repeti.
— Deus, que oportunidade! — exclamou ele.
— Você acha? — perguntei. Meu peito se encheu de expectativa.
— É claro — respondeu Alvaro seriamente. — Maximo é o único aprendiz de Inocencio, Anna. Inocencio é o Avô, um dos xamãs mais poderosos do Peru... — Ele fez uma pausa. — Maximo a está convidando a dar continuidade a essa linhagem, a se juntar aos xamãs, aos curandeiros, aos magos que sabem tudo sobre a vida, a morte e o Universo. Tudo.
Eu nunca tinha ouvido o calmo italiano falar com tanta paixão.
— Você não entende a oportunidade que lhe está sendo oferecida? — Alvaro me fitou com olhos arregalados. — Nunca ouvi falar que Maximo já houvesse tido um aprendiz — sussurrou ele.
Em seus olhos, vi um novo respeito.

Então Maximo não estava brincando!

Meus olhos se encheram espontaneamente de lágrimas — lágrimas de alívio, lágrimas de esperança. Eu não tinha a menor ideia do privilégio que era ser convidada para ser aprendiza de um xamã. Não tinha a menor ideia da oportunidade que Maximo estava me dando. Os últimos resquícios de resistência desapareceram quando a excitação me consumiu. Eu tinha de voltar para Cusco o mais rápido possível. Tinha de ver o xamã assim que chegasse lá.

Senti-me dominada por uma sensação de urgência.

Mas a floresta tropical opera em seu próprio ritmo. E apesar da minha acrobacia mental, ela não havia terminado comigo. Ainda tinha mais uma lição a me ensinar — embora eu só fosse entender seu significado mais de um ano depois.

Nós já estávamos descendo o rio na direção do modesto aeroporto de Manu — um campo estéril — quando o céu preto se tornou cinza-escuro, e depois o cinza-escuro se tornou um turquesa brilhante sob a clara luz branca que anuncia o nascimento de um novo dia na Amazônia.

O suave movimento do barco teve o efeito de um sonífero e todos estavam cochilando. Contudo, eu não conseguia relaxar. Minha mente cogitava a possibilidade de Maximo estar ocupado.

E se ele estiver com outro grupo?, perguntei-me.

E se disser que não convém eu ficar?

Eu estava tentando descobrir como lidaria com esse total desastre quando senti a mão de Alvaro em meu ombro. Ele apontou para a margem do rio.

Um enorme jaguar de pelo dourado manchado de preto e marrom andava de um lado para outro na estreita faixa de areia. No momento em que percebeu nossa presença, o felino ficou totalmente imóvel e olhou para nós. Ele era majestoso e quase parecia saber disso enquanto ficava lá — orgulhoso, desafiador e destemido. Finalmente, ele deu as costas para nós e começou a se afastar. Quando chegou na beira da mata fechada, virou-se uma última vez como se para dizer adeus, e então desapareceu.

— Eu já o vi algumas vezes — sussurrou Alvaro enquanto a correnteza nos levava para a frente. — Ele é um macho alfa. Em seu apogeu.

Eu estava me perguntando como o surpreendente italiano podia reconhecer os enormes predadores da Amazônia, quando ergui os olhos e vi uma cabeça preta sendo carregada através do rio. Somente quando a cabeça chegou à praia ela ganhou um corpo. Era outro felino — este com um pelo preto que brilhava à luz do sol.

Fiquei boquiaberta.

— É uma pantera — sussurrou Alvaro em meu ouvido. — Uma pantera-negra. Elas são incrivelmente raras. Olhe como ela é jovem. Se fosse mais velha, nunca a veríamos.

Eu achei a pantera o animal mais bonito que já tinha visto.

Não havia nenhum som no barco além dos leves roncos de nossos companheiros e do incessante zumbido dos incansáveis insetos, mas os olhos verdes da pantera tinham o mesmo poder de atrair atenção que um grito.

Fiquei fascinada. Mesmo enquanto seguíamos nosso caminho, meus pensamentos voltavam o tempo todo para o mágico felino preto.

Às vezes pessoas entram em nossa órbita por um milésimo de segundo, mas esse milésimo de segundo muda o rumo de nossa vida. Na maioria das vezes, quando percebemos a importância desses instrumentos do destino, eles já desapareceram de nossa vida e é tarde demais para expressarmos nossa gratidão. Foi assim com Alvaro, o italiano especial que me apresentou às maravilhas da Amazônia profunda — sob o feitiço da qual algo dentro de mim mudou para sempre — e cujo sincero entusiasmo com o oferecimento de Maximo de me ensinar me convenceu a aceitar isso.

Quando nosso pequeno avião para Cusco decolou, algumas horas depois, olhei pela janela bem a tempo de vislumbrar meu querido amigo usando a camiseta da véspera virada do avesso desaparecer descalço na selva.

Foi a última vez que o vi.

Mas quando os Andes vermelhos e as nuvens fofas substituíram a vista especular da selva densa cortada pelas curvas do rio Amazonas, eu já sentia saudade de Alvaro e da beleza verdejante da floresta tropical.

18

No momento em que o avião aterrissou em Cusco, corri para um telefone público. Antes de ligar para a companhia aérea para trocar minha passagem e de ligar para Londres — na verdade, antes de fazer qualquer outra coisa — eu tinha de ligar para Maximo.

Eu estava com o coração na boca.

Queria dar o telefonema e, ao mesmo tempo, não queria. Peguei o fone e o recoloquei imediatamente no gancho, respirei profundamente para me acalmar e tornei a pegá-lo uma segunda vez.

Dissemos alô ao mesmo tempo.

Maximo não pareceu nem um pouco surpreso.

— Annita! — exclamou ele, a voz sedutoramente plena e lenta.

Pude sentir o calor de seu cumprimento.

— Vou estender minha estada no Peru pelo resto do meu período sabático — disse eu entusiasmadamente. — Ficarei por mais seis semanas.

Ele não disse nada.

Prendi a respiração.

Ele continuou calado.

Droga, pensei. Ele vai dizer que está muito ocupado. Eu sabia disso.

— Então podemos começar — anunciou Maximo. Sua voz foi clara, sóbria e autoconfiante. — Onde você está? — perguntou.

— No aeroporto. Acabei de voltar.

— Estarei aí daqui a uma hora.

E fim de papo.

Eu não podia acreditar que isso tinha sido tão simples. Estava tão eufórica quando saí do avião que não hesitei em ligar para a companhia aérea e depois para Edward. Ele não reconheceu minha voz até eu dizer meu nome três vezes, e ficou mudo quando lhe dei minha notícia.

— Você vai o quê? — perguntou Edward. Por um momento, ele ficou sem palavras. — Isso é incrível — murmurou. — Na verdade, Anna — disse prontamente —, você não ligou em uma boa hora. Estou saindo para uma reunião.

O clique do telefone e o silêncio que se seguiu foram uma crítica aos meus planos, mais atordoante do que qualquer combinação de gritos e xingamentos jamais poderia ser.

Desliguei o telefone me sentindo como se alguém tivesse despejado um balde de água fria em minhas aspirações numa tentativa de afogá-las em uma corrente de desdém. Mas Edward estava muito longe. Eu estava muito envolvida com os mistérios da floresta tropical, o fascínio do Peru e a promessa de mais seis semanas com Maximo. Senti-me incrivelmente protetora em relação ao que estava descobrindo, e a antipatia do meu antigo namorado só serviu para aumentar minha determinação.

De qualquer modo, não me importo com o que Edward pensa, concluí.

Importei-me ainda menos no momento em que vi Maximo, hoje usando óculos Bulgari cinza que ficavam muito bem em seu rosto e me deixaram bastante consciente do fato de que, recém-saída da selva, eu estava com uma aparência e um cheiro horríveis. Sem ligar para isso, o semideus veio em minha direção, tomou meu rosto em suas mãos e beijou minha testa.

Senti um frio no estômago e uma estranha sensação de volta ao lar combinada com nervosismo.

— Como você sabia que eu voltaria? — perguntei-lhe quando saímos para o sol brilhante e o ar notavelmente rarefeito e seco das montanhas.

Ele sorriu para mim, e para dentro dos meus olhos.
— Eu li a planta.
— Leu a planta? — perguntei.
— Que planta?
— O cacto. Você também fará isso em breve, Annita — acrescentou ele misteriosamente.

Enquanto seu Land Cruiser saía rapidamente do estacionamento, refleti sobre isso. Senti uma combinação de ceticismo e entusiasmo com essa perspectiva. Apesar da incapacidade da minha mente de acreditar na capacidade de alguém de prever o futuro, uma parte de mim secretamente achava que isso parecia espetacular.

Algumas horas depois, estávamos debruçados sobre uma pequena mesa em La Finestra, uma instituição em Urubamba em que os nativos se sentam em uma de seis mesas empoeiradas e pagam menos de 2 libras por uma refeição de três pratos. Situado em uma posição de destaque na estrada de terra que é a rua principal da cidade, o restaurante era quente, úmido e abafado. Mas eu mal notava o ambiente. Havia esperado uma semana inteira por este momento e não podia acreditar que finalmente chegara.

Segurando minha mão nas suas, Maximo olhava em meus olhos. Depois de alguns instantes, desviei o olhar. Sentia-me como uma adolescente — confusa e exposta. Ninguém jamais havia estudado meu rosto — de fato, me estudado — com tanta decidida intensidade quanto Maximo.

— Fale-me sobre a selva — pediu ele em voz baixa.

Aproveitando a oportunidade de uma distração, falei com entusiasmo sobre minhas experiências com Alvaro.

— Há muitos anos, passei alguns dias com uma tribo nativa em Manu — disse Maximo quando terminei de lhe contar sobre nosso encontro com a comunidade local. — Queria estudar suas tradições xamânicas porque eles misturam ayahuasca com tabaco. Isso é um remédio poderoso — refletiu. — Porém, antes de poder aprender com eles, tive de participar de festas. Essa é a tradição na selva — explicou. — A bebida deles é a chicha, uma cerveja leitosa feita por mulheres velhas desdentadas que sugam as folhas de mandioca e cospem a polpa em baldes. A saliva inicia o processo de fermentação.

— Argh! — Fiz uma careta. Subitamente me lembrei do líquido com gosto bizarro que Alvaro me dera.

Não admirava que ele estivesse achando aquilo tão divertido. Quis vomitar.

— Em algum ponto durante a noite, o chefe me disse para escolher uma de suas esposas — continuou Maximo. — Na época eu era casado.

Agucei os ouvidos. Essa era a primeira vez em que ele mencionava sua esposa.

— E, além disso, todas as mulheres eram muito feias.

Comecei a rir.

— Mas é claro que eu não podia recusar tal honra.

— O que você fez? — perguntei com curiosidade.

— Escolhi uma e depois passei o resto da noite me embebedando o máximo que pude. Queria ter certeza de que apagaria, por isso bebi até ficar enjoado e depois bebi um pouco mais. — Ele começou a rir. — Quando acordei, no dia seguinte, estava deitado perto dessa mulher feia, mas ainda com meu jeans.

— Então deu certo! — Ri.

— Sim. — O sorriso irresistível de Maximo iluminou todo o seu rosto.

— O surpreendente nessas tribos, Annita, é que eles não precisam de nós para nada — disse Maximo.

Eu o olhei nos olhos.

— É mesmo? Quer dizer, eles conseguem viver sem chocolate e delineador?

— É mesmo! — Ele riu. — A selva lhes dá tudo de que precisam. As únicas coisas que nós lhes damos são gripes que podem ser fatais. Sempre que visitei uma tribo, tive de cobrir o nariz com um pano embebido em álcool. O álcool arde nos pulmões.

— Ele fez uma pausa. — Mas a dor sempre valeu a pena — refletiu enigmaticamente.

Maximo parecia ter estado em todos os lugares e feito tudo. Eu poderia escutá-lo durante horas.

Uma garçonete de meia-idade sorridente se aproximou de nossa mesa e passou um pano sujo sobre sua superfície empoeirada, enquanto Maximo pedia uma Inca Cola para ele, água para mim e duas refeições para nós.

No momento em que ela desapareceu, ele se virou para mim e, a troco de nada, perguntou se eu havia visto felinos predadores em Manu.

— Sim. Sim, eu vi — respondi entusiasmadamente.

Ele me estudou com uma expressão arguta indecifrável.

— Isso é incomum — murmurou. — Principalmente durante o dia.

— Um era amarelo com manchas escuras — disse eu. — O outro era totalmente preto. — Eu não podia conter minha excitação. — Foi o animal mais bonito que já vi, Maximo... — Minha voz foi diminuindo.

O xamã continuou a me estudar em silêncio.

— Não existem coincidências, Annita — finalmente pronunciou, recostando-se em sua cadeira e assentindo lentamente a cabeça para si mesmo.

— Como? — Não entendi o que ele disse.

Mas o xamã não o repetiu.

— Está na hora de voltarmos para Puerto Maldonado — anunciou Maximo algum tempo depois, enquanto comíamos *lomo saltado*, um ensopado de carne cusquenho. Então ele mudou de assunto: — Daqui a dois dias é seu aniversário, Annita! — Ele sorriu. — Estou muito feliz por passarmos esse dia juntos. O Solstício de Inverno — refletiu em voz alta —, o dia mais importante do ano no calendário andino.

— O dia 21 de junho também é celebrado na Inglaterra — respondi sem interesse, pensando distraidamente nos estranhos druidas e adeptos da Nova Era que vão a Stonehenge todos os anos.

— Esqueça-se da Inglaterra! — gritou Maximo abruptamente. — A Inglaterra não é importante. Como não é ninguém por lá.

Olhei para ele em silêncio, chocada com sua explosão de agressividade.

— Agora você está no Peru — declarou ele. — Peru.

Maximo continuou a estudar meu rosto em silêncio até a garçonete lhe apresentar a conta.

Depois de alguns instantes, olhei para o outro lado.

Sua súbita mudança de humor havia me deixado tensa. O xamã era tão maravilhoso, inteligente e charmoso quanto eu me lembrava, e não podia negar o quanto estava atraída por ele. Mas algo em sua expressão me assustou.

Nela, não vi nada além de fria determinação — determinação e poder.

19

O motorista de Maximo estava brandindo duas enormes garrafas de plástico com um líquido amarelado.

— Isto é água de San Pedro — anunciou, colocando-as sobre a mesa na minha frente e me entregando um bilhete.

Consegui decifrar a letra de Maximo. "Beba o máximo de água que puder", li. "Não pare até ir ao banheiro. Voltarei na hora do almoço."

Examinei mais de perto o turvo sedimento no fundo de cada garrafa. Servi-me de um copo e o levei cautelosamente ao nariz; tinha cheiro de ovo podre. A perspectiva de ingerir o sulfuroso sedimento não era nada animadora. Mas Maximo havia me dito que o irrigador de cólon local — colhido em uma fonte remota em uma parte inacessível dos altos Andes — me ajudaria a me livrar de uma vez por todas de meus problemas estomacais. E por isso, após examinar o copo em minha mão por um tempo incomumente longo, prendi a respiração e dei um pequeno gole.

A essa altura eu já estava um tanto acostumada a beber chás e soluções de sabor desagradável, mas fiquei aliviada ao descobrir que o sabor da água era bastante inócuo.

Desde o incidente em La Finestra, a calma havia sido restabelecida e não houvera mais indícios da agressividade de Maximo. Mas sua inexplicável explosão demonstrara que ele tinha uma agenda muito clara. Eu não sabia o que essa agenda envolvia, mas sua própria existência me fez pensar seriamente que eu havia prolongado minha estada no Peru para estudar com um xamã que na verdade não conhecia muito bem.

A personalidade enigmática de Maximo foi um dos motivos de eu ficar tão fascinada com ele. Mas a explosão da véspera me pegara desprevenida, e eu havia ficado assustada.

Eu conseguia enfrentar os impasses com Edward — mas o forte carisma de Maximo estava em um patamar diferente.

Enquanto eu esvaziava copo após copo da água, meu estômago ficava cada vez maior e meu short se tornava cada vez mais apertado. Senti movimentos giratórios descendo por minha barriga. Quando parecia que eu estava com sete meses de gravidez, desisti. Olhando furtivamente para a esquerda e a direita para ver se estava sozinha, abri o botão de cima e dei um suspiro de alívio.

— Como você está indo, Annita?

Virei-me. Maximo estava atrás de mim. O xamã não deixava escapar nada.

— Essa coisa não é muito boa para a autoestima — brinquei, corando de constrangimento. — Estou me sentindo incrivelmente gorda.

— Ótimo. — Ele beijou o alto da minha cabeça e pôs alguns livros sobre a mesa. — Está na hora de você começar a aprender sobre tradições xamânicas — anunciou casualmente.

Folheei alguns livros. Ignorando deliberadamente a aparência dúbia dos antropólogos nas sobrecapas — pelos faciais abundantes, grandes óculos redondos e sandálias duvidosas —, fiquei intrigada ao descobrir que quase todas as culturas antigas veneravam a serpente como o deus principal, a força controladora do Universo. As cobras dançando da cerimônia da ayahuasca vieram à minha mente.

Minha leitura foi interrompida por cólicas e uma súbita necessidade de ir ao banheiro.

Um quarto de hora depois, eu estava com a barriga totalmente lisa e o short folgado.

* * *

No meio da tarde, eu havia bebido oito litros e meio de água e ido ao banheiro no mínimo cinco vezes. Contudo, em nenhuma delas urinei.

— Como isso funciona? — perguntei a Maximo.

Ele deu de ombros.

— Não sei. Mas não precisamos limpar sua bexiga; precisamos limpar seu estômago e seus intestinos. E em nossa tradição é para isso que a água serve.

— Você vai beber um pouco? — perguntei.

— Mais tarde, sim. Vou à fonte em San Pedro duas vezes por ano, quando as estações mudam, para me desintoxicar. Faço isso há tanto tempo que não preciso mais beber muito para sentir os efeitos! Meu corpo se lembra.

— O que você quer dizer? — perguntei intrigada.

— Quero dizer que o corpo tem uma memória — respondeu ele simplesmente.

— Ela é diferente da memória da mente?

— É claro — disse ele. — Já ouviu falar em memória celular?

Balancei a cabeça.

— Todas as células guardam uma lembrança de nossas experiências, Annita. A memória celular pode ser uma coisa positiva. É por isso que hoje em dia não preciso beber muito dessa água. — Ele riu. — Também pode ser negativa. Se as pessoas guardarem traumas em seus corpos durantes anos, isso poderá levar a sérios problemas de saúde.

— Que tipos de problemas?

— Câncer é o óbvio.

— Esse argumento é o que leva pessoas desesperadas a gastar uma fortuna com curandeiros — retorqui. — E a ignorar a medicina convencional — acrescentei.

— Não tem de ser uma coisa ou outra, Annita — disse o xamã. — E não deveria ser. A quimioterapia, a radioterapia etc. tratam os sintomas físicos do câncer com ótimos resultados. Mas também sempre há trauma emocional armazenado por trás da doença. E isso é algo que esses tratamentos modernos não atingem. Para isso, você precisa das plantas. E também não precisa pagar uma fortuna para trabalhar com elas — acrescentou.

Refleti sobre o que ele havia dito. Esses conceitos eram novos para mim, mas depois das minhas experiências com a ayahuasca faziam sentido. Maximo era um mestre perfeito, fornecendo oportunamente partes de informações que me deixavam desesperada para saber mais.

Eu me senti sendo conduzida em uma dança nesse novo mundo — em um ritmo lento, mas firme, decidido e hipnoticamente cativante. Não sabia para onde a dança levaria e o que o homem que me conduzia queria de mim. Mas não podia resistir a esse ritmo, nem queria.

— Vou para Cusco dar uma palestra — estava dizendo Maximo. — Voltarei amanhã — sussurrou ele, inclinando-se na minha direção.

Seus olhos sorridentes, a centímetros dos meus, estavam cheios de estrelas dançantes. Minha mente se fragmentou. Eu não conseguia me concentrar.

— Pegarei você às quatro.

— Da tarde? — Sorri.

— Da manhã — respondeu Maximo.

— Por que tão cedo?

Ele deu uma pancadinha no nariz.

— Então *você* entende por que seu aniversário é tão importante. — Foi tudo que disse.

20

O Land Cruiser parou do lado de fora de Wasi Ayllu em uma nuvem de poeira. Maximo estava uma hora atrasado. Entre muitos parabéns, ele beijou rapidamente minha testa e apontou para o banco do passageiro. Corremos pela estrada sinuosa na direção da cidade de Ollantaytambo, o ponto de partida do trem para Machu Picchu, fazendo em 15 minutos um trajeto que normalmente leva meia hora. Acima de nós, pequenas nuvens brancas e fofas passavam rapidamente em um pálido céu azul-cobalto.

As ruínas incas estão empoleiradas no meio da subida de uma montanha no limite da cidade, e começamos a subir os muitos degraus cuidadosamente esculpidos no terreno implacável. Maximo se movia com a rapidez e agilidade de um gato, mantendo um ritmo difícil de acompanhar.

Eu o seguia, bufando.

Presumi que nosso destino fosse uma série de paredes de pedras talhadas na encosta da montanha tanto tempo atrás que cactos e outras plantas as atravessavam em uma união simbiótica de natureza com obra do homem. Fiquei desapontada quando Maximo contornou as paredes e continuou a subir.

— Falta muito? — gemi quando saímos do caminho para uma grande saliência de pedra. Estava ofegante. Em todos os lados ao nosso redor havia picos de montanhas cobertos de vegetação desordenada. Lá embaixo, através da névoa, consegui distinguir um tapete de campos perfeitamente arados margeados pelo rio Urubamba que serpenteava a distância. Na nossa frente, no centro da saliência, duas enormes pedras rosadas.

— A mina local fica do outro lado do vale — explicou Maximo, apontando para a névoa. — Os incas arrastaram essas rochas por uma longa distância. Durante 364 dias por ano, e não está claro por que se deram a tanto trabalho — acrescentou Maximo enigmaticamente.

Virei-me para ele, intrigada.

— No pôr do sol, você não consegue tirar os olhos das rochas, Annita! — gritou ele por cima do ombro enquanto se afastava.

Aos poucos a saliência se enche de pessoas. Andinos usando ponchos muito coloridos e pequenos chapéus de lã ficam silenciosamente lado a lado na frente de um grande pano bordado sobre o qual colocaram cuidadosamente cachimbos, chocalhos e conchas gigantes. Um grupo de turistas, idênticos em suas botas de caminhada e capas impermeáveis, perde tempo tirando fotos, falando alto uns com os outros e mastigando distraidamente biscoitos, apesar do fato de que ainda nem amanheceu. E nove crianças brancas chutam a terra — e ocasionalmente umas às outras — observadas por um casal europeu que poderia passar por habitantes locais com seus ponchos, pequenos chapéus e sandálias que deixavam os dedos de fora.

Um ar de expectativa permeia a cena.

Depois de algum tempo, um único feixe de luz prateada suave se espalha de detrás das montanhas para o leste. Maximo imediatamente se materializa do nada, pega minha mão e me conduz para mais perto das pedras. O feixe de luz se transforma em numerosos raios, que ficam cada vez mais fortes até a abóbada branca do sol aparecer e projetar luz na saliência.

— Não olhe diretamente para as pedras, Annita — instrui Maximo. — Suavize seu olhar.

Não entendo o que ele quer dizer. Tento apertar os olhos.
Nada.

Tento olhar para as pedras pelo canto dos olhos.

Nada.

Olho frustrada para os xamás soprando suas conchas e as crianças de mãos dadas dançando em um círculo. Volto a olhar para as pedras; duas serpentes se esgueiram na superfície. Olho diretamente para as pedras; as serpentes desaparecem.

Enquanto tento entender essa aparição, avisto a cabeça de um lhama no canto de outra pedra. Perto dele há um cacto. Perto do cacto vejo o claro contorno de uma cruz andina, a formação astral diamantada exclusiva dos céus do Sul.

— Então, minha princesa! O que você consegue ver?

— Serpentes, um cacto, a cruz andina... — Aponto para as formas. — Mas não são óbvios. São mais uma sugestão.

Maximo faz um sinal afirmativo com a cabeça.

— Você viu o lhama?

Aponto para o animal.

— Ótimo, Annita. — Ele está alegre e me abraça com força. — Você está aprendendo a ver — sussurra em meus cabelos.

— Achei que tinha aprendido a ver quando era um bebê. — Rio.

— Agora você está aprendendo a ver com seu coração. — Ele sorri, segurando meu rosto em suas mãos. — E isso me deixa muito feliz — sussurra, roçando seus lábios em minha testa.

Não sei o que ele quer dizer ou por que está me parabenizando, mas fico intrigada. Maximo pode ver exatamente o que eu posso ver — contudo, no momento em que olho diretamente para as pedras, todas as formas desaparecem.

— Então essas figuras só aparecem hoje? — pergunto.

Maximo assente com a cabeça.

— Somente ao nascer do sol, no Solstício de Inverno — diz.

— Como os incas as criaram?

— Ninguém sabe. — Ele dá de ombros. — Mas agora você entende como hoje é importante em nossa tradição? Como é importante nascer no solstício, o momento do ano em que tudo é possível?

Sustento seu olhar e lentamente faço um sinal afirmativo com a cabeça, ao entender.

Depois de uma volta sem pressa para Wasi Ayllu, Maximo me conduz para o jardim. Ele está cheio de beija-flores, zunindo no ar antes de parar repentinamente para saborear as flores.

Sinto a mão de Maximo na parte inferior das minhas costas, levando-me na direção das salas de terapia caiadas. Olho de relance para a estufa e revejo em minha mente a imagem de Maximo na água.

Nosso banho juntos na jacuzzi parece ter sido muito tempo atrás.

Subitamente noto o xamã olhando para mim na expectativa.

— O que disse? — pergunto.

— Quero sentir sua barriga — repete ele. — Tire suas calças e se deite — acrescenta em um tom prático.

Com a lembrança inebriante de seus músculos peitorais brilhantes ainda em minha cabeça, ele me pega desprevenida.

— O quê? — pergunto aturdida. — Por quê?

— Quero examinar sua barriga — explica ele, como se isso fosse a coisa mais natural do mundo. — Ver se a água de San Pedro funcionou.

— O quê? — repito, tentando entender o que ele está dizendo.

Maximo apenas olha para mim na expectativa, com um brilho divertido nos olhos. Penso na última vez em que tirei minhas calças na frente dele — quando Maximo cobriu minha barriga com a lama mágica de cheiro enjoativo.

Pelo menos desta vez eu estava usando uma calcinha sensual, penso.

Quando ergo os olhos, Maximo está de costas para mim mexendo em algumas das garrafas nas prateleiras e sua atitude parece distante e profissional — muito diferente da impetuosa explosão em La Finestra.

Pergunto-me se eu havia entendido tudo errado. Isso é agora apenas um relacionamento profissional entre mestre e aluna?

Balançando confusamente minha cabeça, a possibilidade de eu ser vítima de choque cultural surge em minha mente. Na esteira desse pensamento, concluo que de qualquer maneira me dispus a passar mais seis semanas com Maximo. Se deixá-lo sentir minha barriga for parte de minha melhora e de um melhor aprendizado sobre as tradições xamânicas, então terei de me negar todos os momentos de princesa e apenas prosseguir com isto.

Então abro meu cinto devagar, tiro minhas calças, deito-me e espero — desejando desesperadamente que Maximo não consiga ouvir minha respiração rápida e meu coração batendo ferozmente.

— Feche os olhos, Annita — sussurra ele.

Apesar da tentativa de Maximo manter um ar de profissionalismo, estremeço no momento em que sinto seus dedos frios em minha pele. Ele tira imediatamente as mãos da minha barriga e para.

Minutos se passam.

Nada.

A tensão é insuportável. Finalmente, desesperada para descobrir o que está acontecendo, abro um pouco os olhos. Maximo está em pé perto da mesa com os olhos fechados, esperando. Aproveito a oportunidade para estudar seu rosto — sua pele macia e sem rugas, o traço de obstinação acima de seu lábio superior. A inacreditável beleza do xamã me distrai completamente, por isso logo fecho os olhos de novo. Ao mesmo tempo, sinto suas mãos em minha pele. A leveza inebriante de seu toque deixa minha pele arrepiada. Sinto-me extremamente constrangida.

— Muito melhor — anuncia Maximo. — A água de San Pedro funcionou. Seus chacras estão bem mais abertos.

— Como você sabe? — pergunto, abrindo os olhos.

— Pude ver.

— Como pôde ver, se estava com os olhos fechados? — pergunto.

— Há muitos modos de ver, Annita — responde ele. — Esta manhã você viu com seu coração. Agora estou vendo com minhas mãos.

— Quer dizer, por meio do toque?

Ele confirma com a cabeça.

— Então o que você pode ver?

— Energia.

— Qual é a aparência da "energia"? — pergunto. Depois da experiência em Ollantaytambo, meu ceticismo inato foi substituído por simples curiosidade.

— De energia — responde ele enigmaticamente. — Feche os olhos de novo — instrui-me. — Temos trabalho a fazer.

Estou intrigada. Esquecida do embaraço que é um subproduto do meu desejo, faço imediatamente o que Maximo pediu. Ele começa a pressionar pontos em meu pé. Quando toca em um ponto no meio da sola direita, contraio-me de dor.

— Por que isso é tão doloroso? — pergunto, abrindo os olhos.

— Esse é o meridiano do rim — explica Maximo.

— E? — insisto.

— Os rins estão associados ao medo — diz ele.

— Medo de quê?

Maximo olha para mim e ergue uma sobrancelha.

— Você é quem sabe, Annita — responde casualmente. — Feche os olhos — acrescenta enquanto move sua mão para meu tornozelo e depois a panturrilha.

Isso é uma surpresa.

Droga!, penso. Consigo lidar com os pés, mas minhas pernas? Para onde essa mão está indo exatamente?

Minhas perguntas são prontamente substituídas por uma dor aguda. Maximo está pressionando um ponto no alto da minha panturrilha. A despeito de mim mesma, faço cara de dor. Contudo, o xamã se recusa a diminuir a pressão.

— Você sabe do que tem medo, Annita — repete ele com uma voz grave.

De você, quero dizer. De para onde isso está indo. Desse mundo xamânico.

Mas agora seus dedos frios estão roçando o meio das minhas coxas. Meu corpo se retesa ao seu toque, e desta vez a tensão não tem a ver com dor. Começo a me sentir constrangida de novo.

Maximo deve saber como me sinto, penso. Ele só está brincando comigo.

— Como você se sente quando eu pressiono aqui? — pergunta o xamã sem rodeios enquanto toca no alto da parte interna da minha coxa.

— Tensa — respondo sem pensar.

Ele imediatamente tira os dedos da minha pele.

Abro os olhos.

Olhos cor de âmbar brilhantes me fitam.

— No momento em que você se sentir desconfortável, diga-me e pararei — diz Maximo decididamente.

O quê?, penso, confusa.

— Estou trabalhando nos mesmos meridianos de um acupunturista, Annita — explica ele com uma voz gentil. — Estou tentando mover o que os médicos chineses chamam de "chi", os hindus chamam de "prana" e para o xamãs é "energia".

Então ele não está brincando comigo?

— Eu já lhe disse — continua Maximo — que emoções tóxicas como o medo criam bloqueios de energia no corpo. Com o passar do tempo, esses bloqueios causam problemas de saúde. Neste momento, estou manipulando os bloqueios em seu corpo para que a energia volte a fluir livremente. Quando eu terminar, você se sentirá ótima — diz ele, apertando minha bochecha. — Mas não quero fazer nada que a deixe desconfortável — acrescenta.

Como posso não me sentir desconfortável quando um dos homens mais bonitos que já conheci está tocando em minhas coxas?, fico tentada a dizer.

— Isto não vai funcionar se você se sentir ansiosa — continua ele.

— Por que não?

— Porque você não vai se engajar no que estou tentando fazer. Na verdade, sua mente me bloqueará. O cérebro é um instrumento incrivelmente poderoso, Annita. Nós o queremos do nosso lado.

O ritmo de nossa dança é rápido demais.

Maximo está me dando muitas novas informações, e não consigo processar todas. Também não consigo entender o modo como ele trabalha — essa fusão de profissional e pessoal, xamã dedicado e semideus provocadoramente erótico.

Sinto-me confusa e perdida.

Mas então olho para ele em pé ao meu lado na sala pequena e simples em seu charmoso centro no sopé dos Andes e algo dentro de mim cede. Eu me acalmo e o bom senso entra em ação. O que Maximo está dizendo faz sentido. Minha acupunturista em Primrose Hill insere agulhas exatamente nos mesmos pontos em meus pés e minhas pernas que Maximo está tocando. A única diferença é que ela é uma médica chinesa baixa e mirrada de jaleco branco — e não uma beldade alta e andrógina que usa jeans Hugo Boss e óculos Bulgari.

E então, alguns minutos depois, estou novamente deitada com os olhos fechados enquanto o xamã pressiona o meio da sola dos meus pés — primeiro a direita e depois a esquerda. O mais importante é que faço o possível para me engajar, em vez de apenas ir com a maré.

— Aí dói mais — digo quando ele toca em minha panturrilha esquerda.

— Isso faz sentido.

— Por quê?

— O lado direito do corpo está associado ao princípio masculino — começa Maximo.

Não tenho a menor ideia do que ele quer dizer.

— Masculinidade tem tudo a ver com lógica, controle e ego. Em outras palavras, o sucesso está no mundo exterior.

Sorrio para mim mesma, pensando em como isso se aplica a Edward.

— Por outro lado, a feminilidade, o lado esquerdo, tem mais a ver com intuição, criatividade e espiritualidade. Muitas mulheres do Ocidente acham que o lado esquerdo de seus corpos é mais rígido, mais dolorido.

— Porque nossa cultura não valoriza essas características mais femininas?

— É claro — responde Maximo, como se isso fosse a coisa mais óbvia do mundo. — Agora pare de pensar, Annita! — ordena ele subitamente. — Concentre-se no que sente quando eu pressiono aqui.

— Dor.

— Não! — retruca ele. — Abaixo disso.

Um silêncio pesado desce sobre a sala. Tento me concentrar em meio à dor e ao enigma dos dedos longos tocando na parte interna da minha perna.

Isso é impossível. Estou com fome e meus pensamentos voam para o que gostaria de comer.

— Concentre-se, Annita! — diz Maximo firmemente. — Isso é importante.

Trago minha mente de volta para a mesa de massagem e a pressão em minha panturrilha esquerda. Acho que posso sentir um leve indício de movimento deixado pelo dedo de Maximo ao subir por minha perna.

Quando menciono isso, o xamã fica animado.

— Ótimo, minha princesa! — exclama.

Não entendo seu entusiasmo.

— E agora? — Ele está pressionando o meio da minha coxa esquerda.

— Dor de novo.

— E? — insiste ele.

— Algo formigando sob seu dedo.

— Ótimo. Continue concentrada nisso.

O formigamento começa a subir em espiral por minha perna. Então a espiral se transforma em ondas que começam a fluir para meu estômago. E agora estão ainda mais altas e todo o meu corpo é inundado de movimento. Estou sendo carregada por um dínamo humano e tudo o que preciso fazer é me deixar levar pela onda de energia.

Começo a me sentir incrivelmente leve.

— Perfeito — declara Maximo. Sua voz parece muito distante. — Abra os olhos, Annita — diz gentilmente. — Como está se sentindo?

— Maravilhosa — respondo. — Estou me sentindo maravilhosa.

Ele sorri de alegria.

— Você já está pronta para a selva — observa. — Mas primeiro temos uma cerimônia com São Pedro. — Então ele beija a minha testa, se vira e vai embora.

Fecho os olhos de novo.

Não tenho a menor ideia de quem é esse belo xamã. E não tenho a menor ideia do que acabou de acontecer.

Mas o que quer que tenha sido, foi maravilhoso.

21

Cinco rostos sorridentes me cumprimentaram quando abri a porta da sala de meditação. Reconheci uma das mulheres da selva. Valerie tinha uma pena de papagaio entrelaçada em seus cabelos desde a última vez em que eu a vira.
Então os hippies estavam presentes, pensei.
Fui para meu lugar costumeiro, à direita do de Maximo e na frente da sala. No momento em que me sentei, o xamã começou a sussurrar sobre um pequeno jarro de porcelana branca. Reconheci imediatamente o cheiro penetrante do São Pedro.
Meu estômago começou a se agitar. Senti-me apreensiva.
Antes de tomar a acre bebida, repeti minhas intenções da cerimônia anterior, pedindo ao cacto para me ajudar a eliminar a resistência em meu estômago. Então repetimos o mantra normal antes de Maximo apagar as luzes e nos deitarmos.
O ambiente sombrio tinha mais em comum com a cerimônia da ayahuasca na floresta tropical do que com minha experiência anterior com o São Pedro em Machu Picchu. Isso me intrigou — e fez com que eu me sentisse desconfortável. Não estava preparada para uma experiência do poder purgativo da selva. Havia esperado que a cerimônia do São Pedro fosse mais leve e fácil.
A antecipação nervosa me sufocava.
Boba!
A palavra gritou em minha cabeça de novo, mas hoje não tinha cor nem cheiro. Hoje era apenas um insípido cinza.
Busquei alívio de meus sentimentos opressivos olhando através das janelas para o céu luminescente com estrelas demais

para serem contadas. Mas logo me cansei desta vista, por isso voltei minha atenção para a forma deitada de Valerie. Ela logo começou a roncar.

Alto.

Espremi o riso. A ideia de que eu deveria estar levando a cerimônia a sério só aumentou o impulso de rir alto. Eu estava aliviada, calma e confiante de que minhas expectativas de uma noite difícil eram infundadas.

Subitamente minha atenção foi atraída por uma sombra preta indecifrável escondida na escuridão no canto oposto da sala. Pisquei os olhos para dissipar a sombra imaginada. Quando abri os olhos de novo, a sombra sem forma havia se transformado em um gorila com olhos vermelhos brilhantes. Além disso, o símio demoníaco olhava direto para mim e se movia pesadamente na direção do meu colchão. Pisquei os olhos para afastar a fantasia da minha mente, mas, quando olhei de novo, ele estava chegando mais perto.

Algo na criatura era feio, sinistro e assustador. Fiquei totalmente apavorada.

Valerie me salvou.

— Maximo, preciso de mais remédio — anunciou ela.

Desesperada por uma distração, concentrei toda a minha atenção nela.

— Não consigo sentir nada — continuou Valerie.

Observei Maximo lhe entregar mais São Pedro. Quando voltei a olhar hesitantemente para o canto oposto da sala, o gorila havia desaparecido. Suspirei de alívio e fechei os olhos.

Que erro!

Ele estava dentro de mim, dentro da minha barriga, dentro do lago que eu havia visto durante a cerimônia da ayahuasca. Agora meus olhos estavam pesados e eu não conseguia abri-los. Só conseguia ver o símio ameaçador se escondendo dentro de mim. Quis arrastá-lo para fora da minha barriga e me livrar dele. Mas não sabia como fazer isso. De repente, o gorila se transformou em um enorme pássaro preto cuja boca tinha centenas de dentes afiados como navalhas. O pássaro monstruoso voou ao redor da água limpa, defecando por toda parte, observado em horrorizado silêncio pelos pombos em pânico — e em horrorizado silêncio por mim.

Sempre que a criatura se movia, minha barriga doía. A dor era excruciante.

— Como você está, Annita? — Maximo estava do meu lado.

Abri os olhos. O céu estava cheio de discos girantes.

— Com dor — respondi irritadamente.

O olho da minha mente se voltou para o lago. O pássaro estava deitado sobre sua barriga, seus olhos vermelhos brilhando. Tentava bater as asas, mas havia perdido a energia para se mover. Senti a boca de Maximo em meu umbigo, respirando calor para dentro do meu corpo. Enquanto ele trabalhava, vi o pássaro se debater violentamente e morrer. Um jato preto saiu de seu cadáver e se transformou em uma bruxa gargalhante que saiu do meu umbigo voando em uma vassoura.

Enchi-me de alívio.

Quando abri os olhos um pouco depois, Maximo estava debruçado sobre Valerie.

— Como você está? — perguntou ele à sua forma deitada e ressonante.

Perguntei-me por que Maximo se dava ao trabalho de falar com alguém que obviamente estava dormindo. Fiquei surpresa quando ela respondeu imediatamente.

— Bem — disse. — Estou bem.

Antes de a pessoa perto dela ter tempo para responder à pergunta de Maximo sobre como se sentia, o ronco havia recomeçado.

Minha atenção foi atraída por um pequeno ponto vermelho na frente dos meus olhos que entrou em meu corpo pelo meu umbigo. Em uma sequência digna de um documentário sobre a natureza de David Attenborough, em uma questão de segundos a semente vermelha germinou em uma roseira, suas raízes se estendendo até minhas pernas e seus galhos se erguendo para meu peito. Quando seus botões vermelhos se alojaram dentro do meu corpo, senti-me inundada de calor.

— Vermelho é pura e poderosa Pachamama — disse uma voz sem corpo. — Você está voltando para casa.

— Sua intenção deveria ser se reconectar com Pachamama — dissera Maximo.

Como ele sabia?, perguntei-me.

Não houve mais tempo para decifrar o enigma quando o olho da minha mente começou a ver muitas imagens.

Eu era uma criança de 3 anos, sentada na grama e olhando para um céu sem nuvens. Adultos vinham constantemente até mim, acariciando minha cabeça e falando ternamente comigo. Mas eu me sentia distante deles. Estava feliz em meu próprio pequeno mundo e o bom humor e a afeição deles eram irrelevantes em relação a como eu me sentia. Eu era um pequeno Buda com uma capacidade inata de desapego, de considerar o sofrimento — aquele inevitável subproduto de apegos e interesses mundanos — sem sentido.

Eu queria me banhar nessa sensação de bem-aventurança para sempre. Mas de repente a cena mudou e eu era uma criança de 7 anos deitada na cama com meu amigo, James Simpson. Estudei a cena atentamente. James e eu estávamos nus e jogando jogos sexuais infantis, rindo alegremente de nossas descobertas inocentes do prazer.

De repente uma adulta que não reconheci apareceu.

— O que vocês estão fazendo? O que vocês estão fazendo? — gritou ela repetidamente.

Não entendi por que ela estava zangada. A cama era quente e macia, e eu me sentia feliz, envolta em algodão emocional. James e eu nos encolhemos sob as cobertas, apavorados.

Ela continuou a gritar.

— Isso é errado! Errado! — repetiu. — Vocês não entendem? Vocês não devem mais se ver. Nunca mais.

Subitamente as luzes foram acesas e a visão se dissipou. Maximo desapareceu no andar de baixo.

— Por que as cerimônias sempre terminam antes de eu estar pronta? — perguntei frustrada no momento em que ele voltou. — Isso aconteceu esta noite e na selva.

— É importante viajar nos dois lados — explicou o xamã. — O interno e o externo.

— Certo — menti. Não entendia o que ele queria dizer. — Vi o que aconteceu quando eu tinha 7 anos — acrescentei, lembrando-me de que Maximo me dissera no meu primeiro dia em Wasi Ayllu, que todos os meus problemas na barriga haviam começado nessa época.

— Eu sei — disse ele. — E depois que você viu isso, a cerimônia estava completa.

— Então o que eu vi? — perguntei desconfiadamente.

— O medo que a levou a bloquear seu chacra da raiz quando você era criança.

Balancei a cabeça resignadamente diante do brilhantismo de Maximo.

Nós olhamos um para o outro em silêncio. Logo me distraí com seus lábios convidativamente cheios.

— Estou feliz — sussurrou ele — porque agora estamos começando a desbloquear esse chacra.

— O que você quer dizer? — perguntei distraidamente.

— O chacra da raiz tem tudo a ver com poder, Annita.

Ergui os olhos e encontrei os dele.

— Não só com poder sexual. — Os olhos cor de âmbar brilhavam. — Mas também com o real poder que vem da Terra. Para um xamã, isso é a fonte. É onde tudo começa.

Suas palavras pairaram no ar.

— Agora você deveria ir para a cama, Valerie — disse Maximo. Ele não tirava os olhos de mim.

Como sempre, o xamã preencheu meu mundo e eu havia me esquecido totalmente da presença de Valerie. Constrangida, virei-me para ela.

— Como conseguia acordar sempre que Maximo falava com você e depois caía imediatamente no sono de novo? — brinquei, enquanto ela se levantava com dificuldade.

Valerie me olhou confusamente.

— Estou bem — repetiu, e saiu cambaleando da sala.

— Ela resistiu à coisa toda — disse Maximo desdenhosamente enquanto se aproximava de mim, me ajudava a levantar e punha as mãos ao redor da minha cintura.

O botão da rosa do desejo abriu dentro de mim quando estendi o braço para seu pescoço.

— Foi por isso que Valerie passou a noite toda dormindo — continuou Maximo. — Ela não está pronta.

— Para o quê? — perguntei. Não conseguia tirar os olhos dele.

— Para enfrentar as questões não resolvidas com seu marido. Ela está no meio de um divórcio complicado — explicou ele. — Eu já lhe disse, Annita, que você tem de ser forte para trabalhar com as plantas, forte o suficiente para enfrentar a si mesma. Nem todos são tão fortes quanto você, minha princesa — sussurrou.

Dominada pelo poder inebriante da presença de Maximo, não confiei em mim mesma para responder. Agora a rosa se abria, acariciando minhas entranhas com suas pétalas quentes e macias.

Os olhos sorridentes de Maximo sustentaram meu olhar.

E agora o xamã estava se inclinando para mim e roçando seus lábios suaves nos meus.

Aquilo aconteceu tão rápido que mais tarde, na cama, quase me perguntei se o havia sonhado.

22

Acordei muito feliz. Mas quando fui rapidamente lá para fora, o xamã estava dando ré em seu Land Cruiser para entrar na estrada.

— Vou para Cusco, Annita — anunciou ele, abaixando sua janela.

— O quê?! — exclamei, chocada.

— Voltarei daqui a uma semana — continuou Maximo. — É quando voaremos para a selva para trabalhar com Dom Inocencio.

O feitiço pós-beijo se quebrou. Instantaneamente. O pior ainda estava por vir.

— Até lá, não quero que você saia. Fique aqui em Wasi Ayllu. Você precisa ficar sozinha.

— O quê?! — exclamei pela segunda vez. — Por quê?

— Você precisa ficar sozinha — repetiu ele com uma voz fria. Estava com a mesma expressão dura que eu vira em La Finestra.

De todas as possibilidades que eu havia considerado antes de dar aquele telefonema do aeroporto de Cusco, essa era a única que não passara pela minha cabeça. Maximo havia me dito que não planejava fazer nada até nos encontrarmos com o próximo grupo na selva.

Então por que ele não quer passar o tempo comigo?, perguntei a mim mesma. O que fiz de errado? Aquele beijo foi tão terrível?

Mas antes de eu poder dizer qualquer coisa, Maximo se afastou velozmente na estrada, deixando-me sozinha em Wasi

Ayllu, confusa e desapontada, olhando para a nuvem de poeira que ele deixou para trás.

A semana foi um inferno.

Com apenas três livros — nos quais perdi todo o interesse ao me aprofundar em sua leitura — e tendo como companhia apenas a bela e tímida cozinheira, desenvolvi um íntimo relacionamento com a solidão. E sem nenhuma das distrações com que normalmente preencho minha vida — chocolate, saltos altos, socialização e fofocas —, comecei a olhar para meu próprio umbigo.

Obsessivamente.

Perguntei-me que diabos eu estava fazendo. Estendera meu período sabático para estudar segredos esotéricos com um homem que mal conhecia. E justamente quando estávamos começando a combinar nossa intimidade emocional com intimidade física, ele havia desaparecido. Eu me sentia péssima — e com raiva de mim mesma.

Estava sendo um joguete, confusa e sem ter a quem recorrer.

A combinação das frias tiradas e da enorme capacidade de Maximo de se desligar de mim tinha o efeito emocional de um café expresso duplo, produzindo uma sobriedade que me permitia ver a realidade de onde estava e do que me esperava — um novo encontro com a ayahuasca. Durante todas as experiências desgastantes com Alvaro na floresta, eu de algum modo conseguira esquecer do que estudar com Maximo envolveria, sem falar na realidade de trabalhar com o vinho da selva: náuseas, tonturas, cobras e visões.

A cada dia que eu passava sozinha em Wasi Ayllu, minha memória se aguçava até eu me tornar um verdadeiro poço de nervosismo.

Eu estava me preparando para minha terceira tentativa de ler um dos pesados livros de xamanismo de Maximo — sobre um professor da Johns Hopkins University que pesquisou o uso de alucinógenos para tratar a depressão e o estresse pós-traumático — quando ergui os olhos e vi o xamã em pessoa vindo pelo jardim na minha direção. Sua visível animação ao entrar na sala e se abaixar para me beijar dos dois lados do rosto se equiparava à minha irritabilidade nervosa.

— Como você está, Annita? — perguntou ele.

Por um momento, eu o olhei friamente.

— Annita?

Não consegui me conter.

— Péssima — vociferei. — Tive uma semana horrível e estou pensando em voltar para casa.

— Annita! — exclamou ele.

Mas eu mal havia começado.

— Estou pensando melhor. Não estou certa sobre as plantas. Não sei se serão boas para mim, ruins para mim ou até mesmo seguras para mim. — As palavras saíram em um dilúvio. — Elas são purgativos muito fortes e não quero ficar doente. A maioria dos hippies veio para o Peru para se drogar, mas não é por isso que estou aqui.

Meu violento discurso enfraqueceu enquanto eu questionava silenciosamente por que exatamente estava ali.

Maximo se sentou pesadamente na cadeira de braços perto da minha e pigarreou.

— Tem razão, Annita — começou ele. — Algumas pessoas bebem ayahuasca e São Pedro apenas para se drogar. Mas para mim isso é um uso indevido dessas plantas. Na tradição xamânica, elas são instrumentos de cura e só funcionam com quem as usa para esse fim. Não estou interessado em gente que quer se drogar... — Ele fez uma pausa. — Eu já lhe disse que não realizo cerimônias com todos que as pedem. Sabe, frequentemente rejeito pessoas.

— É mesmo? — perguntei friamente. A despeito de mim mesma, tive de admitir que essa revelação despertou meu interesse.

— Sim — respondeu Maximo. — Por exemplo, algum tempo atrás me pediram para realizar uma cerimônia para um empresário da área de tecnologia da informação muito famoso nos Estados Unidos.

Então não são apenas os hippies que se interessam pelo xamanismo, pensei aliviada. Ele também tem um lugar entre os profissionais muito dedicados ao trabalho.

Isso imediatamente deu mais legitimidade ao que eu estava aprendendo.

— Mas eu me recusei — dizia Maximo. — É claro que meus amigos acharam que eu estava louco — confidenciou-me, revirando os olhos na direção do céu —, mas meu instinto me disse que aquele não era um homem que eu poderia ajudar.

— Por que não?

— Ele é o CEO de uma empresa que emprega milhares de pessoas que todos os dias dirigem energia para ele na forma de pensamentos e sentimentos. Sua empresa é bastante controversa, por isso grande parte dessa energia é negativa. Toda essa negatividade se manifestaria durante a cerimônia, e isso não era algo com que eu queria lidar. Seu xamã é um covarde, Annita. — Ele piscou um olho.

Ri.

Maximo pegou minha mão.

— Você se lembra de que eu mencionei que tive dois mentores em minha vida?

Assenti com a cabeça.

— O primeiro se chamava Pedro. Eu o conheci quando tinha 7 anos, mas só segui esse caminho xamânico anos mais tarde. Só depois que minha vida ficou fora de controle e precisei de ajuda.

— O que aconteceu? — perguntei, inclinando-me para a frente.

— Minha esposa e meu filho morreram em um intervalo de meses um do outro — disse ele em voz baixa.

Fiquei totalmente perplexa. Gabby havia me contado sobre a esposa de Maximo, mas não que ele também perdera um filho.

— Maximo! — exclamei. — Eu não sabia. Sinto muito.

— Isso foi há muito tempo, Annita — respondeu ele. Seu sorriso triste não correspondeu à sua postura prática.

Eu não conseguia assimilar o que Maximo estava me dizendo. Aquilo parecia impossível.

— O que aconteceu? — perguntei timidamente.

— Meu filho tinha um problema raro no sangue. Os médicos só o diagnosticaram quando era tarde demais. E minha esposa morreu durante o que deveria ter sido uma cirurgia rotineira. — Ele balançou. — Eu nem mesmo estava com ela, Annita.

Maximo ficou em silêncio por um longo tempo.

Eu não sabia o que dizer.

— Durante meses fiquei totalmente perdido — murmurou ele. — Odiei a vida, Deus, o Universo... Acima de tudo, odiei a mim mesmo. Não conseguia entender o que havia acontecido. E também não conseguia superar minha culpa. Então bebia para apagar tudo. Perdi meses da minha vida para o alcoolismo, Annita — sussurrou ele.

Em Londres, todos os dias eu ouvia histórias de tristeza e sofrimento de celebridades. Mas essas histórias sempre eram rápida e cuidadosamente manipuladas pelos conglomerados de relações públicas — o que tornava difícil você se relacionar com o ser humano por trás da pessoa. Em contrapartida, a grande honestidade de Maximo me comoveu profundamente. Ao me transformar em sua confidente, senti-me como se tivesse recebido a mais preciosa das dádivas.

— Uma noite eu estava sentado em um bar em Cusco e realmente tive de me recuperar — continuou ele. — A ayahuasca é um ótimo remédio para os vícios, por isso procurei ajuda no vinho da selva. Somente depois que superei o trauma de perder minha família é que percebi que queria ajudar outras pessoas.

— O xamã se virou de frente para mim. — É por isso que

trabalho com plantas, Annita — disse ele. — Não abuso delas e ninguém que trabalha comigo abusa.

Nós ficamos sentados em silêncio enquanto eu refletia sobre o que Maximo me contara, tentando compreender a enormidade disso. Pensei na descrição de Gabby do xamã como um homem com "uma reputação e tanto" no que dizia respeito às mulheres. Mas não admirava que ele nunca tivesse se casado de novo.

Subitamente tudo fez sentido.

— Mas as plantas são seguras, Maximo? — finalmente perguntei com uma voz calma. — Porque as drogas não são.

— Você se esqueceu? — perguntou ele.

— De quê?

— De que para nós as plantas são enteógenos.

Balancei a cabeça.

— Não, não me esqueci.

— Cerâmicas e pinturas em paredes no Norte mostram que meus ancestrais usavam esses enteógenos há mais de 5 mil anos, Annita. Se não fossem seguros, acha que teriam continuado a usá-los por tanto tempo?

Balancei a cabeça de novo.

— A aspirina é a droga ocidental mais antiga — continuou ele. — Adivinhe há quanto tempo ela existe.

Encolhi os ombros.

— Há 100 anos! — exclamou ele. — Eu me pergunto: como as pessoas verão a aspirina daqui a mil anos?

Esse foi um argumento convincente.

Quando ergui os olhos, Maximo estava sorrindo para mim.

— Você precisava ficar sozinha nessa semana que passou para deixar sua ansiedade e suas dúvidas virem à tona — explicou ele.

Eu o olhei indagadoramente.

— Quando a energia está polarizada, está em seu nível mais fraco — prosseguiu ele. — Na cerimônia de amanhã nos livraremos de uma vez por todas desse medo e dessa resistência.

Não entendi o que Maximo estava me dizendo. Mas isso não importava.

Esta noite eu havia visto o homem por trás do xamã, o ser humano por trás do jogador manipulador, e senti um recém-descoberto respeito por ele.

Apesar da minha confusão sobre o que eu significava para Maximo, nossa conversa consolidou minha confiança nele — e também cristalizou meus sentimentos por ele.

Quando saímos de mãos dadas para o pequeno jardim, eu me sentia mais calma — e minha ansiedade em relação ao que me esperava havia diminuído.

23

Contudo, minha ansiedade não havia desaparecido totalmente.

No dia seguinte, nosso pequeno barco a motor estava navegando na sopa escura que leva o nome de Madre de Dios quando Maximo apontou para um estreito bloco de luz cinza se projetando do céu para o rio alguns metros à nossa frente.

— Olhe! — exclamou ele. — Vista sua jaqueta. Rápido!

— Por quê?

Não houve necessidade de ele responder. Em instantes, fomos atingidos por uma chuva torrencial. Mas cinco minutos depois o sol estava novamente brilhando no céu azul sem nuvens.

— Eu gostaria de ter conseguido pôr aquilo em uma garrafa — comentei.

— Temos um ditado sobre a Amazônia... — Maximo deu uma risadinha.

Eu me sentia incrivelmente próxima do xamã depois das revelações da véspera e olhei para ele na expectativa.

— O tempo na selva é como as lágrimas de uma mulher — continuou ele. — Não é confiável. — Ele deu uma gargalhada.

Sorri benignamente.

— Poderia ser dito o mesmo sobre os Andes — prosseguiu Maximo. — Já fui atingido por um raio porque o tempo nas montanhas é imprevisível.

— Foi? — perguntei surpresa.

Ele fez que sim com a cabeça.

— Não se feriu?

Ele contemplou suas experiências em silêncio.

— O que aconteceu? — insisti impacientemente.

— Um dia Pedro me pediu para levar um remédio para um casal que vivia em um vilarejo fora de Cusco. Para chegar lá era preciso caminhar pelas montanhas. Antes da minha partida, Pedro me disse especificamente para não ter pressa e apreciar a caminhada. Assim, parti e me concentrei em caminhar devagar; em alguns momentos até mesmo voltei sobre meus passos porque achei que estava indo rápido demais. Estava caminhando havia algumas horas quando de repente o céu ficou totalmente preto. Vi um clarão acima de mim e a próxima coisa de que tive consciência foi que estava deitado de barriga para cima.

— O que você fez? — perguntei.

— Verifiquei se estava bem e me levantei.

— Só isso?

— Imediatamente senti uma enorme onda de energia em minhas mãos. As mãos são as ferramentas mais importantes de um xamã, Annita — acrescentou. Ele fez uma pausa, sustentando meu olhar. — Os xamás sempre brincam com o perigo, minha princesa — sussurrou, acariciando minha bochecha. — Experiências como a minha são parte do aprendizado.

Olhei para ele, boquiaberta.

— Pedro havia previsto tudo, é claro — continuou Maximo casualmente. — Eu lhe perguntei o que teria acontecido se eu tivesse morrido quando o raio me atingiu. Ele me respondeu: "Teria sido o destino."

— Isso é muito duro — retorqui em voz baixa.

— A vida é assim. — O xamã deu de ombros. — A vida *é* dura.

Tentei analisar sua expressão, mas ele olhou para o outro lado. Os dedos familiares do medo atingiram minhas entranhas e percorreram minha boca. Senti uma combinação de terror e espanto com a estranha intangibilidade e dureza do mundo xamânico.

No que diabos eu estava me metendo?, perguntei-me.

De repente, me senti muito só.

* * *

O retiro ecológico era exatamente como eu me lembrava, até mesmo seu cheiro distintivo — uma mistura de querosene e madeira encerada. Nós subimos os degraus de madeira até a recepção.

Maximo estava prestes a me entregar a chave do meu quarto quando parou.

— Escolha — disse animadamente, pondo uma chave em cada palma das suas mãos e as escondendo nas costas.

Apontei para seu braço esquerdo.

— Annita! — Ele riu entusiasmadamente enquanto abria a mão para revelar a chave para o Quarto do Beija-Flor.

— O quê? — Sorri. — O que é isso?

— O beija-flor é a única criatura do planeta que pode voar para trás e para a frente, visitando o passado e o futuro de acordo com sua vontade — explicou Maximo. — Além disso, bebe néctar, a ambrosia da vida, produzido por uma união perfeita de Pachamama, a Mãe Terra, e Wiracocha, o Pai Sol. O beija-flor vai direto à fonte, Annita — sussurrou ele, olhando em meus olhos. — Entende os segredos do Universo. Você pediu para ver esses segredos... e eles lhe serão revelados.

Maximo falava com total segurança.

Passei o restante da tarde refletindo sobre nossas conversas. Havia concordado em estudar com Maximo pelo restante do meu período sabático, mas não pedira para conhecer os mistérios do Universo. E, francamente, após a descrição de Maximo do frio desapego de Pedro diante do encontro de seu aprendiz com o raio, eu não estava interessada. Achei sua frieza assustadoramente repulsiva.

Meu xamã seria igualmente ambíguo se algo acontecesse comigo?

Lembrei-me dos meus vislumbres da determinação e agressividade de Maximo. A resposta era óbvia, e não gostei nem um pouco dela. Minha vida com Edward parecia incomensuravelmente distante. Senti saudade — e nem mesmo sabia do quê.

Contudo, em momento algum me ocorreu abandonar a cerimônia e simplesmente ir embora.

Um pequeno grupo estava na recepção. Reconheci Valerie. Não reconheci seu companheiro — um rechonchudo advogado corporativo de Sydney transformado em "curandeiro" com pele brilhante cheia de marcas de catapora, nariz grande e olhos azuis úmidos.

— Jean — apresentou-se, esmagando meus dedos com os seus.

— Annita! — gritei. Ele assentiu vagamente com a cabeça e depois virou de costas e me ignorou por completo.

— O xamã! — exclamou ele em uma voz afetada. — Ouvi falar muito em você, Maximo.

Segui Maximo e seu novo discípulo dos limites da pousada para a selva. A pequena cabana estava vazia, exceto pela grande quantidade de pó e uma única rã.

— Ah, vejam — gemeu Valerie apontando para a forma anfíbia estática.

— Não toquem nela. É perigosa — avisou Maximo, espantando a rã para fora.

Os sujos colchões haviam sido postos em uma pilha em um lado da sala. Nós arrumamos alguns deles em um semicírculo e ocupei meu lugar perto de Maximo. Jean se sentou do lado oposto ao meu e logo começou a tremer e hiperventilar. Vi Valerie se levantar e afastar seu colchão o máximo possível do dele.

Nós nos sentamos em silêncio, esperando.

A atmosfera estava cheia de tensão. A ansiedade se condensou em minhas entranhas tornando difícil respirar.

Finalmente, a pequena figura de Dom Inocencio entrou na sala. Ele fez uma mesura para cada um de nós antes de se sentar diante do grupo. Trazia na mão uma pequena garrafa de plástico.

Eu havia decidido não olhar para o remédio, mas não pude resistir a uma rápida espiada. Arrependi-me imediatamente. No momento em que vi o líquido escuro, minha ansiedade se transformou em puro medo.

Depois de soprar fumaça sobre a garrafa aberta, Dom Inocencio encheu um copo para cada um de nós. Lembrei-me de que o remédio era bastante palatável. Então, na minha vez de beber, fiz isso com confiança.

Tive vontade de vomitar.

Como o São Pedro, a ayahuasca tinha um gosto totalmente diferente de antes. Estava mais amarga e continha pedaços repulsivos de madeira que grudaram em minha garganta. Demorei um pouco para readquirir um mínimo de compostura.

Repetimos o mantra usual e nos deitamos.

O ar gritava no silêncio, quebrado pelos pios, chiados e zumbidos da floresta à noite, combinados com os suspiros abafados de Jean. Repeti minha intenção silenciosamente para mim mesma: "Ajude-me a eliminar a resistência."

Pouco a pouco, tornei-me consciente do meu próprio mundo interior. Duas cobras dançaram diante dos meus olhos. Os répteis se enroscavam erótica e despudoradamente um no outro. Fiquei hipnotizada com a desinibida liberdade de sua união. Lembrei-me do livro sobre a serpente ser o deus original.

Depois, me vi esquiando em uma bela e larga pista nevada seguida por minha família, Edward e Lulu. O sol brilhava em um céu sem nuvens enquanto zuníamos sobre o fino pó branco. Do nada, decidi esquiar fora da pista, deixando-os para trás. Descendo pela vertente da montanha, admirei a mais bela vista com que já me deparara. A distância, banhado pelo sol e aninhado no sopé de duas montanhas, havia um vilarejo de casas de tijolos vermelhos e torres de igrejas medievais. Subitamente o vilarejo virou de cabeça para baixo. Voltou à posição normal por um momento e depois virou de cabeça para baixo de novo.

Eu havia caído e rolado sem parar sobre a neve até meu corpo ficar deitado imóvel e exausto no chão.

Os outros chegaram ao meu cadáver justamente quando um corpo menor se ergueu de meu invólucro físico e começou a esquiar confiantemente na direção do horizonte. Mas eles não conseguiam ver meu novo eu, e estavam cheios de tristeza. Fui tomada por uma enorme e crescente aflição ao observar o sofrimento deles. Eu ainda me lembrava da cena na manhã seguinte, quando todos foram embora. Permaneci totalmente imóvel, paralisada — embora tivesse a clara sensação de que deveria estar olhando para a frente, para o futuro, não me preocupando com o que havia pedido, mas me concentrando no que estava começando a ganhar.

A imagem se dissolveu em *pixels* e o quarto se impôs novamente em minha consciência. Jean estava andando vacilantemente na direção da porta. Eu o ouvi vomitando muito lá fora. Quando ele voltou, Valerie saiu cambaleando da cabana. Eu também estava nauseada, mas estranhamente não conseguia vomitar.

Maximo roncava.

Dom Inocencio estava sentado silenciosamente em sua cadeira.

Não havia nenhum ícaro — nenhum canto de xamã. Nenhuma salmodia, nenhum sacudir de chocalho, nenhum tipo de distração. A cerimônia era um terreno inculto, desprovido da estética sedutora que caracterizara meu primeiro encontro com a ayahuasca. A inabalável intensidade do ambiente era desconfortável e opressiva.

Eu estava olhando ao redor da sala em busca de uma distração quando avistei minha avó sentada no chão perto de Jean. A fantasia imaginada por minha mente tinha a mesma solidez física do "curandeiro". O rosto dela era uma máscara de cores fluorescentes — como uma gravura de Andy Warhol. Diante dos meus olhos, vi seu semblante se tornar velho e cansado, antes de desaparecer em filamentos de cor que entraram em minha barriga.

O olho da minha mente viu cenas de discórdia: discussões com Edward, a explosão de Maximo em La Finestra. Mais uma vez, cada incidente se dissolveu em cores que entraram em meu corpo pelo meu umbigo. Percebi que raiva e lágrimas são apenas perspectivas; não existe certo ou errado, bom ou mau. Finalmente, a substância de cada coisa temporal se dissolveu em cor — em luz.

Torno-me consciente do remédio serpenteando pelo meu corpo. O movimento é doloroso e provoca cólicas. Quando abri os olhos, Maximo estava ao meu lado, passando as mãos sobre meu abdômen.

— Perfeito — disse ele, antes de voltar ao seu lugar e pegar seu chocalho.

Eu não sabia o que podia haver de perfeito em tanta dor, mas não tive tempo para ceder à minha irritação. No momento em que Maximo começou a sacudir o chocalho, o murmúrio em minha barriga aumentou e minhas pernas começaram a tremer.

O xamã parou por um instante, segurando seu chocalho imóvel no ar. Ao mesmo tempo, o murmúrio e tremor pararam.

O mundo parou.

Então Maximo voltou a sacudir o chocalho e meu corpo voltou a tremer — os tremores eram violentos e repercutiam nas partes superior e inferior de minha coluna vertebral, dominando meu núcleo. Ele parou uma segunda vez e o tremor cessou.

Ele recomeçou; o tremor também.

Ocorreu-me que o xamã estava manipulando meu corpo e eu não conseguia deixar de reagir à sua maestria musical.

Ele continuou a sacudir o chocalho, cortando o ar com a batida primitiva. O tremor era doloroso e exaustivo, a náusea constante. Ansiei por alívio.

— Maximo! — gritei.

Imediatamente, o chocalho parou.

— Sim — respondeu ele, sua voz lenta e deliberada.

— Preciso ir lá fora — murmurei.

Ele pegou minha mão e corremos para os degraus.

Vomitei instantaneamente — um vermelho pútrido que ardeu em minha garganta e boca enquanto a ânsia de vômito afligia meu corpo. Lembrei-me do fogo que vira em minha barriga durante aquela primeira cerimônia da ayahuasca.

A cada vez que eu pensava que aquilo havia terminado, Maximo punha uma das mãos em minha coluna vertebral e a outra em meu estômago antes de mover lentamente as duas para cima e para baixo do meu corpo. Quando ele fazia isso, eu sentia a náusea subindo pelo meu peito. No momento em que as palmas de suas mãos tocavam em minha garganta, eu voltava a vomitar.

— Não consigo soltar o resto — falei por entre lábios que não mais me pertenciam. — Há mais. Mas não consigo soltá-lo.

— Não se culpe — respondeu o xamã calmamente. — Um pouco de energia gruda.

Não houve tempo para entender o que Maximo estava dizendo quando ele prontamente pressionou meu estômago e minha coluna mais uma vez, movendo as mãos para cima e para baixo do meu corpo até eu ser consumida pela náusea. Quando achei que não podia aguentar mais, o xamã correu para o outro lado dos degraus e vomitou. Nesse momento, minha náusea diminuiu. Ele voltou na minha direção e eu o fitei com olhos arregalados.

Eu não consegui falar.

Só consegui olhar para ele com uma mistura de constrangimento e espanto e limpar gentilmente seus lábios com o lenço que tinha em minhas mãos trêmulas. Maximo as segurou, seus olhos sorrindo para mim. Depois sentiu meu estômago e repetiu a rotina mais duas vezes.

E então aquilo terminou. E meu estômago estava aliviado.

O xamã se inclinou um pouco e beijou minha mão, e voltamos calmamente juntos para a cabana.

— Traga luz para cada chacra, Annita — sussurrou ele, indo para seu lugar.

Passei o restante da cerimônia visualizando luz fluindo para cada centro de energia até um arco-íris sair do meu corpo e romper a escuridão. Os limites entre os mundos se curvaram e afrouxaram e vi as luzes brilhantes com meus olhos abertos e fechados.

Das negras profundezas por trás das minhas pálpebras emergiu a Amazônia, seu mundo impenetravelmente escuro e secreto iluminado por uma meia-lua. Vi-me voando acima da vegetação desordenada, circundando as enormes árvores até chegar a uma clareira. Agachada na longa e sussurrante relva, com seu corpo em tensa expectativa, estava uma pantera-negra. Ela me fez lembrar do magnífico felino que vira em Manu. Estava totalmente imóvel, o ocasional tremular de seu rabo sendo o único sinal de sua poderosa vitalidade. Seu pelo liso brilhava ao luar. Seus olhos verdes grandes e redondos estudavam a vegetação rasteira.

A pantera era o animal mais bonito que eu já tinha visto, e eu não conseguia tirar os olhos dela. Ela não conseguia tirar os olhos de um ponto bem definido entre os arbustos alguns metros adiante.

Não consegui ver para o que ela estava olhando, mas o foco constante de seu olhar deixou claro que não desistiria de seu prêmio por nada.

A pantera esperava. Silenciosamente. Furtivamente. Secretamente.

A crueza da minha visão comparada com a clareza feroz da dela me impressionou.

Clareza feroz? Fiquei surpresa ao me ver pensando em um felino nesses termos.

No momento em que recuperei o pensamento racional, a visão desapareceu.

* * *

Novamente, todos foram embora primeiro.
Novamente, Maximo me acompanhou até meu quarto.
Deitei-me e ele sentiu meu estômago mais uma vez.
— Perfeito — disse, apertando minha mão.
Sorrimos nos olhos um do outro por um momento eterno. E enquanto eu me perdia no sorriso gentil e íntimo do xamã, percebi que minhas perguntas de mais cedo naquele dia haviam sido respondidas. Sim, o mundo xamânico era desafiador e só podíamos ser bem-sucedidos nele se enfrentássemos e vencêssemos nossos medos inatos — medo do desconhecido, medo de não estarmos no controle, medo de nos vermos como realmente somos.

Mas esta noite, em vez de observar meu aprendizado e os conflitos que eram uma parte inevitável de uma posição de desapego e *laissez-faire*, Maximo segurara minha mão devotadamente. Depois de Maximo me tornar sua confidente na véspera e sentir náuseas por mim nesta noite, senti respeito e uma intimidade com o xamã que ia além das palavras. Eu não entendia Maximo — e parte de mim duvidava que algum dia o entenderia completamente. Mas eu nunca havia experimentado uma emoção — e conexão — tão profunda com alguém.

Estava excitada demais para dormir.

Depois que Maximo foi embora, andei alegremente pelo meu pequeno bangalô, vendo o dia raiar através da rede verde que cobria as janelas. Meus pensamentos voltavam repetidamente para o xamã. Eu estava pasmada com uma pessoa poder sentir náuseas por outra. E por meu xamã ter decidido fazer isso por mim.

Como ele o fez?, perguntei-me.

E como eu poderia retribuir tamanho favor?

Notei duas enormes baratas correndo no chão.

Não dei a mínima. Sorri ao me lembrar do incidente com a aranha logo antes de eu decidir vir para o Peru. Edward não me reconheceria, pensei.

E esse foi um pensamento muito libertador.

24

Ouço batidas insistentes em minha cabeça, um tambor interno tentando sair dos confins do meu crânio.
Desejo que isso pare, mas continua.
Incessantemente.
Abro os olhos e percebo que as batidas na verdade são de alguém em minha porta.

— Sei que os ingleses adoram chá, por isso achei que você poderia gostar de um na cama — diz Maximo tranquilamente ao entrar em meu bangalô.

O grupo já estava no barco — Jean, Valerie e duas australianas de meia-idade com uma aparência inócua.

— Não posso acreditar que todos nós sentimos náuseas ontem — anunciou Jean em voz alta enquanto empurrávamos o barco para longe da margem.

— Nós vimos a rá. Então o que você esperava? — interpôs Valerie.

— Não entendo — respondeu ele.

— A rá é um símbolo de purificação — respondeu ela alegremente. — É claro que íamos sentir náuseas.

— Dom Inocencio fez aquele remédio para Annita — disse Maximo.

Eu estava exausta, por isso ouvia a conversa sem muito entusiasmo. Mas essa revelação despertou imediatamente meu interesse.

— O que você quer dizer? — perguntei.

— Falei com Dom Inocencio logo depois que você voltou

de Manu — explicou Maximo. — Ele fez o remédio enquanto meditava sobre você e suas dificuldades particulares. Seu objetivo era ajudá-la a purgar a resistência. Inevitavelmente o remédio teria o mesmo efeito em todas as outras pessoas.

— Então a culpa é sua, Annita! — brincou Jean, virando-se para olhar para mim pela primeira vez desde a apresentação da noite anterior.

Tive o prazer de ignorá-lo.

— Mas note como você demorou mais para desistir, Annita — estava dizendo Maximo.

Vi um novo respeito em seus olhos.

— Se você usar essa força, pense na xamã poderosa que se tornará. — A voz de Maximo foi um sussurro.

Durante algum tempo, nenhum de nós falou. Só ficamos olhando uns para os outros, absortos em uma intimidade com nós mesmos.

— Foi por isso que a ayahuasca tinha um gosto tão ruim? — perguntei. — Não me lembro de ter sido tão desagradável na última vez.

— Na última vez o remédio não foi feito especificamente para você, foi? — disse ele.

Pensei nisso.

— Então está dizendo que os pensamentos do xamã afetam a qualidade do remédio? — perguntei incredulamente.

— É claro — respondeu Maximo, como se isso fosse a coisa mais óbvia do mundo.

— Como?

— Os pensamentos produzem fótons.

— E? — insisti.

— Tudo é feito de luz em movimento, Annita — disse ele.

Pensei em minha visão dos *pixels*.

— Por isso, acrescentando fótons, ou partículas de luz, a algo, você o altera — continuou Maximo. — A física quântica explica isso como o observador afetando aquilo que está sendo observado — acrescentou ele antes de levar o barco para o meio do rio turvo.

Depois do almoço, Maximo nos conduziu para a selva.

Ele apontou para a densa trepadeira da ayahuasca serpenteando ao redor do tronco de uma árvore, roubando descaradamente nutrientes de seu hospedeiro em uma explosão de rebentos lenhosos. Ela parecia misteriosa e decididamente poderosa.

Maximo retirou um pouco de casca de outra árvore — sua parte interna branca e polpuda deixou o cheiro forte inconfundível de alho em nossos dedos.

Ele segurou um galho fino e esperou até ele desenvolver antenas e pernas e começar a se arrastar em sua pele.

Eu estava totalmente absorta na beleza do mundo natural.

Passei o restante da tarde andando pela horta da pousada. Enquanto perambulava pelas fileiras perfeitas de plantas medicinais cuidadosamente rotuladas, era como se meu olhar — meu modo de ver — tivesse mudado. Eu estava consciente do milagre inerente a cada folha brilhante, cada folha de grama — cada qual, percebi, pulsando de vida, uma expressão física da consciência que une tudo no planeta. Pela primeira vez em minha vida, tive aquela sensação fugaz de unicidade que os budistas meditam há anos para ter.

Pensei em meus professores de ioga em Londres. Eles haviam sentido isso? Desejei saber.

Lembrei-me do pronunciamento de Maximo em Ollantaytambo de que eu estava aprendendo a ver com meu coração.

Aquela foi uma tarde da qual nunca me esquecerei.

Depois do jantar, Jean e eu caminhamos de volta juntos para nossos quartos. A lua projetava uma luz branca suave no mundo verde, criando um ambiente indistinguível de minha visão da bela e hipnotizadora pantera. Eu estava pensando nessa fusão de mundos — do imaginário com o real, do interior com o exterior — quando meu companheiro me trouxe abruptamente de volta à Terra, virando-se de frente para o disco lunar e desabotoando sua camisa.

— É importante expor a pele à Mãe Lua todos os meses — anunciou ele com convicção.

— É mesmo? — perguntei sarcasticamente.

Ele virou a cabeça na minha direção.

— Experimente, Annita — insistiu.

— Estou bem assim.

— Vamos — disse ele olhando excitadamente para o espaço entre meus seios. — Experimente isso.

— Não.

— Como quiser. — Ele deu de ombros.

Passei por Jean e me dirigi sozinha ao meu quarto. Não fiquei surpresa quando, um minuto depois, ouvi a sua respiração pesada atrás de mim. Milagrosamente, Jean perdera todo o interesse na adoração lunar.

— Ah, vá um pouco mais devagar, Annita — disse ele ofegante. — Quantos anos você tem? — perguntou às minhas costas.

— Trinta.

— Você é tão nova! — exclamou ele. — É realmente impressionante que esteja explorando toda essa espiritualidade com a idade que tem. Precisei chegar aos meados da casa dos 50 para perceber que a vida não pode ser apenas trabalho, trabalho e mais trabalho. A vida sem espiritualidade é vazia. Mas você sabe disso. Já é uma de nós.

A perspectiva de ser considerada parte da "massa hippie" de Jean me encheu de horror. Claramente, Jean era um homem inteligente, ou não teria sido bem-sucedido no mundo da lei.

O que, perguntei a mim mesma, havia acontecido?

— Estou aqui de férias — retruquei em um tom firme.

— Besteira! — respondeu ele resolutamente. — Você está destinada a ser uma grande curandeira, Annita.

Seu pronunciamento decididamente feriu minha sensibilidade. Parei bruscamente e me virei de frente para ele.

— Você está bem? — perguntou Jean.

Surpreendi-me com a força da minha resposta.

— Pois fique sabendo, Jean — disse eu enfaticamente —, que não tenho nenhuma intenção de me tornar uma curandeira.

— É mesmo? — Ele deu uma risadinha e passou andando por mim.

25

Maximo e eu deixamos o mundo verde singularmente vital da Amazônia antes do amanhecer. Pela primeira vez em dias, estávamos sozinhos.

Graças a Deus, pensei.

Ouvir os conceitos irreais de Jean havia me enchido de ceticismo, colocando-me em risco de desacreditar das coisas surpreendentes que estava aprendendo. Jean não tinha o calor humano ou a sensibilidade de Caroline; em vez disso, o envelhecido "curandeiro" era a personificação perfeita de tudo que eu detestava na espiritualidade sem embasamento e fora de moda da Nova Era que parecia sufocar as tradições xamânicas antigas e cativantes do Peru.

Eu não conseguia entender isso — o mantra não realista de "amor e luz" desses adeptos da Nova Era não deixava nenhum espaço para a dualidade do mundo xamânico concretizada no encontro de Maximo com o raio. De fato, perguntei-me o que eles concluiriam disso se o encontrassem.

Como as tradições xamânicas haviam sido tão deturpadas?, perguntei-me.

Apesar do grande número de hippies presentes em seu mundo, o xamã em si era inegavelmente moderno, inteligente e centrado. E quando ele andou desenvoltamente no barco com uma camisa preta justa que revelava seu tronco forte e perfeito, se sentou perto de mim e pôs o braço ao redor dos meus ombros, senti meu ceticismo desaparecer.

Percebi que sem Maximo eu não teria nenhum interesse no xamanismo. Atribuo a ele minha aspiração ao aprendizado e meu entusiasmo pela sabedoria que estou adquirindo. Enquanto relaxamos contentes, apoiados um no outro, sinto a excitação do desejo no fundo da minha barriga. Ao mesmo tempo, sinto-me compelida a obter informações dele.

— Como você conseguiu ficar tão sincronizado comigo durante a cerimônia? — perguntei por cima do barulho do motor enquanto o pequeno barco começava sua jornada de volta para Puerto Maldonado.

— A sincronização é uma parte muito importante do modo como um xamá cura. — Ele sorriu enigmaticamente.

Fiquei distraída com a leve mancha da barba no contorno bem definido de seus maxilares.

— Então a sincronização é o que acontece quando você sente náuseas por alguém?

Maximo assentiu com a cabeça.

— Mas como você faz isso? — insisti.

— Você não faz — respondeu ele. — Isso simplesmente acontece. Com todos os xamás, Annita — disse ele virando-se para mim. Nós olhamos nos olhos um do outro. — Você está se sentindo melhor, não está, minha princesa?

Fiz que sim com a cabeça. Minha barriga estava ótima e eu não me sentia mais ansiosa. O xamá absorveu totalmente minha atenção. Ele estava tão perto de mim que eu podia sentir o cheiro de sua colônia pós-barba sedutoramente almiscarada, o calor que emanava de seu peito e a tensão sob sua fina camisa de algodão. Meus pensamentos começaram a divagar. Eu nunca havia conhecido um homem que flertava tão constantemente sem ir em frente. Aquilo era frustrante, mas dentro da frustração — em seu núcleo — há uma emoção única, a euforia da imprevisibilidade.

— Fale-me sobre a cerimônia — sussurrou Maximo com olhos travessos e sorridentes.

Reunindo meus poderes de concentração, comecei a lhe falar sobre a visão do esqui.

— Como eu sempre digo — concluiu ele prontamente, olhando para o outro lado. — É hora de você cortar as amarras com seu velho estilo de vida.

— Isso não é assim tão simp...

— É. — Ele me interrompeu firmemente. — Não lute conta o Universo, Annita — salientou em um tom sério. — Não lute contra o Destino. Agora você está em um caminho espiritual. Não voltará.

Como de costume, não consegui entender a súbita mudança de humor de Maximo. Em um momento estávamos muito íntimos e à vontade, como se já fôssemos amantes, e no outro eu sem querer dizia alguma coisa e ele reagia com uma torrente de pronunciamentos perturbadores. Sempre que eu achava que havia encontrado uma posição segura em seu mundo, parecia que ele me desestabilizava de propósito, determinado a não deixar eu me sentir à vontade.

Mas naquele momento eu não queria pensar em Londres ou em meu futuro a longo prazo.

Pelo amor de Deus, pensei, já prolonguei minha estada no Peru. Isso não basta?

Irritada, desviei o olhar.

O sol pairava acima de nós como uma cortina cinzenta. Seu caráter opressivo combinava com meu humor. Na margem do rio havia um jacaré deitado imóvel, uma relíquia de tempos pré-históricos.

— Ontem à noite tive uma visão de uma pantera — pensei em voz alta.

— Você não me contou! — exclamou Maximo.

— Estou contando agora. — Virei-me de frente para ele.

Sua expressão havia mudado totalmente. A costumeira e provocante leveza fora substituída por notável sobriedade. Ele começou a me fazer perguntas sobre o predador negro como ébano. Notei que seus olhos cor de âmbar estavam incomumente grandes e penetrantes.

Dom José havia voltado. O xamã das montanhas que fizera o despacho em minha primeira noite em Wasi Ayllu esperava no jardim. Maximo nos conduziu escada acima até a sala de meditação e entregou uma bolsa de pano ao reservado xamã.

— Esperem! Esperem! — disse uma voz de barítono profundo. Tendo subido a escada correndo atrás de nós, Jean foi ao nosso encontro e pôs o braço ao redor dos meus ombros. — Tenho de ver isso — disse ele com meloso encantamento.

Sorrindo para mim mesma, esperei ansiosamente Dom José abrir a bolsa. Para meu desapontamento, lá dentro havia um confuso monte de cordões com nós dados a intervalos randômicos, presos a uma faixa de lã.

— Ah, um *quipu* — sussurrou Dom José com entusiasmo, passando suas mãos grossas e calosas sobre ele.

— O que é um *quipu*? — perguntei.

— É um colar usado pelo fazendeiro responsável por fazer o registro contábil de sua comunidade — respondeu Maximo. — Este tem 2 mil anos — acrescentou.

— Tem? — Fiquei boquiaberta.

— Vinte sacos de batatas grandes, 15 sacos de batatas pequenas e 30 animais — anunciou José. Maximo traduziu o quíchua do velho xamã, a língua das montanhas.

— O quê? — Olhei para José incredulamente. — Você consegue saber tudo isso olhando para alguns cordões?

— Sim, Annita. — Ele pareceu divertido.

— Os animais estão registrados à direita, o lado masculino, e as plantas à esquerda, o lado feminino — continuou. — A cor do fio usado para prender os cordões na faixa principal me diz o tipo de animal ou planta. Assim, esse cordão amarelo à esquerda registra batatas, e a posição e o tipo de nó me dizem o número.

— Uau! — gritou Jean. — É incrível. Quer dar uma olhada nisso, Annita? — Ele sorriu, tirando o *quipu* das mãos de José e o empurrando para meu rosto.

Irritada, virei-me para o outro lado.

— Isso é tão inteligente — murmurei. Estava impressionada. Sempre havia considerado o analfabetismo que definia as assim chamadas sociedades primitivas como uma prova de atraso, falta de instrução e civilização. Envergonhei-me de minha própria mentalidade estreita.

— Todas as tradições antigas são inteligentes, Annita — sussurrou Maximo, pondo as mãos ao redor da minha cintura.

— As pessoas pensam que os incas eram idiotas analfabetos. Mas estão enganadas. Há um documento em Roma escrito pelos conquistadores espanhóis que menciona tábuas onde os incas registravam sua história...

— Como você sabe? — interrompi-o.

— Descobri isso durante minha pesquisa para meu doutorado. Passei muito tempo tentando fazer o Vaticano liberar o documento, porque essas tábuas nunca foram encontradas e todos os outros registros de história escrita daquele período desapareceram. Mas — ele deu de ombros — não cheguei a lugar nenhum.

Há algo que esse xamã não saiba?, perguntei-me.

— De muitos modos, as sociedades antigas eram bem mais inteligentes do que nós — dizia Maximo. — Elas entendiam a importância de viver com a Natureza, ao invés de tentar controlá-la.

Vi-me absorvendo as palavras de sabedoria de Maximo com a mesma avidez com que um mata-borrão absorve tinta.

Algumas horas depois, Dom José se fora e estávamos descansando nos colchões — o grupo em um lado da sala de meditação e Jean e eu no outro (para o visível prazer dele e minha mal disfarçada irritação).

Maximo começou a andar pela sala entregando três pedras a cada um de nós.

— Quero que vocês trabalhem para abrir o primeiro chacra — explicou.

— Ótimo — disse Jean entusiasmado.

Ah, Deus, pensei. No que me dizia respeito, o primeiro chacra de Jean não precisava de nenhuma "abertura".

— Ponha esta pedra em seu períneo, Annita. — Maximo estava em pé acima de mim, estendendo uma sólida bola dourada.

— O quê? — perguntei.

— Ponha esta pedra em seu períneo. Fica logo na frente do seu ânus. E ponha estes dois ímãs nas glândulas linfáticas em sua virilha — disse ele sem rodeios.

— Por quê? — Eu estava indignada.

— Para estimular seus meridianos de energia — respondeu ele, afastando-se.

— Devemos pôr as pedras por cima das nossas roupas? — perguntou alguém.

— Não — respondeu ele. — Ponham-nas sobre a pele nua.

Jean sorriu ansiosamente para mim enquanto abaixava as calças com alegre abandono e remexia dentro da enorme e feia cueca branca que usava. Ele pareceu demorar um tempo excessivamente longo para encontrar seu períneo.

Ele não tem nenhuma vergonha? Fiz uma careta para mim mesma. Seu entusiasmo me desanimou.

— Fechem os olhos — disse Maximo para a sala. — Concentrem-se em se conectar com as pedras e liberar qualquer energia de que não precisem — acrescentou.

Olhei ao redor. Todos estavam deitados com as pedras no lugar e Maximo seguia seu modelo normal de profissionalismo. Olhei para as pedras nas palmas das minhas mãos.

Como elas podiam afetar os meridianos de energia?, desejei saber.

Então ergui os olhos para o xamã. E decidi que, como essas instruções dúbias eram dele, e ele era meu mestre, eu deveria simplesmente segui-las, embora não conseguisse ver sentido no que estávamos fazendo, e as pedras fossem desconfortavelmente frias e pesadas contra minha pele.

Quando minhas pedras estavam no lugar, o xamã começou a sacudir o chocalho. Imediatamente senti um formigamento no lado esquerdo do meu corpo. Depois de um tempo, tive uma sensação parecida no lado direito. Logo me esqueci totalmente da presença das pedras enquanto meu corpo se contorcia com se estivesse sendo espetado por alfinetes e agulhas que desciam rapidamente por minhas pernas e saíam pelos meus pés. Por alguma razão, esse movimento rápido era exaustivo e eu não conseguia parar de bocejar.

Algum tempo depois, Maximo parou de sacudir o chocalho. Pouco a pouco, as alfinetadas e agulhadas diminuíram.

— Agora atraiam energia para dentro de seus corpos contraindo o períneo — instruiu ele. — Segurem a energia dentro de vocês o máximo que puderem e depois relaxem o períneo para liberá-la. Façam isso sete vezes.

Quando contraí a barriga e os músculos pélvicos, a energia fluiu através do meu abdômen e peito para meu terceiro olho — o espaço entre as sobrancelhas — com tanta força que tive de massagear a testa. Aquela foi uma sensação desagradável que lembrava a de quando você toma uma bebida gasosa gelada tão rápido que as bolhas sobem pelo seu nariz. Mas que fez eu me sentir tão energizada e leve como me senti quando Maximo carregou meu corpo de energia.

A diferença de momentos antes era extraordinária.

— Como você está se sentindo, Annita? — Maximo pegou minha mão quando me levantei.

— Ótima — respondi entusiasmada.

— Dá para ver — retorquiu ele, pegando meu rosto em suas mãos.

Minha barriga deu um salto mortal.

— O que aconteceu? — quis saber.

— Você liberou — disse ele simplesmente.

Não entendi o que ele quis dizer.

— Os seres humanos liberam o tempo todo, Annita — explicou ele. — Nós inspiramos, expiramos, bebemos um copo de água, vamos ao banheiro e assim por diante. Para a maioria das pessoas, a liberação é inconsciente. Contudo, os xamãs liberam ativamente durante todo o dia.

— Foi por isso que senti alfinetes e agulhas deixando meu corpo? — perguntei com incredulidade.

Maximo assentiu com a cabeça entusiasmadamente.

— Mas o que eram?

— Energia — explicou ele. — Isso é tudo que somos, Annita. Todas as emoções e todos os pensamentos são apenas energia, luz em movimento. Lembra-se?

Pensei novamente nas visões da ayahuasca dos *pixels* coloridos. Minhas visões realmente poderiam ter sido tão precisas?

Eu não podia acreditar no que estava ouvindo. Mas ao mesmo tempo, em um nível intuitivo profundo, aquilo fazia total sentido.

— Maximo! — Valerie e uma das mulheres australianas interromperam nossa conversa. — Podemos falar com você?

— Estarei no andar de baixo daqui a alguns minutos — respondeu o xamã. Seu tom foi educado e formal.

Valerie não retribuiu meu sorriso quando Maximo passou comigo por elas.

— Os xamãs trabalham se sincronizando com as pessoas, Annita — continuou ele. — É assim que as ajudamos a liberar energia negativa. Foi isso que fiz quando senti náuseas por você na selva. Quando eu me sincronizo com alguém, sinto em meu corpo tudo que essa pessoa está sentindo no dela. Por isso, depois é importante que eu libere qualquer energia que possa ter absorvido. O que é negativo para outra pessoa também será para mim — explicou.

Minha cabeça não sabia como começar a decifrar o que Maximo estava dizendo. Mas minhas experiências estavam perfeitamente alinhadas com o que ele descrevia.

No que eu deveria acreditar?, perguntei a mim mesma. Na razão, o Deus do mundo ocidental? Ou na experiência, a encantadora deusa peruana?

Era impossível decidir.

— Quando eu libero a negatividade de que não preciso — continuou o xamã —, preencho o espaço que criei com energia vital nova. Em outras palavras, me recarrego... — Ele fez uma pausa.

Olhamos um para o outro.

— Esse processo é a arte xamânica mais importante que posso lhe ensinar, Annita — disse ele com sinceridade. — É assim que os xamãs se mantêm energizados e saudáveis. Nós fizemos isso juntos algumas semanas atrás, quando eu lhe apliquei aquela massagem de acupressão. E hoje você levou isso uma etapa adiante, fazendo-o você mesma com a ajuda dos cristais.

— Cristais? — Houve um tom de sarcasmo em minha voz. Isso era demais.

Maximo ignorou meu tom.

— O que aconteceu com eles? — perguntou casualmente quando começamos a descer a escada.

Eu ainda estava tentando digerir os novos conceitos que meu mestre me apresentava e, quando voltei meus pensamentos para as pedras, descobri que não conseguia me lembrar de nada.

— Eu me esqueci delas — respondi, constrangida.

— Perfeito! — exclamou Maximo, apertando as mãos alegremente.

— O quê? Por quê? — Balancei a cabeça, sem poder acreditar.

— Você se esqueceu das pedras porque elas se sincronizaram com seu corpo — disse ele. — Depois de alguns minutos, elas pararam de parecer frias e pesadas, não é?

Assenti com a cabeça, taciturnamente.

— Mas o que isso tem a ver com sincronização? — perguntei. Em minha opinião, o termo parecia um pouco melodramático para descrever a capacidade do calor de superar o frio.

— As pedras assumiram a mesma temperatura e o mesmo peso do seu corpo — explicou ele. — Isso é sincronização.

— Mas as pedras são apenas objetos inanimados — protestei.

— Os cristais — retorquiu Maximo — são os objetos mais sábios do planeta.

Olhei para ele incredulamente. Mais uma vez, seu argumento contrariava a lógica.

— Todos nós concordamos que a sabedoria vem da experiência, não é? — começou Maximo.

Concordei com a cabeça — isso eu podia aceitar.

— Os cristais têm milhares de anos. — O xamã encolheu os ombros. — Viveram em ambientes e geografias diferentes, e tiveram muitas experiências diferentes.

Aceitei a contragosto seu argumento.

— Mas ainda assim são inanimados, insensíveis, insencientes e inconscientes — repeti. — Para obter sabedoria, você tem de ser consciente, certo?

Maximo se virou na minha direção. Sua expressão estava séria.

— Nada no planeta é inconsciente, Annita — salientou. — Nada. — Ele parou por um momento. — Não há a divisão no mundo que você pensa que há. Tudo — declarou ele —, cada pequenina coisa, é composto de luz. E, por isso, tudo pode se comunicar com tudo. Sincronização é comunicação em sua forma mais básica. Todos nós podemos fazer isso. Contudo, hoje a maioria das pessoas, particularmente as do Primeiro Mundo, se esqueceu de como.

Ele parou de novo e depois se inclinou em minha direção.

— Mas você, Annita — sussurrou, seus olhos brilhando de felicidade —, começou a dominar a arte de liberar. E agora é só uma questão de tempo para também se lembrar da arte perdida da sincronização.

26

A explicação de Maximo sobre liberação e sincronização abalou as bases de minha visão da vida e me deixou confusa — mas também estranhamente entusiasmada. Era emocionante pensar na possibilidade de o mundo estar tão conectado, tão mais ordenado do que eu jamais julgara possível.

Além disso, minhas experiências respaldavam totalmente as teorias dele.

Na manhã seguinte, quando acordei, senti-me muito mais energizada do que me sentia há meses. Fui para a cozinha absurdamente cedo para fazer um chá, com a intenção de apreciar o nascer do sol sobre os Andes vermelho-sangue de uma das redes no jardim. Esses desejos foram frustrados no momento em que entrei pela porta aberta da cozinha. Música andina consistindo em gritos agudos e instrumentos de sopro saía de um velho rádio. Como se isso não bastasse, Jean — que usava uma camisa de lycra preta justa — movia-se para cima e para baixo ao som da música. Infelizmente, ele não havia sido abençoado com senso de ritmo.

— Venha, Annita — disse ele, estendendo os braços na minha direção.

— É um pouco cedo para mim, Jean — respondi, fazendo o possível para fingir um sorriso.

Esquecendo-me de minhas ideias românticas de chá ao alvorecer, virei-me e fui direto para o jardim. Em minha pressa de escapar, esbarrei em Maximo. Ele estava em pé à porta. Pegando-me em seus braços, o xamã me levou para um banco lá fora. Seu toque era quente e firme. Mas me pegara desprevenida. Em nítido contraste com sua grande segurança, eu era um coquetel vermelho de surpresa e constrangimento.

Quando estávamos sentados perto um do outro, ousei olhar para ele. Maximo me observava atentamente com uma expressão indecifrável. Sua coxa pressionava a minha. Continuamos a olhar um para o outro e senti os músculos de sua perna retesarem.

Ele ia me beijar de novo?, perguntei-me excitadamente.

Mas o xamã tinha outros planos.

— Há muitos anos — começou ele —, eu estava ajudando Dom Inocencio em uma cerimônia da ayahuasca. No grupo havia um diretor de cinema dos Estados Unidos. Ele já havia trabalhado com a planta, por isso começou a dizer a todos o que esperar da noite. Desde o início eu o achei arrogante e não gostei dele. Durante a cerimônia, esse homem passou muito mal e precisou de muita ajuda. Dom Inocencio não me deixou trabalhar com mais ninguém no grupo. Tive de dedicar toda a minha atenção ao diretor que detestava.

Maximo fez uma pausa.

— Inocencio estava me ensinando humildade, Annita — acrescentou ele em um tom sério.

— Homem inteligente — respondi distraidamente.

Naquele momento eu não estava interessada em ouvir uma história. Queria um pouco de ação. Relanceei os olhos para o sol que surgia sobre os cumes das montanhas, banhando o solo ocre em pura luz branca. Somente quando Maximo não disse mais nada, eu olhei de novo para ele. Depois que o xamã obteve minha total atenção, soltou a bomba.

Eu não esperava por isso.

E quando o ouvi, fiquei totalmente desconcertada.

— Preciso trabalhar muito com Jean nos próximos 10 dias — anunciou ele sem tirar os olhos do meu rosto. — Quero que você me ajude, Annita.

O sorriso deixou imediatamente meu rosto.

Você armou para cima de mim, desejei gritar.

Eu não podia acreditar nisso.

Fiquei tão irritada com Maximo que não conseguia falar. Mas ainda mais irritada comigo mesma por não conseguir disfarçar meus verdadeiros sentimentos por Jean, e baixar a guarda esta manhã por causa de pura luxúria. Pensei que Maximo havia me pegado em seus braços porque gostava de mim, me desejava e queria estar comigo. Mas ele tinha motivos ocultos — e, como sempre, estava um passo adiante.

Quando olhei desafiadoramente em seus olhos, notei luzes douradas brincando em suas superfícies. O belo xamã estava rindo silenciosamente para si mesmo.

Uma hora depois, Maximo e eu nos encontrávamos no quarto de Jean. O "curandeiro" — que recebera a notícia de que seria minha cobaia com incontido entusiasmo — estava deitado com o rosto para baixo sobre o plástico que cobria sua cama.

Totalmente nu.

Eu não sabia para onde olhar.

Contudo, para Maximo isso não era um problema. O xamã sorria para mim.

— Você se lembra de como suavizou seu olhar em Ollantaytambo no dia do seu aniversário? — perguntou ele.

Assenti friamente com a cabeça.

— Quero que faça o mesmo agora. Quero que veja com seu coração.

Ergui os olhos para ele, sem responder.

Mas o xamã me ignorou totalmente e tratou de abrir o pote de lama do lago Titicaca que passara em minha barriga semanas antes. Irritada com minha situação, percebi que não tinha outra escolha além de prosseguir com aquilo. Então, ignorando a aparência duvidosa do paciente, concentrei-me em tentar mudar meu olhar como Maximo me instruíra.

— Você tem problemas com seu sacro, Jean? — perguntou Maximo começando a passar a lama na região lombar do curandeiro. Ao mesmo tempo, ergueu os olhos para mim e indicou que eu deveria olhar com atenção. Vislumbrei uma leve sombra flutuando sob seus dedos.

— Sim — respondeu Jean ansiosamente com uma voz abafada. — Desde que comecei a trabalhar como advogado.

O xamã ergueu as sobrancelhas para mim. Enquanto ele continuava a cobrir as costas do hippie de lama, lembrei-me do comentário de Jean sobre quanto tempo ele havia demorado para perceber que a vida não podia girar apenas em torno de trabalho. Fiquei intrigada. Perguntei-me se havia uma conexão.

— Vire-se, Jean! — A ordem me tirou do meu devaneio.

O quê?, pensei. Ah, Deus, não.

Mas era tarde demais. Jean já estava tentando se virar de barriga para cima, sorrindo para mim com arrogante excitação.

— Você está bem, Annita? — Ele sorriu afetadamente, pondo os braços sob a cabeça.

Não resisti. Olhei em seus olhos límpidos e depois deliberadamente para seu membro cor-de-rosa pequeno e flácido pendendo para um lado, antes de sorrir e olhar em seus olhos de novo.

— Estou ótima, Jean — respondi.

Maximo interrompeu nossos jogos. Seu tom foi firme:

— Ponha os braços dos lados, Jean, e feche os olhos.

Ele começou a cobrir a parte da frente do corpo de Jean com a gosma gelatinosa. Logo notei uma penumbra sobre a parte inferior de sua barriga. Ela também parecia distendida e desconfortável. Maximo apontou para o lado direito. Quando olhei com mais atenção, pensei ter visto caroços pulsantes sob a pele. Pensando que fossem produtos de uma imaginação excessivamente fértil alimentada com muitas noites assistindo a *Alien*, pisquei os olhos duas vezes. Mas quando olhei de novo, os caroços ainda estavam lá.

Fiquei intrigada.

Quando Maximo havia camuflado toda a barriga de Jean, nós o cobrimos com o resto do plástico e dois cobertores.

— Agora descanse, Jean — instruiu Maximo. — Quando a lama secar, você poderá tomar banho.

O xamã ficou satisfeito quando terminei de descrever o que vira. Nós estávamos descansando lado a lado em duas redes, perto da árvore com um olho, observando o céu azul-cobalto e as montanhas vermelhas.

— Ótimo, minha princesa! — disse Maximo entusiasmadamente, pegando minha mão.

O movimento fez minha rede balançar na direção da dele. Nós nos viramos para olhar um para o outro e eu me vi afundando em seus olhos. Quase perdoei o xamã por ter armado tão bem para mim.

Quase.

— Também vi sombras, como você — dizia ele. Seu tom direto me trouxe de volta à realidade.

Então agora nosso relacionamento é apenas intelectual?, perguntei-me.

Sonhei acordada com o que Maximo faria se eu simplesmente me inclinasse sobre ele e o beijasse.

— E vi que a energia estava pulsando em um ritmo diferente do coração de Jean em alguns lugares — continuou ele.

Essa revelação despertou meu interesse e voltei à conversa ansiosamente.

— Como os caroços que vi na barriga dele? — pensei em voz alta.

Maximo confirmou com a cabeça.

Eu não podia acreditar que nós havíamos visto exatamente as mesmas coisas. Aquilo era uma repetição das pedras de Ollantaytambo.

— Antes de uma cerimônia, é importante purificar o corpo — explicou o xamã. — A lama inicia o processo retirando as células mortas da pele.
— Como um esfoliante?
— Sim.
Por que você não disse isso logo? Pensei. Tenho um banheiro cheio de esfoliantes corporais com um cheiro melhor do que o daquela velha lama.
— Para levar o processo adiante — continuou Maximo —, e liberar a energia entre a pele e os órgãos, usaremos uma sauna. Uma jacuzzi funciona do mesmo modo, mas a sauna funcionará melhor para Jean porque sinto que ele tem dificuldade em expressar seus sentimentos.
Eu não sinto, pensei ironicamente.
— Como? — perguntei.
— O vapor força você a respirar mais profundamente, a abrir a garganta, a origem da expressão — respondeu ele simplesmente.
Fiquei surpresa com a lógica descomplicada por trás das práticas xamânicas.
Esta tarde também trabalharemos com os ventos em Ollantaytambo.
— Isso é para ajudar a soltar ainda mais nossas gargantas? — arrisquei-me a perguntar.
Ele assentiu com a cabeça e apertou minha bochecha, justamente quando Jean vinha em nossa direção. Doeu-me admitir isso, mas o "curandeiro" estava radiante.
— Sinto-me ótimo. — Ele sorriu enquanto se sentava. — Cheio de energia — continuou, passando a mão em meu joelho. O fato de eu tê-lo visto nu pareceu ter dado ao hippie ainda mais confiança do que o normal. Jean sentia um orgulho absurdo de si mesmo.
— Quando eu estava cochilando com a lama em meu corpo — disse ele —, foi como se assistisse a um filme da minha vida.

Senti Maximo começar a acariciar meu braço. Estremeci e me virei para olhar para ele. Mas o xamã continuava com os olhos fixos em Jean. Para não ficar para trás, voltei à conversa com determinação.

— Fiz as pazes com muitas coisas que aconteceram comigo — continuou Jean. — Até mesmo vi experiências da infância das quais havia me esquecido. Impressionante.

Pensei em meus sonhos vívidos quando eu dormira com a mesma lama em minha pele.

Concluí que meus caros esfoliantes poderiam não ter o mesmo efeito.

Partimos para Ollantaytambo logo depois do almoço.

A tarde ainda estava parada e sem um sopro de vento, e perguntei-me se cancelaríamos nossa viagem.

Contudo, Maximo afastou minhas preocupações.

— Haverá vento quando chegarmos às ruínas — declarou confiantemente.

Mas meia hora depois, enquanto subimos bufando a encosta da montanha, ainda não há nem mesmo uma leve brisa. Maximo começa a assobiar e sussurrar. Só consigo distinguir a palavra "Wayra!" em meio ao emaranhado de frases. Lembro-me do termo, mas não sei ao certo de onde.

Chegamos à parede de pedra na metade da subida da montanha, viramos à esquerda e nos dirigimos à saliência com as pedras rosadas no centro. Suas superfícies são inocuamente lisas, sem nenhum indício de sua transformação milagrosa em apenas um dia do ano.

Sorrio para mim mesma quando me lembro das formas que vira. Quando ergo os olhos, Maximo também está sorrindo.

Para mim.

Seu sorriso ilumina seus olhos e, por uma fração de segundo, tudo e todos desaparecem. Somos só nós dois naquela saliência, ligados por uma íntima cumplicidade, um segredo especial partilhado. Apesar da minha confusão diante do uso magistral de Maximo dos princípios do pique-esconde para ocultar seus reais desejos e motivos, sei que temos isso — esse vínculo xamânico único e atemporal.

— Vamos, Annita! — Jean bate em minhas nádegas fazendo-me pular, e anda a passos largos na direção das pedras.

— Elas são incríveis, não são? — pergunta ele a ninguém em particular.

Fico onde estou. Maximo e eu continuamos a sorrir um para o outro. Não consigo desviar os olhos.

E então o xamã volta a assobiar e nos conduz através da saliência para um caminho estreito que contorna a montanha. Abaixo de nós, o brilhante rio Urubamba serpenteia suavemente através dos campos. Em um deles, avisto dois fazendeiros andando atrás de um boi que se esforça para puxar um enorme arado de madeira. Igualmente brilhantes ao sol da tarde estão os trilhos de trem retos como varetas que levam a Machu Picchu, seu aço frio cortando o ocre suave da terra.

— Encostem-se na montanha e fechem os olhos — instrui Maximo.

Subitamente me lembro de onde ouvi a palavra "Wayra". Maximo a usou ao evocar o vento na caverna em Sacsayhuaman.

Naquele exato momento, surge uma brisa. Minutos depois, não consigo ouvir nada além da crescente tormenta que domina meus sentidos como um hábil amante.

Evocar o vento uma vez poderia ser considerado um acaso feliz. Mas duas vezes?

Abro um dos olhos. O xamã está de costas para nós com os braços estendidos como se estivesse evocando os campos e o rio.

— Feche os olhos — repete ele, sem se virar.

Sorrindo para mim mesma, fecho os olhos com força.

E agora o sinto em pé na minha frente. Sinto sua mão quente em meu seio e ele abre confiantemente o zíper da minha jaqueta.

— Concentre-se na energia se movendo entre seu coração e sua garganta — sussurra ele.

O quê?, penso. Que energia? E quanto aos outros?, pergunto-me. O que eles estão fazendo?

Mas agora seus dedos estão desabotoando minha blusa. E não tenho tempo sequer para registrar o que ele está prestes a fazer, porque seus lábios macios já estão roçando nos meus. Minha mente enfraquece, delegando seu poder para o vento cortante. Estremeço quando Maximo respira calor para dentro do meu peito. Antes de ser totalmente consumida pela luxúria, tenho a sensação bizarra de que meu coração está soluçando. Tento entender o que está acontecendo quando também começo a me sentir estranhamente vulnerável. É como se meu corpo e minhas emoções fossem uma coisa só, em contraste com aspectos separados de mim mesma. Sinto-me emocionalmente exposta — de fato, nua.

Quero ficar a sós com Maximo. Longe do grupo. Longe dos olhos curiosos de Jean.

Mas o xamã já se afastou, deixando meu peito exposto — minhas emoções expostas —, aberto para os elementos. Sou dominada por uma profusão de sentimentos que se expressam em rubor quente e um ataque de tosse que faz lágrimas escorrerem pelo meu rosto.

Volto tossindo para o ônibus.

— Bom, minha princesa! — exclama Maximo encorajadoramente.

Reviro os olhos exasperada, incapaz de falar em virtude da tosse e incapaz de compreender o que há de bom nisso.

— Eu lhe disse — observa Maximo, pegando minha mão — que iríamos a Ollantaytambo para limpar nossa garganta.

— Funcionou — gaguejo antes de outra crise de tosse começar.

— Exatamente.

Penso em nossa conversa sobre minha dificuldade em me expressar logo após minha chegada ao Vale Sagrado. Penso na jornada em que estive desde então.

Como Maximo vira tudo tão claramente? Gostaria de saber.

— Está na hora de você começar a expressar o que seu coração vê — afirma ele.

Não entendo o que ele quer dizer.

— Amanhã iremos a Machu Picchu — sussurra Maximo animadamente. — Você e eu beberemos o São Pedro nas ruínas.

— E quanto aos outros?

Ele balança a cabeça.

— Realizaremos uma cerimônia mais tarde esta semana para eles. Irão a Machu Picchu conosco, mas amanhã apenas você e eu beberemos a planta. Amanhã, Annita, abriremos sua visão.

Sinto um arrepio descendo por minha espinha dorsal. Não tenho a menor ideia do que me espera, e estou profundamente desconcertada. Mas ao mesmo tempo estou totalmente presa ao mundo mágico de Maximo — um mundo que desafia minha compreensão da realidade, minhas expectativas sobre o que é possível na vida e minhas crenças sobre o significado da intimidade e conexão.

E, acima de tudo, estou totalmente presa ao enigma que é Maximo — meu mestre, meu amigo e o amante dos meus sonhos.

27

Amantes também estavam na cabeça de Maximo.

— Nunca posso ficar na Cidade de Cristal por muito tempo — explicou ele quando nosso ônibus parou na entrada de Machu Picchu. — A energia aqui é muito forte. Meu relacionamento com Machu Picchu é como um relacionamento entre dois amantes. — Ele sorriu. — Forte e intenso. Nós nos unimos durante um período inesquecível e depois nos separamos.

Maximo sustentou meu olhar por um tempo longo demais e depois pegou minha mão e me levou para fora. Chovia muito e era impossível ver mais do que alguns metros adiante. Rindo de um modo conspirador, passamos correndo pela entrada de mãos dadas e descemos na direção de um conjunto de aposentos de pedra isolados do público. Enquanto esperávamos os outros chegarem, observei o manto infinito de névoa vindo do vale abaixo para a Cidade de Cristal e me envolvendo em seu misterioso e inebriante segredo. Imaginei um número infinito de máquinas de tricotar operadas por um exército fantasmagórico de costureiras trabalhando incansavelmente abaixo de nós.

Quando o grupo estava reunido na frente da barreira de plástico, Maximo nos instruiu a passarmos por baixo dela. Imediatamente um dos arqueólogos residentes soprou um apito e tentou intervir. Mas no momento em que viu o xamã, relaxou — e eles acabaram trocando gentilezas. Maximo ergueu os olhos para mim, sorriu e me fez um sinal para eu passar por baixo da barreira, curvando levemente o corpo.

Perguntei-me como ele fez isso.
Paramos na frente de uma pequena caverna. Maximo borrifou água de flórida na entrada e eu me abaixei para entrar no espaço claustrofóbico. Quando todos nós estávamos dentro, ele apontou para as paredes brilhantes. Presumi que estivessem molhadas. Mas quando toquei a pedra fria, fiquei perplexa ao descobrir que estavam totalmente secas.

— As paredes são brilhantes porque esta caverna é cheia de cristais — explicou o xamã. — Eles tornam a vibração energética aqui muito forte — acrescentou.

Jean suspirou de prazer e avançou para a frente do grupo para poder sentir a parede.

Ele realmente não precisa de ajuda com seu primeiro chacra, pensei de novo.

Ergui os olhos e sorri — muito deliberadamente — para Maximo.

Sei como jogar esse jogo, pensei. Não seria pega de surpresa de novo.

— Isso é o que chamamos de um ponto de poder — continuou ele.

Dica para outro suspiro de Jean; dica para outro sorriso cordial meu.

— Acredito que incas importantes que viveram em Machu Picchu vinham aqui para recuperar suas energias quando estavam cansados.

Fiquei intrigada. Nunca havia pensado que certos lugares eram mais energéticos do que outros e nunca ouvira o termo "ponto de poder", muito menos encontrara um.

— Você faz parecer que este lugar é uma tomada. — Ri. — Que tudo que precisamos fazer quando estamos cansados é nos conectarmos!

O grupo riu.

— Exatamente — respondeu Maximo. Seu tom estava sério. — Os seres humanos são apenas energia, Annita.

Fiz um sinal afirmativo com a cabeça e me virei na direção da parede, pondo minhas mãos e a testa no frio calcário com o objetivo de testar a teoria dele. Imediatamente senti um formigamento nas minhas palmas.

Incrível, admiti.

Maximo encheu a pequena xícara com o São Pedro e caminhou ao redor do grupo, pondo o dedo indicador no remédio e depois o salpicando no terceiro olho, na garganta e nos punhos de cada pessoa. Então ele despejou a maior parte do resto da garrafa na xícara e a entregou para mim.

— Deixe Annita ver com seu coração e sentir com seus olhos — sussurrou.

Achei a frase linda.

— Deixe-me ver com meu coração — repeti, antes de engolir o suco de cacto.

Depois de beber o resto, Maximo começou a sacudir o chocalho e a assobiar. Meus braços e minhas pernas começaram a formigar. Virei-me de frente para a parede, desta vez pressionando todo o meu corpo contra sua superfície fria. Ao fazer isso, senti um raio de energia atravessar meu peito e girar ao redor do meu coração.

Hoje eu não me sentia emotiva ou vulnerável. Essas emoções haviam sido esgotadas em Ollantaytambo. Hoje eu me sentia aberta e calma. E quando me virei para meus companheiros, pensei em uma pergunta retórica que certa vez ouvira: "Chorar é sofrimento ou cura?" Em termos xamânicos, meu estado de espírito era uma prova absoluta da transformação positiva induzida pela liberação.

Uma bruma amarela com um brilho que lembrava um pouco o do cereal Ready Brek dançou ao redor dos ombros e braços de Valerie. Intrigada, desviei e pisquei os olhos algumas vezes. Mas quando olhei de novo para ela, o brilho ainda estava lá. Voltei minha atenção para Jean. Uma película verde cobria todo o seu corpo. Olhei mais atentamente e notei uma bola de luz vermelha alojada na base de seu estômago. Olhando para ela, senti o peso da tristeza presa lá.

Isso é surpreendente, pensei.

Ao mesmo tempo, a emoção apertou minha garganta, tornando difícil para mim engolir.

O que está acontecendo?, perguntei-me.

Espontaneamente, Jean começou a mover a cabeça para trás e para a frente. Quando ele fazia isso, a rigidez em minha garganta aumentava até ser difícil respirar. Comecei a entrar em pânico.

O que ele está fazendo?, desejei saber.

Comecei a sufocar.

Imediatamente Maximo estava na frente de Jean. Eu o vi borrifar água de flórida sobre o hippie antes de pôr os lábios na garganta de Jean e soprar diretamente na pele dele.

Enquanto o xamã trabalhava em Jean, minha garganta começou a se soltar e, alguns minutos depois, eu conseguia engolir de novo.

Somente na manhã seguinte tive a chance de discutir com Maximo o que acontecera.

Estávamos no trem voltando para Olantaytambo. Como sempre, eu estava explodindo de entusiasmo e perguntas.

— Eu nunca havia visto você pôr o São Pedro na pele das pessoas — comecei.

— Ponho o remédio no local dos problemas das pessoas — explicou Maximo. — Então, nesse grupo, eu o coloquei no terceiro olho para melhorar a visão instintiva, em suas gargantas para encorajar a expressão e em seus punhos porque as mãos são nossos melhores instrumentos. Mas não é realmente sobre isso que você quer falar comigo, não é, Annita? — O xamã deu uma piscadela. — Conte-me o que viu e sentiu na caverna.

Comecei a lhe contar sobre as cores que vira, a luz vermelha na barriga de Jean e a tristeza que sentira ao estudá-la.

— Você está começando a ver com seu coração — disse Maximo.

— O que isso significa?

— Significa que está começando a ver a natureza das coisas. Aprendendo a ver a realidade.

— Tudo que vi combinou com o que você disse sobre precisar abrir o primeiro chacra de Jean! — exclamei incredulamente.

Maximo se virou para mim e forçou um sorriso.

— Mas como você sabia? — insisti. — Jean fala sobre sexo o tempo todo. Isso não faz sentido.

— Vi com meu coração — respondeu o xamã. — Além disso, a planta me contou — acrescentou.

Essa era a segunda vez que Maximo dizia que a planta "falava" com ele. Confusa, olhei-o fixamente, interrogando seus olhos cor de âmbar que estavam cheios de luzes provocadoras. O xamã se recusou a entrar em detalhes, por isso acabei desistindo e mudando de assunto.

— Não entendo por que eu não conseguia engolir — comecei.

— Nós liberamos energia através do períneo e da boca! — exclamou ele.

Isso faz sentido no exercício com os cristais, pensei. Mas não explica por que eu não conseguia engolir.

— Jean estava com a garganta apertada porque estava bloqueando a liberação da energia presa em seu primeiro chacra — continuou Maximo.

— Mas isso não explica por que minha garganta estava apertada — protestei. — Ou por que relaxou quando você começou a trabalhar com Jean.

O xamã olhou de relance para mim e depois pela janela, surdo às minhas súplicas por uma explicação mais detalhada.

— Então eu me sincronizei com ele? — perguntei hesitantemente. Eu nem mesmo sabia se acreditava que isso era realmente possível, quanto mais para uma garota londrina comum como eu.

Mantendo seu hábito de me levar ao ponto de compreensão somente para me abandonar no momento em que o mundo xamânico começava a fazer sentido, Maximo se recusou a se aprofundar mais. A única indicação de que havia me ouvido foi o esboço de um sorriso brincando ao redor dos seus lábios e um leve aperto da minha mão.

28

— Vou lhe mostrar algo importante que faço antes de trabalhar com o remédio — anunciou Maximo dois dias depois.

Anoitecia e nós estávamos em pé ao lado de uma grande panela em um fogão improvisado em uma pequena sala perto da jacuzzi. O cheiro acre do São Pedro enchia o ar, por isso eu havia posto a ponta da minha camiseta no nariz para parar com minhas ânsias de vômito.

Dentro de uma hora, teríamos a última cerimônia de minha viagem.

Esse fato me despertou para a chocante realidade de que eu voltaria para Londres dali a apenas uma semana. Não podia me imaginar longe do Peru. Não podia me imaginar longe de Maximo. Acostumara-me tanto a passarmos nossos dias juntos que não podia imaginar uma rotina diferente.

Ainda havia muitas coisas que eu não entendia no mundo xamânico. Ainda havia muito mais que queria aprender. Sempre que eu pensava em ir embora, era dominada por confusão e tristeza. Meu modo de lidar com o inevitável era tirá-lo da minha mente. Atirar-me ainda mais determinadamente em nossos últimos dias juntos.

Inclinado sobre a panela, Maximo começou a sussurrar inintelligivelmente. Olhei ao redor. Eu era a única pessoa na sala e ele certamente não estava falando comigo. Perplexa, concluí que só podia estar falando com a panela, por isso fiquei na ponta dos pés e também me inclinei sobre ela. Havia uma espuma grossa sobre o líquido escuro. No momento em que o xamá parou de falar, o líquido começou a borbulhar furiosamente.

— Pedi ao remédio para me falar sobre a cerimônia desta noite — explicou ele.

— Então isso é interpretar o remédio!

— Sim, Annita — disse ele. — Suavize seu olhar e observe.

A espuma começou a se dividir em formas randômicas, mas muito definidas. Vi um saco, seguido pelo que só pode ser descrito como genitália masculina. Rindo para mim mesma, ergui os olhos. O xamã me observava atentamente.

— O que você viu? — Ele fez um sinal afirmativo com a cabeça quando lhe falei sobre a forma de saco. — Então esta noite — concluiu ele em um tom direto — alguém terá problemas no estômago.

Não era exatamente o que eu havia deduzido, pensei ironicamente.

— E quanto à outra forma? — insistiu ele.

— Que outra forma? — perguntei inocentemente.

Ele olhou para mim e ergueu uma sobrancelha.

— Não sei. — Dei de ombros, fingindo indiferença. Fiquei mortificada ao sentir uma chama traidora se espalhar pelas minhas bochechas.

— Você saberá no final da noite, Annita.

Maximo sustentou meu olhar e eu me senti derretendo por dentro.

Ah, meu Deus, pensei. Então, esta é a noite.

Esse momento estava sendo esperado havia três longos meses. Eu não tivera notícias de Edward desde que ele desligou o telefone na minha cara, e não tinha a menor ideia do ponto em que estava nosso relacionamento, por isso não senti nenhuma culpa. Só senti excitação.

Que final perfeito para minha viagem!

Finalmente, não acordarei mais todas as manhãs com essa dor prolongada e indistinta dentro de mim.

Finalmente, Maximo havia sido claro — sobre seus sentimentos e suas intenções.

* * *

A sala de meditação está cheia de pessoas quando chego e só há um colchão vago.

Felizmente, é meu lugar habitual, à direita de Maximo.

Infelizmente, também é perto de Jean. Ele está usando a mesma camisa de lycra preta justa que usara algumas manhãs atrás.

— Eu ia me sentar lá, mas Maximo me disse para eu me sentar aqui perto de você, Annita. — Ele sorri para mim.

Sorrio para ele.

Na verdade, depois do que vi em Machu Picchu, fico feliz por Jean estar perto — isso tornará mais fácil observá-lo durante a cerimônia. Infelizmente, o hippie interpreta meu sorriso como algo totalmente diferente. Ele se levanta prontamente e encosta seu colchão no meu.

Revirando os olhos para o céu, trato de me preparar.

Tenho uma intenção para a noite.

— Deixe-me ver com meu coração — sussurro quando é minha vez de beber.

Algum tempo depois, Maximo pega seu chocalho.

Imediatamente minhas pernas começam a tremer. Sinto a planta começando a despertar dentro de mim. Com o olho da mente, vejo meus olhos se tornarem gemas douradas flamejantes, as órbitas fulvas de uma águia. Vejo seus olhos nos meus, sinto suas asas em meus ombros e percebo que de algum modo estou utilizando seu poder, a clareza aguda de sua visão.

Sento-me e olho ao redor da sala. Maximo se debruça sobre uma mulher que não reconheço e está claramente se sentindo muito nauseada. Observo-o passando as mãos sobre o peito dela. Um pouco depois, a mulher desce a escada correndo para o banheiro. Lembro-me do saco de aparência estranha no remédio e da interpretação que Maximo fez dele como um estômago.

Portanto, a planta realmente havia falado conosco. Havia nos dito o que esperar.

Como aprendiza, estou totalmente impressionada.
Como mulher, não caibo em mim de excitação.
Mas primeiro há a cerimônia. Sinto-me incomumente lúcida e centrada. Como Jean é minha cobaia, concentro a atenção nele, tentando suavizar meu olhar e ao mesmo tempo permanecer firme em minha intenção de ver. Penso em como é bom oscilar entre o controle e a rendição, uma experiência tão diferente do meu estilo de vida em Londres, onde todos tentam controlar tudo. Vejo o mesmo brilho vermelho que vira na barriga de Jean em Machu Picchu. Sinto de novo sua tristeza em minha garganta. Hoje também vislumbro o leve contorno de um esqueleto sobre o primeiro chacra dele — claramente, o trauma que carrega é antigo.

— Você está começando a ver com seu coração, Annita! — exclama Maximo entusiasmadamente quando lhe conto o que observei. — Agora use sua intuição para escolher uma cor e a envie para Jean a partir de seu coração — acrescenta, sentando-se perto de mim.

Viro-me para olhá-lo.

O quê?, penso. Mal estou começando a aceitar a ideia de que posso me sincronizar com as pessoas e você já está me pedindo para enviar cores para elas sem usar nada além da minha imaginação.

— Qualquer cor que venha à sua mente — diz ele. — Veja, eu estou lhe enviando azul.

Imediatamente vislumbro um tom azul claro ao redor dos ombros de Jean. Balanço a cabeça em momentânea descrença.

Como você fez isso?, desejo saber.

Maximo está me olhando, seu rosto tão perto do meu que sinto sua respiração quente em minha pele. Nosso mundo é definido por expectativa em todos os níveis — xamânico, emocional e, é claro, físico.

Fecho os olhos e me concentro em meu vizinho. O olho da minha mente explode em um verde exuberante. Mas não tenho a menor ideia do que fazer com isso.

— Envie a cor a partir de seu coração — dissera Maximo. Concentro toda a minha atenção no tambor que bate em meu peito, desejando que projete verde na direção do hippie. Ele parece estranhamente pesado. Momentos depois começa a vibrar, uma sensação parecida com a que tive em Ollantaytambo. Abro os olhos e olho diretamente para Jean. Luzes azuis e verdes dançam juntas sobre seu peito.

— Ótimo, minha princesa — diz Maximo, abraçando-me.
— Você está vendo isso? — pergunto incredulamente.
— É claro.
— O que está vendo?
— Luzes azuis e verdes. — Ele ri.
Estou pasma.
Maximo se inclina para mim e beija meu rosto.
Não consigo tirar os olhos do peito de Jean.
— Estou muito feliz — sussurra Maximo em meu pescoço. — Muito feliz porque você está começando a entender a mágica, Annita. A mágica — continua ele — é saber como se sincronizar e se comunicar com tudo neste planeta: animais, plantas, a lua, tudo. — Ele aperta fortemente minha mão.

Viro-me de frente para Maximo. Sua expressão é de profundo e sincero prazer. Meu coração vai parar na garganta. Viro-me de novo para Jean.

Caramba!, penso. É realmente possível afetar alguém apenas com sua intenção? É realmente possível que *eu tenha* feito isso?

Não consigo entender tudo. Mas o cacto desacelerou o tempo para um ritmo livre de estresse e não me preocupo por não entender totalmente. Só experimento. Só sou.

Jean começa a arrotar e eu me lembro do que Maximo disse sobre liberar energia pela boca. Penso na sensação em minha garganta na caverna.

Tão confusa quanto satisfeita, fico deitada em meu colchão, fecho os olhos e entro em meu próprio mundo interior. Mais uma vez circundo as densas copas das árvores que brilham à meia-lua branca. Eu a vejo imediatamente. Totalmente silenciosa, totalmente discreta e totalmente contida, a pantera está imóvel — como uma estátua de gelo preto — à beira da vegetação. Não consigo tirar meus olhos de sua forma congelada.

Mas subitamente não a estou mais observando. Em vez disso, *sou* ela. Meus olhos são grandes e redondos e com eles examino meu reino amazônico verde. Minhas mãos se transformam em patas gigantescas pousadas orgulhosamente no chão macio da selva. Minhas bochechas são bigodes tremulando ao ar úmido.

E então eu me movo, andando altivamente por esse mundo verde. Folhas de grama molhada roçam em meu focinho com a suavidade de asas de borboleta. Com uma graça natural, subo em uma árvore e descanso em um galho, observando o incessante ir e vir dos insetos e pássaros abaixo de mim.

Observo. E espero.

E então, em um instante, minhas patas são mãos de novo, meu corpo felino curvo assume forma de gente e observo a pantera deitada na árvore com olhos humanos. Ela ainda espera pelo mesmo prêmio invisível em que estava concentrada na última vez em que a vi. Assim que percebo isso, ela se vira para mim, fixando-me em seus olhos verdes.

Quando você estiver pronta, parece dizer.

Sou bruscamente afastada da minha visão. Jean começou a se contorcer em seu colchão. Dada a sua proximidade de mim, a cada vez que ele se move eu me movo também. Irritada, viro-me de frente para ele. Ao mesmo tempo, Jean começa a gemer e arremete sua pélvis insistentemente para o ar, copulando com o éter. Ao mesmo tempo indignada e divertida, começo a rir.

Eu sabia que não deveríamos interferir em seu primeiro chacra, penso.

Tento sufocar o riso. Mas é impossível. Sinto o olhar de Maximo. Viro-me para ele.

Piscando para mim, Maximo acende uma vela.
— Terminamos — diz.
Graças a Deus, penso.
As arremetidas e os gemidos param imediatamente.
A seguir tenho uma total crise de confiança. Ocorre-me que devia ter sido o pênis de Jean que vi no remédio. Apesar das coisas surpreendentes que vi e aprendi durante a cerimônia, sinto-me deprimida. Então penso que talvez a imagem fosse sobre Jean *e* Maximo.
Sim, concluo, devia ter sido sobre ambos.
Não consigo me livrar da sensação de ansiedade com o fato de que talvez tivesse sido isso mesmo. Mas me convenço de que a noite é uma criança.
Além do mais, penso, Maximo sempre tem uma carta na manga.

A sala se esvazia rapidamente até apenas Jean, Maximo e eu sermos deixados relaxando no mar de colchões e mantas. Comendo chocolate e bebendo o chá que Maximo fez enquanto folheio um livro sobre a vida selvagem da Amazônia, deparo-me com uma imagem de uma pantera-negra em um capítulo sobre jaguares. Sento-me reta bruscamente.
— Não sabia que as panteras eram jaguares! — exclamo.
— É claro que são — afirma Maximo. — Eu já lhe disse, Annita, que o jaguar é o maior predador das florestas tropicais. Mas a pantera reina entre os felinos, é o felino mais forte, mais corajoso e mais feroz.
— Você já viu?
— Uma pantera?
— Sim.
Ele começa a balançar a cabeça entusiasmadamente.
— Há muitos anos, quando eu era um jovem aprendiz, estava andando na selva, a caminho de uma cerimônia noturna, quando me tornei consciente de uma respiração profunda ao

meu lado. A princípio a ignorei. Mas então fui vencido por minha curiosidade e acendi minha lanterna. Uma pantera-negra estava a centímetros de mim.
— Meu Deus! — exclamo.
— Fiquei apavorado — continua Maximo. — Eu não sabia o que fazer. Finalmente, disse para o felino: "Se você for me matar, eu não resistirei." Então fiquei totalmente imóvel e esperei. A pantera me observou por algum tempo. Depois começou a andar pela selva na direção de onde realizaríamos a cerimônia. Eu a segui. Andamos assim por alguns minutos. Então ela se virou, me olhou com uma expressão ameaçadora e foi embora. Quando cheguei ao local da cerimônia, os outros aprendizes notaram que eu estava tremendo e perguntaram o que havia acontecido. Antes de eu ter tempo para responder, o xamã principal disse: "Esta noite você não é mais Maximo. Esta noite você é *otorongo*, o jaguar."

Estou tentando descobrir que tipo de homem sobrevive a um raio e a um encontro com um felino predador, quando Jean fala:
— Vi a pantera em você esta noite, Annita.
— Viu? — Viro-me para ele.
— Sim. Na verdade, observando você, percebi como o felino é majestoso. Eu nunca havia pensado nisso — diz ele em voz baixa.

Não sei como interpretar suas palavras. Como ele pôde ver a pantera em mim?, pergunto-me.
— Eu já lhe disse, Annita — continua Jean. — Você possui um dom natural para ser curandeira.

Lá vamos nós. Suspiro.

Felizmente Maximo interrompe a conversa:
— Vamos para a jacuzzi, Annita.

Imediatamente as palavras de Jean perdem a importância.

Ótimo, penso. Eu sabia que estava certa sobre aquela visão no remédio.

* * *

— Eu negligenciei o sexo durante toda a minha vida — declara Jean orgulhosamente enquanto tira a roupa.

Para o meu alívio, o hippie fica de cueca. Ele pula para dentro da jacuzzi e, além de espirrar água por toda parte, dá uma topada com o dedo do pé. Por um momento a pequena estufa fica em abençoado silêncio enquanto Jean massageia o dedo.

É a segunda vez que estou com Maximo na jacuzzi. É claro que havia esperado ficar a sós com ele, ter a possibilidade de recomeçar de onde paramos. Infelizmente, Jean — o orgulhoso possuidor da sensibilidade de um pedaço de madeira — não pensou duas vezes antes de se juntar a nós.

Deslizo para dentro da água fumegante — desta vez de biquíni. Maximo me segue. Relanceio os olhos para o xamã alto e musculoso em seu calção preto Calvin Klein justo. Ele está maravilhoso. Eleva-se sobre Jean, seus músculos dourados lisos e cor de caramelo em um agradável contraste com o peito branco do hippie. Sinto os olhos de Maximo em mim através da vaporosa penumbra. A tensão entre nós produz arrepios em meus braços.

Sem notar, Jean recomeça seu monólogo:

— Minha esposa me deixou há 10 anos — confessa. — Fiquei completamente arrasado, por isso me atirei no trabalho e não pensei sequer em ter outro relacionamento.

Pensei no esqueleto que eu havia visto mais cedo naquela noite.

— De qualquer maneira, nós nunca tivemos muito sexo — diz Jean. — Isso tem de mudar. Atualmente estou pronto para muito sexo. — Ele sorri.

Estou tão constrangida que não sei para onde olhar. Ao mesmo tempo, ocorre-me que Maximo e eu claramente fizemos milagres no primeiro chacra de Jean.

— Você estava certo sobre os problemas no estômago, Maximo — digo, mudando de assunto.

Sorrindo, o xamã anda na minha direção através da água e para bem na minha frente.

— Agora vai me dizer o que mais você viu?

— O primeiro chacra de um homem — respondo.

Maximo sustenta meu olhar por um momento interminável. Sinto-me arder. Quando volta a falar, sua voz é mais baixa e gutural.

— E quanto às suas visões? — pergunta.

— Vi a pantera de novo. — Minha voz é um sussurro. — Acho que ela espera algo de mim. Também tive a sensação de que me transformei nela, Maximo.

Nosso momento é interrompido por risos estridentes como tiros de metralhadora.

Viro-me.

— Estão vendo? Eu tinha razão. — Jean dá um soco no ar.

— Realmente vi a pantera em você esta noite.

Sorrindo largamente, ele começa a esticar as pernas na água. Felizmente não tem pernas longas, caso contrário seus pés estariam tocando nos nossos.

Sou distraída por mãos passando suavemente por minha cintura. Viro-me e, sem pensar, ponho os braços ao redor do pescoço de Maximo.

— Você está aprendendo muito rápido, Annita — sussurra ele.

Perco-me em seus olhos enormes e redondos enquanto ele me puxa ousadamente em sua direção. Minha capacidade de concentração se divide em fragmentos inúteis. Não consigo pensar em mais nada além de na proximidade de Maximo, em sua pele ardente contra a minha, sua respiração rasa e irregular e seu coração disparado.

Absorta em nosso momento, sobressalto-me quando Jean anuncia com uma voz irritada:

— Vou sair.

— Abra suas pernas — ordena Maximo, no segundo em que ficamos a sós.

Não hesito nem por um momento. Li o remédio e sei o que está por vir.

Finalmente!, penso.

Mas o belo xamã não me toca. Em vez disso, me seduz, mantendo sua mão na água entre minhas pernas. Antes de eu ter tempo de lhe perguntar o que está fazendo, um raio de energia atravessa meu corpo até a cabeça tão fortemente que me faz pular. É como um choque elétrico. E o xamã não está sequer tocando em minha pele.

— Meu Deus! — grito. — O que você está fazendo comigo?

— Perfeito — declara ele. — Você está aberta e conectada, Annita. Sem nenhum bloqueio de energia. Isso significa que está extremamente bem... — Maximo faz uma pausa. — Também significa que você é um canal de energia perfeito. Portanto, está pronta para o próximo estágio.

Olho para esse enigma humano, esse misterioso homem de poder.

— Já estou sentindo sua alta, minha princesa — diz Maximo suavemente, puxando-me de novo para ele.

Tristeza se mistura com desejo formando um coquetel de sabor estranho.

— Há muitas coisas que eu poderia lhe ensinar — sussurra Maximo em meus cabelos.

Quando seus lábios quentes e cheios finalmente se colam nos meus — a princípio suave e curiosamente e depois com mais intensidade e paixão —, torno-me uma grande explosão de emoções. Simples luxúria coexiste com amor e respeito profundo por esse homem mágico. Extrema esperança em face das maravilhas que estou aprendendo se mistura com um mau presságio em relação à volta para Londres.

Nossos beijos expressam tudo isso — a esperança, o desespero, o mestre, a aluna, os amigos íntimos cuja conexão inclui momentos de terrível manipulação, os amantes inseparáveis que poderíamos tão facilmente nos tornar.

E, na origem de tudo, um xamã peruano da selva e sua garota inglesa metropolitana.

29

Algumas semanas depois, estou à minha escrivaninha. Não tomei nenhuma decisão sobre o futuro e o próximo cargo em tempo integral, por isso trabalho como freelancer para manter minhas finanças equilibradas e ocupar minha mente distraída. É o meio da tarde e acabei de desligar o telefone depois de falar com o agente de Jerry Hall. Ele não está satisfeito com uma entrevista que planejamos fazer. Meu editor não está satisfeito com um agente interferindo nos assuntos da revista. E estou presa no meio.

Mais uma vez meus dias se perdem em um turbilhão de prazos da imprensa, entrevistas com celebridades e negociações estressantes. Enfrento tudo isso com celeridade, esquecendo a passagem do tempo com as coisas que encaixo em minhas 24 horas. Sigo deliberadamente esse estilo de vida para não pensar no que me aconteceu nos últimos três meses, e onde isso me deixa.

Meu corpo se encontra em Londres. Mas minha mente e, acima de tudo, meu coração permanecem no Peru. E durante as mínimas pausas nessa rígida rotina meus pensamentos voltam para o Vale Sagrado, o mundo xamânico, Maximo.

E em particular para algo que o xamã dissera.

O banho na jacuzzi que eu havia desejado que durasse para sempre terminara com Maximo me erguendo da água, pondo gentilmente uma toalha em meus ombros e me conduzindo para meu quarto. Meu corpo vibrava de expectativa. Mas em vez de rodopiar comigo em um final emocionante da dança em que me conduzira nos últimos três meses, o xamã me deixou do lado de fora da minha porta.

— As pessoas acham que a música é formada por notas — começou ele. — Mas na verdade são os silêncios, as pausas entre as notas, que criam a melodia.

O quê?, pensei. O desejo obscurecia minha mente e eu não tinha a menor ideia de sobre o que o xamã estava falando.

— Só porque você vai voltar para Londres, Annita — sussurrou ele, pegando meu rosto em suas mãos —, não pense que seu caminho xamânico terminou. Está apenas começando. Você não voltará à sua antiga vida. — Com isso, ele me beijou suavemente, me olhou com ardente intensidade e desapareceu.

Dominada pela fria inércia do desapontamento, observei-o indo embora até os arrepios em meus braços molhados e frios me trazerem de volta à realidade.

Mais uma vez senti raiva de mim mesma. Ele havia me dispensado. De novo. Amaldiçoando o remédio — afinal de contas, qual era a vantagem em ver o futuro? — e minha estupidez de pensar que a visão poderia ter sido sobre Maximo, abri a porta do meu quarto.

Contudo, enquanto me preparava para dormir, pensei no que vira nos olhos de Maximo. Dessa vez o xamã havia sido totalmente transparente. Seus olhos eram um campo de batalha de emoções. Algo o impedira de levar nosso relacionamento adiante. E eu ainda não sabia o que era. Mas ao pensar naqueles olhos, percebi que pelo menos Maximo não estava brincando comigo, como em alguns momentos eu temera.

Não, Maximo também estava enfrentado sua própria luta particular.

Este conhecimento forneceu uma pequena panaceia para minhas emoções fragmentadas, porque eu não era a única que lutava contra o desejo frustrado. Quando fui para a cama e a noite cobriu meu mundo de silêncio, comecei a me debater com a realidade de minha iminente partida. Dominada pela ansiedade sobre como me sentiria sem Maximo e o Peru, refleti sobre seu pronunciamento de que eu não voltaria à minha antiga vida.

É fácil para ele dizer isso, pensei. Mas todos precisam ganhar a vida, e é em Londres que ganho a minha. Também é lá que todos os meus amigos estão. Como posso simplesmente dar as costas para meu lar?

Minha mente ainda estava agitada com esses pensamentos quando meu avião aterrissou em Londres.

No momento em que pisei em solo inglês, senti-me desajustada. Faltavam quase quatro meses para o Natal, mas o clima em Heathrow já era muito festivo.

Pensei saudosamente em Felippe e seu pequeno barco.

Edward não estava me esperando no aeroporto, por isso fui para Marylebone sozinha. Desfazendo minha modesta mala em meu apartamento imaculado, mas de algum modo sem vida, manchei o carpete de cor creme com minhas botas de caminhada enlameadas. Estava deselegantemente agachada com um pano sobre a mancha quando uma chave girou na fechadura e, para minha total surpresa, Edward entrou pela porta da frente com um sobretudo Anderson & Sheppard de corte impecável. Dada a deselegância da minha posição e a natureza rudimentar de meu traje estudantil, me senti extremamente constrangida.

Contudo, Edward não ligou nem um pouco para isso ao vir em minha direção, me erguer do chão e me cobrir de beijos.

Eu estava surpresa demais para corresponder; como sempre, ele não notou.

Quando Edward terminou de me beijar, segurou-me na sua frente e examinou meu rosto, subitamente sério.

— Você não mudou nada — concluiu. — Exceto por elas! — Ele riu, apontando para minhas botas de caminhada.

Senti parte de mim se afastar dele.

— É claro que não mudei — menti bruscamente. Não podia lidar com *aquela* conversa, não agora. — O que você pensou que havia acontecido comigo?

— Eu não sabia ao certo — respondeu ele. Seus olhos estavam frios. O telefonema não resolvido era uma presença física palpável entre nós.

— Você também não mudou nada — brinquei, fingindo desapontamento enquanto olhava para cima e para baixo de suas longas pernas e seu largo peito.

Independentemente de qualquer coisa, Edward tinha uma aparência fantástica — alto e musculoso, com cabelos habilmente penteados com gel, pele creme e olhos azul-celeste brilhantes. Interpretando meu olhar como a luz verde de que precisava, Edward me puxou para ele.

— Bem-vinda ao lar, Anna — murmurou contra meu pescoço enquanto abria o zíper da minha jaqueta. — Você não tem a menor ideia de como senti sua falta.

Senti uma vibração confortadora de reconhecimento em minha barriga. Apeguei-me firmemente a ela e nos beijamos por todo o caminho até o quarto, deixando um rastro de roupas atrás de nós. E então Edward me atirou sobre a cama e se dirigiu rapidamente à porta.

— Não se mexa — ordenou.

Ergui uma sobrancelha.

Ele voltou para o quarto com uma garrafa de Laurent-Perrier Rosé, duas taças e uma ereção enorme.

— Agora, onde estávamos? — perguntou, estourando o champanhe.

Dessa vez, a prosaica abordagem de Edward do sexo foi satisfatória. Forneceu um ótimo e simples alívio para meses de insinuação e tensão sexual. E uma ponte entre o Peru e Londres. Ignorando deliberadamente a confusão e tristeza que foram minhas companheiras constantes desde que Maximo me deixara do lado de fora do meu quarto, joguei-me nisso com o desespero de um viajante perdido que se depara com um oásis no deserto.

Eu não sabia o que mais fazer.

Horas de carícias, lambidas e gemidos depois, saio do banho — a privação durante três meses me transformara em uma verdadeira viciada, e decido que me encharcar de espuma tem de ser meu novo passatempo favorito de todos os tempos — e ponho um vestido de frente única prateado. Calço um par de sapatos de salto alto com pedrarias e me olho no espelho.

Não reconheço o reflexo que olha de volta para mim.

Sem botas de caminhada, calças cargo e capas impermeáveis, sou uma sombra da pessoa que fui nos últimos três meses. O único legado do Peru é meu cabelo comprido — não mais com um corte curto elegante, mas esta noite preso para trás em um coque.

— Quem é você? — sussurro para os olhos escuros.

— O que é isso? — Braços fortes me envolvem.

— Nada — respondo rapidamente, voltando a mergulhar no calor convidativo de Edward, ansiosa pela segurança e estabilidade que ele representa.

Meia hora depois, entrando no clube privado no Soho, começo a me sentir tensa. Tento racionalizar isso.

Estou prestes a ver Lulu e algumas das minhas melhores amigas, digo para mim mesma. Deveria estar animada. Deveria estar me sentindo ótima.

— Anna! Edward! Como vão vocês? Tenho champanhe. — Lulu interrompe minhas distraídas reflexões. Pegando meu braço, leva-me na direção do bar. — Meu Deus, como é bom ver você! — diz entusiasmadamente. — Você não pode mais ficar três meses seguidos fora de Londres. Sinto muito sua falta. Além disso — ela ri —, é impossível deixá-la a par de todas as fofocas por e-mail. Você sabia que Jules ficou noiva daquele idiota do Deutsche Bank de quem nenhuma de nós gosta?

Balanço a cabeça.
— Eu não o conheci.
— Sim, conheceu, querida — diz ela rapidamente. — Ele estava na minha festa de aniversário no último verão. Você se lembra!
Não me lembro.
Lulu me entrega um Bellini.
— Saúde, querida! — Ela esvazia sua taça de uma só vez e se inclina na minha direção. — Quero saber tudo sobre sua viagem! — exclama animadamente. — Edward não pode nos ouvir. Então a primeira coisa é: você teve um caso amoroso?
— Não! — Rio, desviando o olhar.
Sinto seus olhos em meu rosto; espero estar sendo convincente. Penso em Maximo. Pergunto-me o que Lulu teria achado dele. De fato, pergunto-me o que o grupo de Londres teria achado dele. E o que Maximo teria achado deles — o que teria achado de *mim*, aqui, nesta metrópole glamourosa, tendo uma conversa tão superficial.

Percebo que ele não me reconheceria.

Ocorre-me que Maximo não se encaixaria aqui. Ele é grande e poderoso demais. As montanhas e a selva do Peru são os únicos ambientes para sua natureza selvagem. E eis o enigma: embora ele não fosse se encaixar no meu mundo, eu realmente me encaixaria — me encaixo — no dele. Sou uma camaleoa capaz de existir em dois mundos. E por isso é provável que não me encaixe totalmente em nenhum deles. Essa compreensão faz com que eu me sinta terrivelmente só.

— Bem, não é difícil entender o motivo — conclui Lulu me trazendo de volta à chique realidade do bar da Soho House's. — Edward é um dos homens mais adequados que já conheci — continua ela. — É lindo, bem-sucedido, a adora... O melhor de tudo é que é rico e gosta de gastar dinheiro. — Ela dá uma risadinha.

Forço-me a sorrir. Adoro Lulu, mas percebo que não há como ao menos começar a lhe falar sobre o Peru. É um mundo totalmente diferente e no qual ela não estaria nem um pouco interessada. Sinto-me como uma borboleta voando de volta para o casulo. Descobri minhas asas, mas agora devo fechá-las de novo.

Edward, meu oásis, está recebendo admiradores entre um grupo de banqueiros do FLAWHC. Seis garrafas vazias de champanhe estão enfileiradas na mesa perto deles. Tenho uma estranha sensação de *déjà-vu*. Enquanto minha vida mudou inimaginavelmente nos últimos três meses, o mundo que deixei continua exatamente o mesmo. Edward vem até mim, põe seu braço ao redor da minha cintura e me apresenta a uma mulher tímida que não reconheço.

— Miriam, esta é minha namorada, Anna — pronuncia ele. — Anna acabou de voltar do Peru. Ela tirou um período sabático de três meses lá. — Edward se vira para mim. Está com um forte hálito de álcool. Sua expressão é dura. — Não tenho a menor ideia do que andou aprontando — continua friamente —, mas envolveu um xamã.

O humor mudou abruptamente e, por um momento, fico chocada demais para falar.

Surpreendentemente, a mulher misteriosa vem em meu socorro.

— Ah, o Peru! — Ela se anima. — *Amo* esse país. E você passou um tempo com um xamã, Anna. Sorte sua. Quero saber tudo sobre isso.

Imbuída de uma gratidão impossível de descrever com palavras, embarco na primeira conversa sincera que tive desde que deixei Maximo. Depois de alguns minutos, Edward perde o interesse e volta para os banqueiros.

Mas ele toca no assunto de novo no táxi, a caminho de casa. A essa altura está ainda mais bêbado. Acho suas mãos atrapalhadas e suas palavras enroladas repulsivas.

— Então o que você realmente aprontou no Peru? — insiste ele. — Além de beber ayahuasca.

— Como você sabe sobre a ayahuasca? — Fico chocada, meu espanto me fazendo esquecer momentaneamente de minha repulsa.

— Li sobre isso. — Suas palavras são arrastadas e seus olhos não conseguem se focar.

Pergunto-me por que um de nós tem de beber antes de conseguir falar sobre algo importante.

— Eu queria saber o que aquele ridículo xamã faria com você depois de atraí-la para a selva — acrescenta ele.

— Não foi assim, Edward — protesto. Tento falar com ele sobre as plantas, sobre a diferença entre alucinógenos e enteógenos. Mas logo entendo que Edward não está interessado em ouvir. Só está interessado em falar, em estabelecer o que quer.

— Não tenho tempo para essa besteira — declara ele. — As drogas não fazem bem. Ponto final.

Conhecendo sua tendência a se perder em noites hedônicas inspiradas por cocaína, olho-o incredulamente.

Desatento, ele não para de falar. Contradiz-se:

— Não preciso saber sobre o Peru, Anna. Isso não é importante. Só quero minha namorada linda e talentosa de volta. Quero *nossa* vida de volta. — E, com isso, sua cabeça cai para o peito e a conversa termina abruptamente.

Olho para fora da janela, absorta no ronco gutural do táxi — naquele som ambiente que é a quintessência de Londres — enquanto passamos velozmente pelas luzes brilhantes de Fitzrovia. Percebo que o simples esforço para me encaixar de novo em minha antiga vida terá um preço enorme. Quando penso no que meus amigos e meu namorado de longa data esperam de mim sem ao menos perceber, sou invadida por uma onda de exaustão. Meus pensamentos se dirigem para meus dias no Peru — aqueles momentos maravilhosos e inspiradores passados contra o pano de fundo estonteantemente belo dos Andes e da misteriosa majestade da floresta tropical. Penso em Maximo e no mundo âmbar inebriante por trás dos seus olhos.

Droga, suspiro por dentro. Isto vai ser difícil.

Sinto-me estranhamente oprimida como se um cadeado invisível tivesse trancado uma corrente invisível ao redor dos meus ombros.

Mas não há outra opção.

O Peru foi um devaneio, um sonho maravilhoso, digo firmemente para mim mesma. Eu me diverti, mas agora é hora de ser responsável — trabalhar e ganhar a vida. Tento sentir um pouco de entusiasmo. Sou uma jornalista de celebridades, digo para mim mesma. Estou vivendo o sonho em uma das metrópoles mais glamourosas com um homem lindo e bem-sucedido que ainda quer ser meu namorado.

Olho para Edward. Encostado na janela e com a boca semiaberta, ele ronca alto. Isso enfraquece a parte "vivendo um sonho" do meu argumento, mas estou resignada. Quando o táxi para na porta do meu prédio, penso sobre a descrição que Maximo fez da música — a importância dos silêncios.

Ele está errado, decido. Esses tipos de ideias românticas só são relevantes na poesia, não na vida real.

Na vida real, os silêncios são apenas silêncios. Nada mais.

30

Porém, a vida não pode ser controlada apenas pelos seres humanos. E se apegar firmemente a um determinado estilo de vida em uma tentativa de evitar mudanças só aumenta a pressão no *status quo* — fazendo-o finalmente se partir em pedaços tão pequenos que não há como recriá-lo.

Minha vida estava prestes a se tornar uma paródia obscena de Humpty Dumpty.

No final, demorou um ano — um longo ano — para eu ser forçada a aceitar o que já sabia. O oásis que queria tanto encontrar em Londres e em Edward era apenas uma miragem, um truque de luz.

Isso começa com uma crise de gastroenterite. Durante dois dias fico deitada de barriga para cima enquanto minha coleção de sapatos de salto alto se empoeira no armário e meu estoque de chocolate permanece intocado na despensa. Em meu primeiro dia de abstinência, aprendo que a vida perde todo o encanto sem eles — como eu sempre havia pensado. Como ainda sou freelancer, não ganho dinheiro durante meu período de inatividade. Isso aumenta meu estresse em relação ao meu mal-estar e todos os dias tento me vestir antes de ser vencida por febre, náuseas e a total impossibilidade de ir além da porta da frente.

Faz mais de 12 meses que voltei, mas continuo incapaz de me comprometer com um cargo em tempo integral. Não consigo me ver de volta à minha vida de Londres. Trabalho muito e o jornalismo ainda é minha vocação, mas ser freelancer é meu modo de deixar um pequeno espaço para algum dia realizar meu sonho de voltar ao Peru, continuar meus estudos e rever Maximo.

Eu tinha esperança de que a essa altura o xamã fosse uma fraca lembrança, uma recordação enterrada abaixo da absorvente realidade do cotidiano. Em vez disso, ele é meu primeiro pensamento todas as manhãs. E embora o ceticismo alimentado por ser uma jornalista de celebridades tenha começado a diminuir minha admiração pelo mundo xamânico, imagens dos meus três meses no Peru — da pantera, das pedras de Ollantaytambo, da massagem energética — continuam a surgir em minha mente diariamente.

Edward fica fora a negócios durante a maior parte do meu aprisionamento na cama. Sua vinda para casa coincide com meu primeiro dia de volta ao trabalho e, para comemorar, ele me levará para jantar em um novo restaurante de frutos do mar em Mayfair que recebeu estrelas do guia Michelin. O lugar é o assunto da cidade não só porque recebeu ótimas críticas, como também porque o preço de um jantar lá equivale ao produto nacional bruto (PNB) de um país em desenvolvimento.

Edward chega cedo para me pegar — como sempre. Estou atrasada — como sempre. Ele se serve de um copo de uísque enquanto eu dou os toques finais em meu "uniforme", domando meus cachos com alisadores de cabelo — dos dois lados.

— Meu Deus, Anna, você nunca consegue ser pontual? — grita ele.

— Também senti sua falta. — Sorrio enquanto vou ao seu encontro e o beijo na boca.

Sorrindo de volta, Edward agarra minha cintura, puxando-me para ele.

— Aonde você pensa que vai? — diz lentamente. — Está mais gostosa do que qualquer coisa que aquele chefe esnobe possa preparar. Podemos ficar em casa? — brinca ele.

— Não — respondo. — Não como quase nada há 10 dias. Tenho de recuperar o tempo perdido.

Ele me olha indagadoramente. Edward não é uma pessoa com quem se possa contar em momentos de desconforto emocional ou físico, por isso eu não havia me dado ao trabalho de lhe contar que estive mal.

— Tive gastroenterite — explico.
— Durante 10 dias? — insiste ele incredulamente.
— Sim. — Confirmo com a cabeça. — Mas agora estou bem. Continuo a sorrir.

Edward espera até estarmos no meio de nossos primeiros pratos.

Eu acabara de lutar com uma pata de lagosta, saindo vitoriosa com um pedaço de carne do tamanho de um selo postal, quando meu namorado bate com o garfo em seu prato.

— Não posso acreditar que você teve de tirar tanto tempo de folga! — exclama ele, com a boca cheia de linguine. Falar com a boca cheia é um hábito desagradável que Edward parece ter adquirido enquanto eu estava no Peru. Comer de maneira nojenta é um terror secreto meu e estar sentada na frente dele tira todo o ar de romance de nosso jantar à luz de velas.

— Por que não? — respondo, forçando-me a sorrir.
— Anna, eu realmente não *fico* doente. Você também não deveria ficar. Somos muito novos.

Estudo sua expressão. Não sei qual é o rumo dessa conversa.

— Você tem ficado doente com mais frequência do que nunca desde que voltou daquele lugar — anuncia ele prontamente.

Chocada, não respondo até Edward, surpreso com meu silêncio, erguer a cabeça do prato. Suas bochechas estão novamente cheias de comida.

— Não acho que isso seja verdade — respondo. — Caso tenha se esquecido, eu não estava muito bem antes de ir. Esse foi o motivo de ter tirado um período sabático.

Edward sustenta meu olhar, mas permanece em silêncio. Vejo uma veia pulsando em seus maxilares contraídos.

— Terminou? — pergunta uma voz afetada. Um modelo estatuesco de formalismo forçado paira sobre o prato de Edward.

— Não! — resmunga Edward, sem erguer os olhos.

O garçom abaixa a mão e evapora no ar rarefeito com um balançar efeminado de quadris.

— O que garante que essa gastroenterite não foi consequência das drogas? — Seu tom é agressivo.

Agora entendo aonde ele quer chegar.

— Talvez o fato de que metade do escritório faltou por causa dela. — Suspiro. — E também não são drogas. São enteógenos.

— São drogas — declara ele em uma voz plana.

A raiva cresce em meu peito. Detesto ser intimidada. Detesto ainda mais ser intimidada com ignorância e informações erradas.

Ficamos sentados em embaraçoso silêncio. Como sempre, não esclarecemos o assunto. A tensão ferve em fogo brando logo abaixo da superfície de cordialidade às vezes venenosa que define nosso relacionamento. Começo a sentir cólicas. Não consigo comer e pouso meu garfo.

— Fale-me sobre sua viagem, Edward — aventuro-me a dizer em uma tentativa de conciliação.

Para a minha surpresa, ele esquece imediatamente sua raiva e começa uma descrição dos negócios que fechou nos últimos 10 dias, das oportunidades de parcerias que explorou e dos contatos que fez. O excitado monólogo ainda continua meia hora depois. Tento me concentrar, dar-lhe minha total atenção. Mas em vez de entrar e me envolver na conversa, esbarro em uma parede de informações. Isso não é inspirador e começo a divagar. Vejo nós dois juntos nessa dança um tanto peculiar.

E me pergunto por que estamos nos dando ao trabalho de dançá-la.

É estranho que frequentemente decisões que mudam a vida não sejam tomadas em momentos muito dramáticos. Em vez disso, elas tendem a se firmar na consciência nos momentos triviais que compõem a existência diária. Como agora. Edward monopolizou a conversa durante todo o nosso relacionamento. Por algum motivo, esta noite finalmente decido que a comunicação unilateral não é suficiente.

Que ele não é suficiente.

Que ele nunca foi suficiente.

Enquanto ele continua a falar, olho para nosso ambiente luxuoso. O garçom, que agora evita deliberadamente nossa mesa, está entregando uma estola de pele para uma mulher elegante com uma gargantilha de brilhantes que parece ter capturado e prendido uma centena de estrelas em seu delicado pescoço. Observando-os, percebo que isto — esta vida glamourosa e vazia — também nunca será suficiente.

Não depois do Peru. Não depois de Maximo.

A caixa de Pandora não pode ser fechada porque os mistérios nela são irresistíveis demais. Estranhamente, não sinto nem um pouco da ansiedade nervosa que se tornou minha companheira constante desde aquele último banho na jacuzzi com Maximo. Na verdade, sinto alívio.

Não termino com Edward naquela noite, mas ele não fica para dormir. Então, em vez de tentar me distrair com sexo mecânico, decido telefonar para Maximo. Não nos falamos há meses — de fato, desde que deixei o Peru — e nem sei se conseguirei entrar em contato com ele, mas percebo que isso é a única coisa a fazer.

Sempre foi.

— Annita!

Estamos a 9.656 quilômetros de distância um do outro, mas no momento em que ouço sua voz rouca derreto-me por dentro.

— Quero voltar, Maximo — digo animadamente. — Não posso ficar em Londres.

— Quando? — pergunta ele em um tom relaxado.

Sua capitulação me pega totalmente de surpresa. Eu não havia imaginado que isso seria tão fácil. Comecei a fazer uma matemática mental — não meu ponto forte — tentando calcular quanto havia gasto no Peru no último ano. Demorei algum tempo.

— Tenho de trabalhar pelo menos mais seis meses — concluo.

— Perfeito — entusiasma-se Maximo. — Isso significa que chegará aqui em abril, justamente quando as chuvas estarão terminando.

A realidade de que estou me comprometendo a deixar um trabalho remunerado para continuar a estudar com o xamã me atinge duramente. Mas não me faz hesitar. Em vez disso, só me torna consciente da importância de estabelecer regras básicas. Não tenho como justificar outro período sabático. Dessa vez, tenho de ir para o Peru com um objetivo claro.

— Preciso que você me mostre como trabalha nas cerimônias — digo.

— É claro — responde ele. — Sempre me imaginei tendo-a como assistente, minha princesa.

— E agora você também me mostrará como trabalha com as pessoas entre as cerimônias?

— É claro — diz ele. Seu riso é leve e natural, contrastando muito com a seriedade com que a turma de Londres e eu vemos a nós mesmos e à vida.

Pego uma folha de papel e anoto os resultados de meus cálculos mentais.

— Posso ficar por cinco ou seis meses — anuncio.

— Seis meses no máximo — retruca ele imediatamente. Seu tom é brusco. — Se você ficar mais, será uma xamã em tempo integral, enquanto eu sempre a vi como uma ponte. Lembre-se da importância dos silêncios, Annita — acrescenta Maximo antes de desligarmos.

E isso foi tudo.

Desliguei o telefone me sentindo mais animada, mais viva, mais segura de mim mesma do que em qualquer outro momento depois que deixei o Peru. Não sabia o que Maximo quis dizer sobre ser uma ponte, mas não me importava. Percebi o quanto ele era confiável e inabalável, e me ocorreu que, de fato, ele era meu oásis — não Edward, não Londres, não meus amigos e não meu emprego.

Havia implicações financeiras enormes em minha decisão. Decidi alugar meu apartamento. O dinheiro seria bem-vindo, mas eu não me sentia muito tranquila com a ideia de ter uma pessoa estranha em minha casa. Por sorte, uma amiga precisava de um lugar para ficar durante seis meses. Sua agenda determinou a data da minha partida.

Contudo, alugar o apartamento só resolvia o problema da minha hipoteca. Para conseguir dinheiro para ir ao Peru, meu estilo de vida teria de mudar. Radicalmente. Eu cortaria toda a gordura financeira de minha vida começando a ser honesta comigo mesma sobre quais despesas eram realmente necessárias para meu bem-estar e quais eram apenas luxos — confortos materiais dos quais eu poderia prescindir.

No dia seguinte telefonei para minha faxineira e lhe disse que só precisaria dela por mais duas semanas. E então fiz algo que provavelmente nunca havia feito — levei meu almoço de casa para o trabalho. Durante uma semana, ser um modelo de organização que acorda cedo para preparar o almoço foi uma fonte de orgulho para mim. Logo me cansei disso. Dia após dia, ao observar todos os outros saindo às pressas do escritório para comprar um sanduíche do Pret ou uma salada fresca da delicatéssen, senti-me excluída. Esses sentimentos eram exacerbados por algumas de minhas outras diretrizes orçamentárias que significavam cortar drasticamente refeições fora e por completo restaurantes elegantes.

Minha situação não era confortável. Mas eu disse para mim mesma que era necessária. E isso foi suficiente para me manter focada.

O que era totalmente desconfortável e muito, muito mais difícil de classificar como necessário era abandonar meu vício em compras. Sempre achei que o trabalho duro deveria ser recompensado com prazeres. Os meus vinham na forma de comprar regularmente um novo vestido ou sapatos de salto alto e ter sempre à mão um estoque de Green & Black's — geralmente com não menos do que três sabores para humores diferentes e cobrir todas as eventualidades. No que me dizia respeito, optar pelo Peru em vez de pelas compras era uma escolha de Hobson.

Durante algum tempo, enterrei minha cabeça na areia e continuei a me permitir uma saída por mês para me entregar ao meu amor à moda, assim como duas compras por semana de Green & Black's. Embora isso fosse um grande progresso em meu estilo de vida antes do período sabático — quando minha vasta lista de gastos e meu bom salário me permitiam não pensar duas vezes em comprar por impulso —, não era suficiente. Quando refiz minhas contas um mês depois da minha conversa com Maximo, ficou óbvio que eu precisava cortar mais se quisesse atingir minha meta de poupança.

Mas como?

Tomei minha decisão no fim de uma longa noite de reflexão com uma calculadora e uma garrafa de Sauvignon Blanc: eu tinha de cortar gastos com meu guarda-roupa e me limitar a uma barra de chocolate a cada duas semanas. Ao tomar o restante da garrafa, percebi que também tinha de controlar o meu amor aos produtos de Baco.

Essa situação inevitável chegou a um ponto crítico antes de uma das festas na casa de Lulu. A oportunidade de me divertir com minha querida amiga sem culpa financeira era um motivo de animação. Normalmente eu compraria um vestido novo para a ocasião — ou, no mínimo, realçaria um dos meus básicos confiáveis com algo novo. Contudo, ao perambular pela Selfridges, não consegui encontrar nada de que gostasse por menos de 200 libras. Não podia justificar a despesa. Sem perder o ânimo, fui para a H&M e depois a Zara e Mango.

Nada.

Não consegui encontrar uma única peça de que gostasse e que me caísse bem — frequentemente o problema com as roupas baratas. Acabei indo à festa com um vestido de algodão branco e os cabelos presos em uma tentativa de esconder minhas raízes — as luzes agora estavam limitadas a uma vez a cada 10 semanas e eu só as faria no próximo mês. Eu me senti feia e fora de moda e saí antes da meia-noite.

Esse incidente deixou claro qual era a maior renúncia. A força vital de todas as mulheres vem de suas amigas. Comigo não era diferente. Não poder mais sustentar financeiramente a vida social antes tão importante para mim era difícil, mas não impossível. Mas digerir as reações frias e às vezes rudes à minha decisão — Você vai fazer *o quê*? Que diabos há de tão especial no Peru? — era um enorme desafio. Na festa de Lulu, como se tornou cada vez mais comum em situações sociais, acabei falando muito pouco.

Esse estado de coisas não passou despercebido.

— Você está bem, Anna? — quis saber Lulu quando telefonou na manhã seguinte. — As pessoas estão comentando que anda quieta. Normalmente você é a alma da festa.

Eu sabia que Lulu estava sendo gentil — na verdade, agindo como a amiga perfeita. Mas eu não sabia como responder. Nem mesmo ela conseguiu esconder seu total espanto com minha decisão. Tínhamos nos sentado em meu apartamento, saboreando chá e minha primeira tentativa de fazer cupcakes, algo que nós duas concordamos que eu não deveria tentar de novo.

Sua reação imediata à notícia havia sido:

— Por quê? O que há de tão ruim em Londres? E o que há de tão ruim em nós?

Como eu podia culpar Lulu, ou qualquer outra pessoa, por não entender? Ela nunca tivera essa chance. Eu não sabia como explicar minha decisão, muito menos convincentemente. Sentia-me muito protetora em relação ao Peru e ao xamanismo. E, ao mesmo tempo, muito insegura em relação a como falar sobre aquele mundo pelo prisma de conhecimento que definia a turma de Londres e minha família. Sendo alguém que sempre havia achado relativamente fácil se comunicar, a total incapacidade de explicar coisas que eu mesma não entendia direito me causou muito sofrimento e insegurança.

Houve uma exceção importante à reação geral de ceticismo aos meus planos — meu editor. Ele recebeu com genuíno prazer a notícia de que eu queria continuar meus estudos xamânicos com Maximo tendo em vista escrever um livro.

— Bom para você. Essa é uma ótima ideia — respondeu ele.

Sempre tive um profundo respeito por meu chefe, sua indiscutível genialidade como jornalista e sua tendência a entender as pessoas. E apesar dos parâmetros profissionais dentro dos quais operávamos — ou talvez por causa deles —, ele foi a única pessoa com quem consegui me conectar com a humanidade, em uma época de tamanha transformação em que me sentia isolada de todos os demais. Nossa comunicação não foi prolongada ou constante, mas foi uma fonte de conforto e segurança em um momento de minha vida em que eu não tinha nem uma coisa nem outra.

Às vezes lidamos com a alienação que provém de sermos diferentes quase a desejando, aumentando-a como um modo de obter algum tipo de controle sobre o desconforto, algum tipo de ordem no caos. Eu me fechei cada vez mais em mim mesma, partilhando cada vez menos pensamentos e sentimentos com as pessoas que eram importantes para mim.

Então o que me fez persistir?

O que me fez persistir apesar da pressão do grupo dos defensores da ideia "Salve Anna de Si Mesma" — que incluía meu namorado, muitos de meu meio social e minha família entre seus membros de pleno direito?

Apesar da mal disfarçada incredulidade dos colegas de trabalho quando lhes contei que dessa vez ficaria fora por seis meses — "E quanto à sua carreira? Você terá uma quando voltar?"

Apesar do rompimento inevitavelmente odioso com Edward que me deixou sentindo-me mais só do que me sentira em toda a minha vida?

O que me fez persistir foi a confiança transmitida pela inabalável fé de Maximo em mim e em meu destino xamânico, que me fez sentir quase como se eu tivesse uma segunda pele — uma pele muito mais grossa.

Isso, e a promessa de seis meses juntos — meses que eu acreditava firmemente que me veriam voar para os braços do xamã quando o relacionamento pelo qual ambos ansiávamos florescesse enquanto explorávamos juntos as fascinantes artes xamânicas.

PARTE DOIS

O objetivo não é ter poder, mas irradiá-lo.

— Henry Miller

31

Eu a conheci — minha nêmesis, a raiz dos problemas por vir — apenas dois dias após minha chegada.

Eu havia entrado no trem para Machu Picchu e esperava Maximo se juntar a mim. Quando saímos da estação, o avistei sentado perto de outra mulher. Ela era de meia-idade, estava muito acima do peso, mascava chiclete com a boca aberta e, em um pouco recomendável tributo a Amy Winehouse, pusera seus cabelos pretos finos em um monte desordenado no alto da cabeça fazendo-os parecer uma colmeia.

Quem é ela?, perguntei-me.

E o que está fazendo com Maximo?

Minha viagem para o Peru não tivera o mais auspicioso dos começos. Apesar da minha excitação com a perspectiva de vê-lo, Maximo não fora me buscar no aeroporto. Achei isso um pouco estranho. Ele também não estava em Wasi Ayllu. Foi a bela chef quem me levou ao meu quarto. Mais uma vez, eu estava no Fogo. Ao olhar para as paredes com prímulas amarelas, o chão de madeira e a pequena cama de solteiro, perguntei-me que transformação estava por vir.

Também me perguntei onde diabos estava Maximo.

Isso não estava indo de acordo com o plano. Entrei em pânico. Ele estivera em minha cabeça todos os dias durante um ano e meio. Eu havia deixado minha vida em Londres por ele. E, contudo, estava sendo tratada como apenas outro hóspede.

Somente quando eu estava acabando de desfazer minha mala houve uma batida na porta da frente e lá estava ele — lindo e bem-vestido como sempre.

— Annita! — Maximo sorriu, envolvendo-me em um abraço. O abraço não foi longo. — Teremos uma cerimônia esta noite — anunciou ele.

— Esta noite? — perguntei, espantada. Havia esperado um jantar tranquilo e romântico juntos.

— Sim. — O tom dele foi decisivo. — Amanhã iremos para Machu Picchu, onde você e eu beberemos o remédio de novo. Eu a verei no andar de cima daqui a meia hora.

Por um momento, fiquei aturdida demais para pensar.

Ele obviamente está levando a sério meu ensino, percebi com uma mistura de empolgação e apreensão.

Mas e quanto a nós?, quis saber uma pequena voz em minha cabeça.

A cerimônia foi rotineira — exceto por duas coisas.

A primeira foi que minha barriga doeu muito — como se toda a tensão dos últimos meses tivesse decidido se manifestar ao mesmo tempo. Só começou a melhorar quando Maximo me entregou um cristal de âmbar e me disse para usá-lo para limpar meu abdômen.

— Como? — perguntei.

— Use sua intuição, Annita — respondeu ele.

Eu a usei e por algum milagre — que presumi que Maximo atribuiria à sincronização — o cristal realmente aliviou as cólicas.

A segunda foi que tive outra visão da bela pantera-negra. Dessa vez ela estava correndo pela selva em um espírito de brincadeira. Novamente, senti o felino em meu corpo e vi seu mundo através dos meus olhos. E foi quando eu estava examinando meu reino que notei um jaguar mais velho andando tranquilamente à minha frente, guiando-me através da luxuriante vegetação enquanto eu caminhava por ali, explorava o lugar e ocasionalmente me deitava de costas e rolava na terra suja. Subitamente — sem nenhum aviso — o jaguar correu na minha direção, rosnando para mim com dentes arreganhados. Em segundos, eu estava de quatro, me defendendo. O impasse durou algum tempo. Quando o felino mais velho se virou e continuou a me conduzir através da selva, eu o segui mais cautelosamente, consciente de que aquele não era um lugar para flertes ingênuos. Este mundo era perigoso e eu precisava manter minha cabeça no lugar.

Olhei pela janela para os altos e finos bambuzais banhados pelo sol da tarde. Estranhamente, não tivera a oportunidade de contar a Maximo sobre minha visão, por isso estava tentando decifrar seu significado sozinha. Meu devaneio é interrompido por uma risada estridente. Pelo canto dos olhos, vejo a mulher misteriosa pôr uma de suas mãos pequenas e rechonchudas sobre o joelho de Maximo.

Quem *é* ela?, desejo saber.

Só descubro quando chegamos a Aguas Calientes, a cidade abaixo de Machu Picchu. Estou me desviando dos cabides, com camisetas muito coloridas, pendurados baixos em trilhos sob o teto de lona encerada do mercado central, quando ela se aproxima de mim.

— Maureen Chandler, Sedona, Arizona — anuncia rapidamente, mal me dando tempo para me apresentar, antes de prosseguir: — Maximo trouxe o remédio e ele e eu teremos uma cerimônia juntos mais tarde. — Seu tom é arrogante. — Acho que ele poderia deixá-la vir conosco. — Ela dá de ombros. — Mas não tenho certeza.

Sou pega totalmente de surpresa. Sinto-me como se a misteriosa Maureen estivesse me atirando uma pedra, embora não saiba ao certo por que ela decidiu que sou a Inimiga Número Um quando acabamos de nos conhecer.

Por um momento, não sei o que responder. Logo decido que quero descobrir tudo que puder sobre essa Maureen Chandler, de Sedona.

— O que você está fazendo no Peru, Maureen? — pergunto em um tom casual.

— Ah, deixei meu trabalho em Deezee alguns meses atrás — responde ela desinteressadamente.

— Deezee?

— Washington, D.C. — Ela suspira. — Trabalhei como parteira em minha vida passada, mas agora moro em Urubamba.

Vida passada?, penso ceticamente.

— Isso foi corajoso — digo.

Ela dá de ombros.

— Quero me tornar uma xamã.

— E você sentiu que tinha de se mudar para o Peru para fazer isso? — pergunto.

— Ah, sim! — responde ela. — Estou aprendendo com Maximo. Esse homem é simplesmente maravilhoso.

Então somos duas. Agora a inimizade instantânea faz sentido. Estou chocada.

Por que Maximo não me falou sobre ela?, pergunto-me. Dificilmente nós não iríamos nos conhecer.

Ah, meu Deus, penso. A realidade da minha situação me atinge com toda a força.

Fui enganada, percebo horrorizada. Ele é um maldito sedutor profissional.

Estou furiosa — acima de tudo comigo mesma. Como pude ser tão ingênua? E o que vou fazer em relação a isso agora?

Algumas horas depois, o ônibus está quase chegando a Machu Picchu quando Maximo se apressa a ir para a frente, segurando sua mochila de lona contra o peito. Um líquido marrom de cheiro acre vaza de uma enorme mancha no lado. Quando o xamã remove seus pertences, noto que só há uma pequena quantidade de São Pedro na garrafa de Inca Cola.

— Que estranho! — diz ele, dirigindo o olhar para mim.

— Eu verifiquei a tampa no trem, no hotel e quando entramos

no ônibus; em todas as vezes estava firme. — Ele me estuda em silêncio. — Você é a única que beberá, Annita — finalmente anuncia ele, para a minha total surpresa.

Sinto o olhar de Maureen penetrando em minhas costas.

Quinze a zero. Ainda estou tentando lidar com as revelações da manhã, por isso me permito meu momento de triunfo — embora resista à tentação de me virar e sorrir para ela a fim de enfatizá-lo.

Nós passamos pela roleta para o mundo mágico verdejante da Cidade de Cristal. O xamã nos conduz para a caverna onde vi auras pela primeira vez. Abaixo-me e entro primeiro em seus recantos secretos. Maureen me segue. Estendo minha mão para firmá-la. Isso é um erro. Sem conseguir se sustentar, ela joga seu enorme corpo em meus braços e quase caio. A parede irregular de calcário corta a pele das costas da minha mão enquanto tento ampará-la.

— Não se preocupe, Maureen — digo, apertando o doloroso ferimento. Eu não precisava ter me preocupado em tranquilizar sua consciência; ela age como se não tivesse me ouvido.

Maximo põe o remédio no coração e no terceiro olho de Maureen e depois me entrega a xícara. Assim que o remédio faz efeito, sorrio para eles e lhes digo que voltarei logo. Normalmente gosto de estar com Maximo depois de beber o São Pedro. Mas hoje não quero estar com ele. Além disso, sinto-me incomumente confiante com a planta — a perspectiva de ficar só não me preocupa nem um pouco.

— Aonde você vai? — insiste Maximo. Seus lábios estão cerrados, uma evidência visível de sua determinação de recuperar o controle.

Mas preciso de tempo para pensar. Preciso ficar só.

— Vou dar uma volta — respondo simplesmente.

Enquanto perambulo por Machu Picchu, absorvendo os filetes de névoa que se erguem em espiral do vale em minha direção e olho para as montanhas que me mantêm em seu misterioso berço, algo indefinível se instala dentro de mim. Se eu tivesse de lhe dar um nome, diria que era uma sensação de vir para casa, uma sensação de pertencer.

Não cheguei a nenhuma conclusão sobre como lidar com a preocupante situação com Maureen e Maximo, mas meus ombros se abaixam como se o peso invisível que carreguei nos últimos seis meses tivesse simplesmente desaparecido.

Maureen fica dando em cima de Maximo durante o restante de nossa estada em Aguas Calientes. Só tenho uma chance de falar com ele no dia seguinte, quando estamos sentados perto um do outro no trem de volta para Ollantaytambo.

— Não posso acreditar que o remédio vazou, Annita — anuncia o xamã no momento em que saímos da estação. Ele examina meu rosto. Seu olhar é indagador, desprovido de calor e sensualidade.

Sinto-me totalmente confusa, e não respondo.

— Não existem coincidências — continua ele.

Tenho a impressão de que ele está insinuando que de algum modo tive algo a ver com o ocorrido. Embora eu houvesse ficado secretamente feliz por não precisar dividir o remédio com eles, não tenho a menor ideia de como poderia ter produzido um resultado tão impressionante.

— Ah, ele tem um cabelo tão lindo! — diz uma voz soprosa.

Ergo os olhos.

De algum modo, Maureen conseguiu se espremer no banco de trás. Ela está sobre nós, passando seus dedos rechonchudos pelos cachos de Maximo.

— Ele é tão macio, Maximo — diz ela entusiasmadamente.

Olho incredulamente do xamã para a Colmeia e de novo para o xamã antes de decidir que olhar pela janela é a opção menos incriminadora. Ouço a conversa que se segue.

— Quero perguntar uma coisa para você, Maximo. — Ela dá um sorriso afetado.

Eu o sinto dar de ombros enquanto pega minha mão e resisto à tentação de puxá-la.

— Todos os xamãs precisam ter uma EQM? — gagueja Maureen nervosamente.

— Não — responde Maximo.

— Graças a Deus! — grita ela.

Sua risada estridente me faz pular.

— Quero me tornar uma xamã — grita ela —, mas não quero ter uma EQM! Não! De modo algum!

— O que é uma EQM? — sussurro para Maximo.

— Uma experiência de quase morte. — Ela suspira, como se isso fosse a coisa mais óbvia do mundo, e continua a acariciar o cabelo de Maximo possessivamente.

— É esse o nome que você dá para ser atingido por um raio e perseguido por uma pantera? — pergunto em voz alta.

— Eu lhe disse, Annita — observa Maximo com um sorriso — que os xamãs dançam com a morte. A EQM é uma forma de iniciação xamânica porque lhe dá outra percepção da realidade. A maioria das pessoas passa a vida inteira resistindo a mudar porque tem medo de morrer. Mas nós, xamãs, não tememos a morte, porque sabemos que apenas vamos para a luz, o próximo nível. Minhas experiências me ensinaram a confiar no que o Universo reserva para mim porque ele fornece aquilo de que precisamos. — Maximo olha para mim em silêncio. — Quando você segue o caminho certo, Annita, o Universo se curva para apoiá-lo.

Penso em como achei impossível voltar para minha vida em Londres.

— E se você seguir o caminho errado? — pergunto.

— Então o Universo o guiará... — Ele faz uma pausa. — Os seres humanos acham que entendem tudo, Annita, mas realmente entendemos muito pouco o plano do Universo. Neste momento todos estão falando sobre como parar o aquecimento global, mas quando você entende que tudo acontece por um motivo, percebe que não adianta tentar mudar nada.

— Então você acha que não deveríamos tentar enfrentar a mudança climática? — Apesar da minha irritação com a situação entre Maximo, Maureen e eu, estou intrigada. É impossível resistir a engajar o xamã em uma conversa.

— Os seres humanos devem fazer o que lhes cabe fazer — responde Maximo de um modo irreverente. — O que estou dizendo é que há um plano maior. Talvez o planeta precise estar doente neste momento. Nós não sabemos. Mas do que eu tenho certeza, o que o caminho xamânico ensina, é que Pachamama, a Mãe Terra, é muito mais poderosa e resiliente do que jamais poderemos entender. E é estupidez achar que nossa Mãe precisa de ajuda.

Aprecio a oportunidade de ter uma conversa significativa que me faz pensar em vez de ter de me explicar, e explicar minhas escolhas, durante uma conversa com alguém que amo e que sei que me ama. Estou refletindo sobre a perspectiva xamânica quando uma lembrança adormecida surge em minha mente.

— Eu quase morri quando tinha 5 anos! — exclamo.

Imediatamente o xamã se vira para mim.

— Como? — insiste em saber.

— Tive hemorragia duas vezes depois que minhas amígdalas foram extraídas — respondo. — Precisei receber transfusão de sangue.

Ele aperta minha mão com força, olha bem no fundo dos meus olhos e faz um sinal afirmativo com a cabeça para si mesmo. Pela primeira vez desde que cheguei ao Peru, sinto o renascimento daquela intimidade inebriante. Derreto-me por dentro.

Meu devaneio é interrompido por uma voz soprosa.

— Bem, seja como for — diz Maureen do Arizona sorrindo afetadamente. — Fico feliz por não precisar ter uma EQM como parte dessa brincadeira de xamã.

32

Maximo veio ao meu encontro bem cedo na manhã seguinte. Sua atitude havia mudado. Formal e prático, sentou-se no banco onde eu tomava chá e observava os beija-flores.

— Quando eu era um aprendiz — começou Maximo —, visitei o Norte para aprender sobre o São Pedro com um dom, um mestre xamã. Ele me fez descascar cactos durante dois meses, dois meses inteiros, antes de me deixar dar um gole do remédio.

— Que chato! — exclamei.

Maximo se virou para mim. Sua expressão estava séria.

— Aqueles dois meses foram muito importantes, Annita — advertiu-me. — Aprendi muitas coisas.

— Como o quê?

— Como paciência — respondeu ele. — Quando eu ficava zangado e descuidado, os espinhos espetavam minhas mãos. Também aprendi a dominar minhas emoções — prosseguiu. — Muitas vezes desejei desistir e voltar para Cusco porque achei que o que estava fazendo era uma perda de tempo.

— Então por que não fez isso?

— Porque a ovelha negra em mim estava determinada a continuar — respondeu ele. — Todos os xamãs precisam de grande determinação interior e todos os xamãs são ovelhas negras. Desajustados.

Se tudo que isso exige é ser desajustado, estou bem no caminho, pensei.

— O tempo xamânico não é linear, Annita — dizia Maximo. — É cíclico. As coisas demoram o tempo que precisam

demorar e a jornada é mais importante do que o destino...
— Ele fez uma pausa e então anunciou: — Vou para Cusco. — E se levantou.

— Quando vai voltar? — perguntei.

— Daqui a alguns dias — respondeu ele vagamente, evitando meu olhar. Após beijar rapidamente meu rosto, Maximo se virou e foi embora.

Então, depois de não estar aqui para me encontrar, e não me contar sobre Maureen, muito menos nos apresentar, o xamã agora desaparece, pensei irritadamente.

Isso já acontecera antes, portanto eu não podia fingir que estava totalmente surpresa.

Mas dei-me conta de que sempre houve um motivo, ainda que espúrio.

Eu sabia que a chave era a história sobre os cactos. Mas, sinceramente, não sabia como usá-la para abrir a porta da compreensão.

Infelizmente, a parábola indecifrável e o posterior desaparecimento de Maximo foram apenas o começo do que se revelou um dia péssimo.

Eu estava lendo em meu quarto quando ouvi gritos no jardim.

— Vamos! Vamos! Vamos!

A voz era masculina, alta e com um forte sotaque mexicano.

— Vamos! Vamos! Vamos!

Dessa vez a voz foi enfatizada com um ruidoso bater de palmas.

Fui lá para fora, ansiosa para dar uma olhada na pessoa com as cordas vocais fortes. O jardim estava cheio de homens e mulheres usando calças brancas e blusas brancas compridas com faixas amarradas na cintura. Falavam com vozes abafadas e pareciam propensos a dar longos abraços uns nos outros. Em pé no meio deles, usando uma túnica branca e um vistoso Rolex de ouro, estava um homem de meia-idade alto e bem proporcionado, com cabelos pretos curtos besuntados com óleo e penteados para trás, olhos estreitos e um grosso bigode. Ele parecia uma mistura de Messias com astro pornô.

— Randy Sanchez — anunciou o homem em uma voz plana e confiante, vindo até mim e me estendendo sua mão. — Sou um dos 10 maiores xamãs de todos os tempos — acrescentou, sem nenhum traço de ironia.

Tive de morder os lábios para não rir. Vi Randy sufocar uma mulher frágil com um abraço apertado e depois voltar a bater palmas.

O que está acontecendo?, perguntei-me, enquanto observava o grupo subindo a escada em silêncio para a sala de meditação.

Para a minha surpresa, a jovem cozinheira explicou que Randy alugara Wasi Ayllu por uma semana. Na ausência de Maximo, eu havia esperado ficar sozinha no centro. Tinha sido um grande alívio descobrir que Maureen morava em Urubamba — embora sempre que a campainha tocasse, meu coração parasse por um segundo quando eu imaginava que ela seria uma visitante regular.

Mas agora parecia que meu alívio fora prematuro.

Eu não sabia ao certo como me sentia com a perspectiva de dividir meu lar com Randy e seus seguidores.

Quatro horas, um sermão exaustivamente longo, alto e absurdo e uma série de citações bíblicas criativamente empregadas. Depois os fanáticos finalmente desceram a escada. Eles foram para a cozinha, onde eu estava preparando uma xícara de chá — pusera uma caixa de Lapsang Souchong em minha mala para ser usado como panaceia em momentos de estresse — e começando a tirar um monte de quentinhas de três sacolas de plástico.

Randy se aproximou imediatamente.

— Uhhu! — gritou, olhando para a comida. — Onde está a garçonete? — perguntou. — Maria, vá lhe perguntar se ela tem sal e ketchup.

A mulher diminuta que sobrevivera à tentativa de sufocamento de Randy desapareceu sem dizer uma só palavra. O próprio Messias abriu uma das quentinhas e disse apressadamente:

— Deus abençoe e santifique este alimento. — Depois pôs uma enorme fatia de pizza na boca.

Não pude evitar sorrir.

Quando Maria voltou, ele já havia comido meia pizza e estava beliscando as batatas fritas. Por alguns deliciosos segundos, a cozinha ficou em silêncio, enquanto Randy concentrava sua atenção no jantar.

Infelizmente, ele comia rápido.

— Vocês precisam bater na minha porta quando se levantarem amanhã — anunciou ele para a sala. — Poderei estar conversando.

O quê?, pensei, sentando-me e observando o espetáculo na minha frente. Senti-me no camarote real no teatro do absurdo.

— Como hoje — proferiu ele. — Eu não sabia o que ia fazer até acordar. O Senhor e seus anjos não me deixam planejar com antecedência. Eles me dão instruções enquanto estou dormindo.

Reprimindo o riso, olhei ao redor da sala. Fiquei surpresa em ver que o grupo parecia atento a todas as suas palavras.

— Esse é um modo interessante de viver — comentou Maria com sinceridade.

Você não pode estar falando sério, pensei incredulamente.

— Mas seria difícil se você tivesse um emprego das nove às cinco — continuou ela. — Então o que você faria?

— Eu o deixaria — respondeu Randy bruscamente. — Eu vendia carros — prosseguiu.

Caríssimos! Sorri afetadamente.

— Comecei a vender carros para outra pessoa, mas então achei que estava fazendo meu patrão ganhar muito dinheiro enquanto eu só ganhava uma comissão de 30%. Então fui trabalhar por conta própria e realmente me saí muito bem — acrescentou.

O Messias reencarnado não é modesto, concluí.

— Abri mão de uma renda de seis dígitos e três carros para me dedicar à espiritualidade — proclamou ele. — Em meu primeiro ano, ganhei menos de 19 mil dólares.

— Isso se chama *downsizing*! — disse Maria com uma voz afetada.

— Ei! — Randy gesticulou na direção da chef. — Você quer pizza? Vai sobrar um pouco.

— Obrigada, sr. Randy. — Ela sorriu timidamente.

— Quando você começou a curar as pessoas? — perguntou Maria.

A imagem de Jean e sua camisa de lycra surgiu em minha mente.

— Estou reunindo informações há 12 anos — respondeu Randy. — Eu me curei depois de um acidente de carro que me deixou paralisado, curei o câncer de próstata do meu pai e, durante nossa conversa, estou curando você, equilibrando seu campo de energia e sua tireoide. Ela é uma glândula — acrescentou.

A arrogância do homem era insuportável. Eu não podia acreditar que Randon tinha um grupo de seguidores. O que viam nele? Gostaria de saber.

— Eu curei a mim mesma de diabetes — apressou-se a dizer Maria.

— Ótimo! — disse Randy. — Agora encontre uma pessoa e a cure. E depois outra e outra.

— Tenho medo de errar — confessou ela em voz baixa.

— Quem está fazendo isso? — retrucou ele em um tom agressivo. — Você ou Deus? Se deixar Deus agir, não errará; se não deixar, errará.

— Fui testada fisicamente nos últimos meses — murmurou ela.

— Nada é difícil — rugiu ele. — Mas se você achar que é, será. Isso tudo tem a ver com rendição, irmã.

Meu ceticismo e divertimento com o ridículo Messias se transformaram em incredulidade e irritação por ele conseguir escapar impune a essa horrível intimidação.

Randon agora estava entediado com sua conversa com Maria, por isso se juntou a uma discussão entre duas outras mulheres em uma mesa vizinha. Elas estavam debatendo sobre o que levar na viagem a Machu Picchu no dia seguinte.

— A única pessoa que precisa de uma mochila sou eu, para todos os Sagrados — declarou ele.

Que raios são os Sagrados?, perguntei-me.

— Acho que vou levar uma para meus impermeáveis — respondeu uma delas.

— Irmã! — gritou ele vigorosamente. — Eu lhe digo que se você levar uma mochila, desejará atirá-la montanha abaixo no meio da noite!

Eles bateram suas mãos espalmadas, como adolescentes. Pareceram ridículos.

— Preciso dos Sagrados porque, depois da cerimônia, tenho trabalho a fazer — continuou Randon. — Neste momento todas as pessoas nos vilarejos estão dizendo: "Ele voltou." Amanhã elas me trarão seus doentes e farei o que faço. Então, enquanto vocês comerem, eu curarei. Mas não me importo de perder o jantar — acrescentou. — O modo mais rápido de envelhecer é comer.

Tendo observado o zelo com que ele acabara sua pizza, explodi em uma gargalhada. Algumas das mulheres olharam para mim, mas Randy não parou nem mesmo para respirar.

— Eu amo as pessoas aqui — estava dizendo. — Contudo, temos de tirá-las de seu estado de desânimo — concluiu ele, levantando-se.

E então Um dos Dez Maiores Xamãs de Todos os Tempos saiu da cozinha, seguido pelo restante do grupo.

Quem diabos é ele?, desejei saber.

E o que está fazendo em Wasi Ayllu?

A presença de Randy contradizia a afirmação de Maximo de que ele era seletivo em relação às pessoas com quem trabalhava.

Meu xamã não é apenas um tremendo de um Casanova, mas também uma fraude?, perguntei-me arrasada, enquanto ajudava a chef a retirar a montanha de plásticos que o grupo deixara para trás.

Como posso ter me enganado tanto em relação a ele?, perguntei-me.

Apesar do oferecimento de Randy, notei que não sobrara pizza alguma.

33

Cinco dias depois, eu havia me acostumado a ser acordada por uma combinação de palmas e gritos. Mas ainda não com a óbvia ausência de Maximo em minha vida. Percebi que se realmente quisesse descobrir qual era o jogo do xamã, precisava ver Maureen. Esse era o único modo de saber se Maximo a estava usando como um florete, uma peça em seu jogo comigo, ou se de fato existia algo entre eles profissionalmente. Eu esperava que descobrir a verdade sobre o relacionamento deles diminuísse um pouco minha sensação de impotência. Agora Maximo detinha o total controle, preservando determinadamente sua hegemonia como o homem de poder, ainda que à custa de todos os outros.

A primeira coisa que notei em Maureen quando ela abriu a porta da feia casa de adobe onde morava em um quarto alugado foi seu cabelo. Estava sujo e despenteado, o que dava à colmeia a aparência de uma espécie de touca peluda.

Ela parece um cachorrinho carente, pensei. Por um momento me senti solidária com a mulher.

Maureen me fez entrar em uma suja cozinha com chão de pedra, paredes sem pintura, uma mesa sem verniz e uma pia cheia de louça para lavar. Limitando sua hospitalidade a me oferecer um copo de água, ela se sentou.

— Você tem visto Maximo? — perguntou-me, antes de eu ter uma chance de abrir a boca.

Balancei a cabeça.

— Isso é tão frustrante! — continuou Maureen, batendo com a palma da mão na mesa. — Não o vi desde que voltamos de Machu Picchu. Quero me tornar um xamã! — gritou ela agressivamente. — Já disse a Maximo que preciso de uma cerimônia com ele duas vezes por semana.

Droga, pensei, uma Colmeia histérica é tudo de que eu preciso.

— O que ele respondeu? — perguntei sem me abalar, embora secretamente me perguntasse como Maximo lidaria com uma explosão de raiva como essa.

— Não respondeu! — gritou Maureen.

Então Maximo não está envolvido com ela, deduzi.

— Isso é difícil, Maureen — aventurei-me a dizer em um tom conciliatório. — Sei como você se sente. Mas Maximo tem muitos compromissos.

— Quem se importa com os compromissos dele? — guinchou ela. — Você ao menos sabe quando ele vai voltar?

A tensão nervosa de Maureen foi uma revelação. Embora eu seja por natureza mais reservada, me vi refletida no turbilhão emocional dela, e esse não foi um reflexo bonito. Mais uma vez, balancei a cabeça.

Nós nos sentamos em silêncio durante algum tempo.

Decidi que era hora de tentar obter mais informações.

— Quando vocês se conheceram? — perguntei.

— Dois meses atrás — respondeu ela.

Só isso?, pensei. Fiquei surpresa, já que, depois desse encontro, Maureen se mudara para Urubamba.

— Eu estava no Peru em uma convenção de "cura" de duas semanas — continuou ela.

Ah, meu Deus!, pensei. Pessoalmente, não podia imaginar nada pior.

— Senti uma conexão imediata com Maximo — continuou Maureen, seus olhos de cachorrinho brilhando de paixão. — Nunca conheci ninguém como ele — disse. — Ele é muito poderoso. Basta entrar em uma sala para todos o notarem. Isso é surpreendente. — Ela parou de falar e olhou embevecidamente para longe, perdida em alguma lembrança.

Ao observá-la, me vi pensando no lugar que os relacionamentos ocupam na vida. Ocorreu-me que enquanto no Ocidente os relacionamentos eram vistos como o elixir da vida — um ponto de vista sobre o qual eu nunca realmente pensara, muito menos questionara —, no mundo xamânico eles eram claramente secundários à magia. Para xamãs como Maximo, a magia era tudo.

Voltando meus pensamentos para Maureen, decidi que era hora de cravar os dentes em sua jugular.

— Então você decidiu que queria ser aprendiz durante essa viagem, Maureen? — perguntei. — Ou Maximo lhe pediu para ser? — Mantive o tom o mais desinteressado possível.

— Eu lhe pedi — respondeu ela.

Agucei os ouvidos. Alvaro me dissera que nunca ouvira falar que Maximo havia pedido a alguém para estudar com ele, portanto tinha minha resposta.

Então Maximo não quebrara nosso acordo, concluí. Devia estar usando Maureen como uma peça em seu jogo. Senti um arrepio de excitação.

Contudo, a resposta para uma pergunta imediatamente fez surgir outra: por quê? E essa não era tão fácil de responder.

Afirmei meu compromisso voltando para o Peru, raciocinei. Então por que Maximo simplesmente não me ensina?

Maureen interrompeu meus pensamentos:

— Vou a um almoço festivo mais tarde. Meu amigo me perguntou se eu gostaria de levar alguém.

Seu convite quase me fez cair da cadeira.

— Você é a única pessoa que conheço em Urubamba — explicou ela.

Aquele não foi o convite mais entusiasmado que eu já recebera. E não tinha a menor ideia de como seriam os amigos de Maureen. Mas após andar pelo vale sozinha durante quase uma semana, achei que eu não estava em posição de escolher.

E então, hesitantemente, aceitei.

* * *

Como muitos dos habitantes dos vilarejos fora de Urubamba, o anfitrião não tinha um endereço. Maureen me desenhou um mapa — francamente, indecifrável. Após estudá-lo por uma quantidade de tempo incomum, o motorista do táxi passou por um labirinto de estradas de cascalho idênticas antes de me deixar na frente de uma indefinível porta de madeira. Somente quando ele quase havia voltado de ré para a estrada e eu tocara a campainha inutilmente duas vezes, concluí que era a casa errada.

Ah, meu Deus!, pensei, correndo atrás do táxi. Não tenho nenhuma noção de onde estou ou de como voltar para casa.

O motorista recebeu a notícia de seu erro com preguiçoso desinteresse. Depois estudou o mapa, refez sua rota e me deixou na frente de uma porta igual em uma estrada de cascalho idêntica.

Alguns minutos — e duas batidas insistentes — depois a porta se abriu como se por um passe de mágica. Somente quando olhei para baixo vi uma criança pequena pondo seu rosto sorridente para fora da porta. Ela me pegou pela mão e me conduziu por um jardim cheio de ervas daninhas até uma pequena casa. Passamos por uma sala de estar aberta, mobiliada com alguns armários velhos, um sofá e uma mesa de centro desgastada antes de entrar na cozinha. Um homem magro com cachos negros como tinta na altura dos ombros estava em pé ao fogão.

— Você deve ser Annita! — Ele sorriu. — Temos sangria, vinho tinto, Coca-Cola... O que você gostaria? — Ele falou um inglês perfeito com uma voz cadenciada sem um pingo de sotaque peruano.

— Se você quiser rum, não poderá tomar — disse uma voz arrastada com um forte sotaque escocês.

Virei-me.

Um homem alto com fartos cabelos grisalhos, óculos de aro dourado e uma enorme barriga de Buda coberta apenas até a metade por sua suja camiseta estava apoiado no aparador.

— Sou Ken — acrescentou ele, estendendo-me a mão e ao mesmo tempo dando um gole da garrafa que segurava ciumentamente na dobra do braço.

Aceitei um copo de sangria e voltei para a sala de estar. Sentei-me na frente de Maureen e Ken se sentou na cadeira de braços perto de mim.

— Alex é uma garotinha incrível — anunciou ele, enquanto observávamos a menina trotar de volta para o jardim. — Tenho grandes planos para ela. Já tem uma bolsa garantida em King's.

— King's? — perguntei.

— King's College, Cambridge.

— Como ela conseguiu isso? — perguntei, surpresa.

— Eu não trabalhei lá por tantos anos para nada — respondeu ele de um modo enigmático.

Eu o olhei curiosa.

— Fui professor de economia — disse Ken.

Um professor da minha antiga universidade vivendo em Urubamba?, pensei incredulamente.

— Você gostava disso? — perguntei.

— Realmente não — respondeu ele com desprezo. — Deixei Cambridge para me tornar carteiro. Achei as pessoas que conheci nesse emprego muito mais interessantes. Ele era infinitamente melhor do que ensinar a alunos de graduação que só se empenhavam em seus estudos ou sua higiene pessoal no último ano, na semana das entrevistas de emprego para o Morgan Stanley, quando cortavam o cabelo e se davam ao trabalho de usar gravata e tentar dizer coisas inteligentes.

Comecei a rir.

— Por que você está rindo?

— Eu também não gostava muito disso. Tudo em que os alunos estavam interessados era em garantir o melhor emprego administrativo possível e bancar a hipoteca, os parceiros e dois a quatro filhos. E só tínhamos 19 anos. Isso era tão pouco criativo! — Meus pensamentos voaram para a descrição de Maximo de todos os xamás como pessoas desajustadas. Percebi que provavelmente sempre fora uma.

Ken se inclinou para a frente e examinou meu rosto. Seu hálito estava quente e cheirava a rum.

— Alex é a filha da minha esposa — declarou ele. — Minha esposa, Carmen, tem 39 anos, e eu tenho 60 — prosseguiu ele, sem tirar os olhos do meu rosto.

Eu lhe sorri. Achei que de algum modo ele estava me testando para ver se eu tinha uma mente aberta.

— Ela é minha sexta esposa — disse Ken, quase como se tivesse orgulho disso.

— Por que você se casou tantas vezes?

— Porque eu amo as mulheres.

— Não pode amá-las sem se casar com elas? — Dei uma risadinha.

— Eu amo o casamento — disse ele, pigarreando. — Então, o que está fazendo em Urubamba, Annita?

— Estou estudando com um xamã.

— Quantas pessoas de Cambridge você acha que já conheceram um xamã? — A voz dele tinha um quê de sarcasmo.

— Acho que muito poucas — respondi tranquilamente.

— E por que você acha que é assim?

— Diga-me você. — Dei de ombros.

— OK — declarou ele. — É porque o xamanismo só atrai americanos perdidos que têm o conforto econômico para se preocupar com para onde estão indo e por que estão aqui. As pessoas comuns que lutam para sobreviver simplesmente não têm tempo para isso.

— O que certamente explica por que há um crescente mercado turístico para os assuntos xamânicos — concordei, para sua visível surpresa. — Mas não estou interessada em hippies e nos assim chamados "turistas espirituais" — prossegui. — Estou interessada em descobrir se há algo no xamanismo. E se houver, se posso aprender as artes xamânicas.

Esperando um violento ataque de críticas, fiquei surpresa quando Ken começou a assentir devagar com a cabeça para si mesmo.

— Não consigo encontrar uma resposta para isso — refletiu ele. — Tenho um amigo que mora em Chicago. Ele é um incorporador imobiliário, ganha milhões por ano, tem um MBA de Harvard, um doutorado de Chicago... não é um preguiçoso, se é que me entende.

— Sim — concordei.

— Ele se interessa muito pelo xamanismo — continuou Ken.

Então o empresário da área de tecnologia da informação que queria trabalhar com Maximo não era um caso isolado, pensei. Realmente havia pessoas responsáveis e com bons empregos que também se interessavam pelo xamanismo. É possível encontrar um meio-termo. Dada a minha sensação de isolamento e insegurança resultante do desconforto com Maximo, em quem eu — claramente de um modo insensato — depositei tanta esperança, achei extremamente tranquilizadora a referência de Ken ao incorporador imobiliário. Ela praticamente acabou com meu medo de ter cometido um horrível erro ao voltar para o Peru.

— Lembro-me de que há alguns anos me hospedei na casa dele — disse Ken. — Uma manhã ele me acordou cedo porque queria fazer um despacho com seu xamã no estacionamento do lado de fora do apartamento. Eu ainda estava de pijama, mas fomos para lá com sua mesa, você sabe, o pequeno pano com todos os cristais, e nos demos as mãos. Então eles fecharam os olhos e começaram a recitar: "*Inti! Inti!*" Fiquei muito constrangido, é claro. — Ken riu. — Mas o que eu podia fazer?

Nós dois começamos a rir.

— O fundo do estacionamento dava para um bairro de negros violento, e em um determinado momento notei dois homens em uma árvore ao lado, observando nosso aconchegante pequeno círculo. — Ken adotou um forte sotaque americano: — "Ei, Bradley!", disse um dos homens. "Vamos cair fora daqui! Esses brancos são doidos. Estamos no jardim de um hospício."

Rimos até lágrimas rolarem por nossos rostos. Foi um grande alívio encontrar alguém no vale com senso de humor, uma compreensão da ironia e uma visão realista da vida.

— Conte a Maureen — apressei-me a dizer. — Você tem de contar para ela.

Ken repetiu a história.

— Os despachos são cerimônias poderosas — comentou Maureen com desdém.

Eu deveria saber que ironia seria desafiante demais para ela, pensei.

Nossa conversa foi interrompida por música eletrônica. O anfitrião pegou um fino celular prateado no peitoril da janela. O aparelho parecia em desacordo com o ambiente primitivo.

No momento em que o anfitrião desligou o telefone, disse que a festa havia terminado.

— Acabaram de anunciar uma greve nos transportes a partir da meia-noite — explicou ele. — Por isso todas as estradas para Cusco ficarão bloqueadas por 24 horas. Darei uma palestra lá amanhã, e então tenho de partir agora.

Ken revirou os olhos para o céu.

— Esse tipo de absurdo acontece o tempo todo no vale — disse ele. — Sempre há uma greve por alguma coisa em algum lugar.

Dividimos um táxi até Urubamba.

— Você já esteve no bordel local, Annita? — perguntou Ken, apontando para uma casinha de adobe perto do posto de gasolina.

Balancei a cabeça.

— Vale a pena?

— As prostitutas são iguais em todo o planeta — respondeu ele, antes de beijar minha mão com uma mesura.

— Ah, não suporto esse homem — disse Maureen. — Ele é tão rude!

Não me dei ao trabalho de responder.

Ao vê-lo se afastar, concluí que em vez disso o escocês era admirável.

34

Fazia duas semanas que eu não tinha notícias de Maximo. Havia telefonado algumas vezes, mas o telefone dele apenas tocara e tocara. Minha frustração havia se transformado em raiva. Eu tinha viajado 9.656 quilômetros para estudar com ele, mas o xamã simplesmente desaparecera. O que mais me irritava era que, em vez de ser transparente em relação aos motivos de sua ausência, ele havia me enrolado com aquele ridículo enigma sobre os cactos.

Maureen podia se contentar em ficar se lamentando em sua encardida casinha, mas eu não seria derrotada tão facilmente.

Se Maximo não quer me ensinar, decidi, aprenderei sozinha.

Além de ler todos os livros em que consegui pôr as mãos, comecei a me informar sobre a sociedade de Urubamba, procurando todos os xamãs locais que pude encontrar e entrevistando qualquer pessoa disposta a falar comigo. Conheci muitos personagens fascinantes — xamãs que trabalhavam como fazendeiros e atendiam às suas pequenas comunidades quase como clínicos gerais e empresários mais ambiciosos que reservavam suas atenções xamânicas para ocidentais ricos (de quem cobravam preços exorbitantes).

Eu já havia gravado 20 fitas e preenchido quatro cadernos de anotações. Mas nenhum desses xamãs tinha o fascínio de Maximo.

Maximo, descobri, era um caso à parte.

Com uma possível exceção.

Todos que entrevistei mencionaram um xamã local chamado Arcani, supostamente o mais poderoso do vale. Naturalmente, fiquei louca para conhecê-lo.

Se alguém pode desbancar Maximo, é ele, pensei.

Mas embora eu tivesse ligado minhas antenas, ainda não conseguira localizá-lo.

Eu tinha acabado de voltar de uma entrevista com um empresário arrogante de perícia xamânica discutível quando Randy e seus seguidores entraram pela porta da frente em fila única. Recém-chegados da indispensável viagem a Machu Picchu, eles pareciam abatidos, exaustos e desanimados.

— Vocês voltaram um dia antes! — exclamei.

— O hotel era horrível — respondeu Maria. — E fiquei doente desde que chegamos a Aguas Calientes. Não consegui segurar nada no estômago por dois dias — acrescentou, depois de se retirar para seu quarto.

Logo atrás dela veio Randy Sanchez, decididamente mais magro e otimista. A túnica branca se fora. Hoje ele usava uma camisa amarelo-clara para dentro de suas calças pretas e mocassins de couro brilhantes. Seus cabelos estavam ainda mais untados do que de costume.

— Também estive doente — anunciou ele orgulhosamente. — Irmã, fiquei doente durante 16 anos e meio, mas nessa jornada tive febre e diarreia.

Por que está me contando isso?, perguntei-me.

— Não porque ingeri ou comi alguma coisa, entende? — continuou ele.

Comecei a tentar descobrir a diferença entre ingerir e comer.

— Sendo um micro do macro da própria consciência — disse ele —, absorvi algumas energias. Você já ouviu falar na expressão "Deus precisa de um corpo"?

Assenti com a cabeça.

— Ótimo — disse ele. — Este grupo foi escolhido por Deus para realizar uma missão secreta. Em virtude do trabalho que fizemos em Machu Picchu, haverá um fim para os problemas no Iraque e Oriente Médio daqui a um ano.

— Isso seria uma proeza — respondi.
Ele ignorou meu sarcasmo.
— Algumas pessoas estão tendo uns probleminhas com seu corpo físico — declarou ele —, mas é só porque muita energia foi emanada de seus sistemas.
Olhei para ele incredulamente. Não sabia se chorava ou ria de seu jargão ininteligível.
— Porém, isso não é um problema para mim, porque sou um mestre que não ascendeu.
— Um o quê?
— Um mestre que não ascendeu — repetiu ele arrogantemente. — Muitos de nós descemos em forma humana para ajudar a humanidade em seus momentos de grande necessidade.
No que me dizia respeito, a única necessidade era evitar que pessoas como Randy se estabelecessem como figuras de autoridade.
— Você só tem seis anos e meio antes de atingir o centro galáctico — continuou ele.
— Então o que acontecerá?
— Aqueles que não conseguirem viver em amor e paz não terão permissão para permanecer neste plano terreno. Contudo, não temos de convencer todo mundo — acrescentou.
Isso é uma sorte, pensei.
— Só temos de atingir a massa crítica. Foi isso que fizeram com o jeans Levis. Venderam muitos jeans, atingiram a massa crítica e todos compram Levis. Quando atingirmos a massa crítica, a consciência do homem mudará.
Ele realmente falou como um vendedor, pensei. Senti uma onda de ceticismo me varrer. Não podia acreditar que esse verdadeiro idiota estava em Wasi Ayllu. Então a única motivação de Maximo era ganhar dinheiro fácil?, perguntei-me. Ele não estava acima dessas coisas?
Eu estava começando a questionar a integridade — essa qualidade essencial que é a base da confiança — do meu suposto mestre.

* * *

Alguns dias depois, o xamã finalmente entrou.

Eu o havia esperado por tanto tempo que a presença dele em Wasi Ayllu me pegou desprevenida. Não me levantei para cumprimentá-lo. Em vez disso, o observei pelo canto dos olhos vindo rapidamente pelo jardim. Meu xamã — meu guru — havia desaparecido. Os modos apressados de Maximo lhe davam a aparência de um executivo estressado.

— Estou passando por um momento péssimo, Annita — anunciou ele com tristeza quando finalmente se sentou perto de mim.

— Por quê? — perguntei.

— Problemas com impostos — suspirou Maximo.

O quê?, pensei. Reprimi o riso.

— A administração fiscal confiscou os móveis que comprei para os novos quartos que quero construir em Wasi Ayllu — continuou ele.

— Com base no quê?

— Erros na papelada — suspirou Maximo de novo, revirando os olhos para o céu. — A culpa é totalmente deles, mas terei de pagar uma multa. Essas pessoas são tão estúpidas! — gritou ele raivosamente. — Os móveis estão no armazém há três semanas e ainda não tenho permissão para pegá-los.

Esperei que ele continuasse, mas o xamã pareceu ter perdido o gás.

— Sinto muito, Maximo — disse eu, tocando em seu punho.

Continuamos sentados em silêncio. Francamente, fiquei chocada por meu inabalável guru estar tão estressado. Pensei que o xamã fosse um homem de poder, um mestre em manipular realidades. Mas isso era tão prosaico, tão corriqueiro... na verdade, muito surpreendente em alguém que eu pusera em um pedestal.

— Mas, Annita — disse Maximo, parecendo subitamente se lembrar da minha presença —, preciso falar com você sobre uma viagem para Ausangate, uma das montanhas mais sagradas do Peru.

— Com você? — perguntei animadamente.

— Não — respondeu ele. — Com Maureen.

O quê?, pensei. Você deve estar brincando.

— Maureen precisa fazer um *karpay*, uma oferenda, como um despacho, para a montanha. Quero que você vá com ela.

— Por quê?

Claramente, Maximo estava me enrolando de novo, seguindo as linhas do desastrado "quero que você trabalhe com Jean".

Subitamente andar pelo vale entrevistando xamãs pareceu o paraíso.

— Porque quero que você veja o lago Jaguar — respondeu ele.

Meu interesse foi despertado à menção do felino predador. Senti minha resistência diminuir um pouco. Mas, quando tentei sondá-lo sobre a possível conexão entre o lago e minha pantera, não consegui arrancar nada dele.

— Você se lembra de que certa vez eu lhe disse que só agora entendo muitas das coisas que meu mentor, Pedro, me ensinou? — disse ele tranquilamente.

Lá vamos nós. Suspirei de irritação. Mais evasivas e insinuações indecifráveis.

— Você é natural, Annita — dizia Maximo. — Trabalha duro e aprende rápido as lições. A maioria das pessoas que vêm estudar comigo demora anos para chegar ao nível que você atingiu em apenas algumas semanas.

Meus ouvidos se aguçaram. Eu sabia por que Maureen pensava que estava em Urubamba, mas esta era a minha oportunidade de descobrir quais eram as intenções de Maximo.

— Então muitas pessoas estudam com você? — perguntei o mais casualmente possível.

Maximo deu de ombros.

— Bem, você já se recusou a ensinar a alguém? — insisti.

— Eu já lhe disse, Annita, o Universo fornece aquilo de que precisamos — retorquiu ele. — As pessoas que vêm aprender comigo também são meus mestres. E se não for para elas trilharem o caminho xamânico, o Universo garantirá que irão embora quando nós dois tivermos aprendido o que devíamos aprender um com o outro.

Achei essa resposta totalmente ridícula. A crença de Maximo em que ele podia me fazer cair nessa conversa ingênua sobre o Universo e a falta de linha divisória entre mestre e aluno me fez chegar ao meu limite de tolerância.

Basta, decidi. É hora de deixar claro as falhas dele.

— Eu aprendo mais observando você trabalhar, Maximo — comecei. — Mas faz algum tempo que não nos vemos, não é?

Nós nos olhamos fixamente. Foi a primeira vez que Maximo olhou direto para mim desde que se sentara.

Droga, você é bonito, pensei enquanto estudava suas maçãs do rosto bem definidas emolduradas por cabelos pretos grossos. Esforcei-me para voltar meus pensamentos para a conversa.

— Se vou aprender, é importante que o veja trabalhando — insisti com determinação. — Foi isso que nós combinamos.

— Tenho dois grupos que chegarão daqui a algumas semanas. — Ele sorriu para mim. — Teremos muito trabalho a fazer com eles.

No tempo peruano, algumas semanas podiam significar alguns meses, mas o fato de haver uma espécie de plano diminuiu um pouco a minha frustração.

— Enquanto você esteve fora — continuei —, li todos os livros sobre xamanismo em que consegui pôr as mãos. Gostaria de ver você purificar alguém com um ovo...

— Eu lhe mostrarei isso na próxima semana — interpôs Maximo. Para a minha surpresa, ele tirou um diário do bolso da camisa e fez uma anotação.

— Também entrevistei o máximo de xamãs que pude — acrescentei.

— Que xamãs? — retorquiu ele em um tom agressivo, erguendo os olhos. — Como você os conheceu?

Comecei a lhe contar sobre minhas explorações em Urubamba. Maximo olhou para mim em silêncio. Parecia irritado.

Então, afinal de contas, eu tenho o poder de deixá-lo com ciúmes, concluí.

— Mas isso foi muito difícil — continuei. — Os xamãs não gostam de dar respostas diretas para as perguntas, não é, Maximo? — Agora eu estava com a corda toda. — Eles são um pouco como cobras quando você tenta fazer com que se definam, não são?

— Sempre — respondeu Maximo, sem hesitação. — Os xamãs são sempre como cobras. — Ele fez uma pausa. — Muitos xamãs tentam se transformar em sacerdotes, Annita — anunciou ele. — Mas é importante que você entenda que eles não são. Eu não sou um sacerdote — acrescentou. — Tenho dentro de mim escuridão e luz. Todos os xamãs têm. Não se esqueça disso.

O pronunciamento de Maximo envolveu uma perturbadora insinuação. Mas quando ele me beijou casualmente no rosto, decidi tirar isso da minha cabeça. Eu havia tomado minha decisão de estudar com ele durante seis meses e de modo algum iria desistir. Só queria que meu aprendizado funcionasse e isso se sobrepunha a tudo, inclusive às minhas reservas em relação ao meu xamã e aos meus temores sobre ele estar usando Maureen para me manipular.

E o mais importante era que bastava eu olhar para ele perder todo o desejo de conflito.

A despeito de mim mesma, no momento em que eu o via, me derretia por dentro.

35

Apesar das minhas consideráveis reservas em relação a realizar uma jornada com a Colmeia, Maximo injetara ânimo suficiente na proposta mencionando o lago Jaguar. Eu ainda não havia decifrado o significado da minha visão do jaguar mais velho e da jovem pantera, semanas atrás, durante a primeira cerimônia da viagem. Achava que a visita ao lago poderia fornecer algumas respostas, e esta possibilidade me convenceu a engolir meu orgulho e ir.

Alguns dias depois, eu estava voltando apressadamente de Urubamba para Wasi Ayllu, carregada de suprimentos para a partida no dia seguinte, quando uma moto quase me atirou para fora da estrada.

— Annita! Anitta! — gritou uma voz com um sotaque escocês.

Virei-me e vi Ken gesticulando ansiosamente para mim.

— Quero que venha para o almoço — disse Ken.

— Quando?

— Hoje — respondeu ele, como se isso fosse óbvio.

— A que horas?

— Na hora do almoço — suspirou ele no mesmo tom.

Eu não tinha nenhuma entrevista marcada para aquele dia e a perspectiva de uma interrupção em minha segunda tentativa de ler um grosso livro dedicado totalmente à exploração dos componentes químicos da ayahuasca era mais do que bem-vinda.

Aceitei imediatamente.

Algumas horas depois, o sorridente escocês apareceu no portão da frente de sua propriedade, com um copo de uísque em uma das mãos. Ao seus pés havia seis cães latindo.

— Ahhh, a xamã! — exclamou ele. — Como está indo o aprendizado, Annita?

Era a primeira vez em um mês que alguém me perguntava sobre meu bem-estar. E provavelmente apenas esse fato explica por que, em vez de responder com um formal "Bem", decidi ser franca.

— Está parado — suspirei. Para a minha frustração, não havia ouvido nem um pio de Maximo desde nosso breve encontro em Wasi Ayllu, e a realidade da viagem com Maureen a cada segundo se tornava mais preocupante.

A expressão de Ken era um ponto de interrogação.

— Passei menos de 48 horas com Maximo no último mês — expliquei.

— O que está acontecendo? — perguntou ele. — Achei que ele ia lhe ensinar.

— Ele ia — respondi raivosamente. — Mas parece que ele teve problemas com impostos.

Ken explodiu em riso.

— Ele o quê?

O riso foi contagioso.

— Ele teve problemas com impostos — disse eu, rindo.

— Quem diria. — Ken riu. — De qualquer maneira, toda essa coisa de xamanismo é bobagem, Annita. Por isso ele vai se esquivar, para esconder esse fato.

Eu não sabia mais o que pensar sobre o xamanismo.

Então eu o segui em silêncio por um caminho margeado de cerejeiras em rosada floração. Seu perfume adocicado me fez lembrar de casa, e parei por um momento. Quando ergui os olhos, Ken me esperava pacientemente à sua porta da frente. Seu sorriso era estranhamente confortador e senti que estava começando a relaxar.

Entrar pela porta da frente de Ken era como entrar em uma versão peruana da Capela Sistina. Cada parede que não sustentava uma prateleira de livros era adornada por pinturas a óleo do século XVI — Virgens, Cristos e santos competindo uns com os outros por atenção. Meu olhar foi irresistivelmente atraído para uma Virgem com um vestido branco ornado ao estilo elisabetano, o rosto redondo de querubim, pele de pêssego e longos cabelos loiros presos em duas tranças.

— Ela também é minha favorita! — Ken me entregou um enorme copo de vinho e me conduziu para a sala de estar. — A ironia é que não consigo pôr nenhuma delas no seguro, é claro — acrescentou ele desdenhosamente.

— Por que não?

— Essa coleção é valiosa demais. Nenhum banco correrá o risco. Mas eu possuía dinheiro dos meus dias no Banco Mundial para investir, e sempre tive uma queda por coisas belas.

— Seus dias no Banco Mundial?

— Eu era diretor do Banco Mundial em Lima, querida — respondeu ele.

Esse homem é surpreendente, pensei.

Nós nos sentamos de frente um para o outro em dois sofás de veludo creme. Era o lugar mais confortável em que eu havia me sentado desde minha chegada ao Peru, e adorei a experiência. Vi sobre a mesa de centro uma velha foto em preto e branco de dois homens. Um deles parecia claramente Winston Churchill.

— É quem eu estou pensando? — perguntei, atônita.

Ken assentiu casualmente com a cabeça.

— Essa foto foi tirada logo depois da guerra. Meu pai era um aristocrata escocês e convidou Winston para ver nosso time de futebol. Eu fui o mascote do time quando era criança, e ele era meu padrinho.

— Winston Churchill? — perguntei boquiaberta.

— É claro, Winston Churchill.

— Como ele era?

— Não faço a mínima ideia — respondeu Ken distraidamente. — Ele morreu quando eu ainda era pequeno. — Ele retomou nossa conversa anterior com uma voz prosaica: — Ser pouco confiável é parte do estilo peruano, Annita. Por isso é quase impossível fazer alguma coisa no vale.

Suspirei. Profundamente.

— Eu tinha uma fazenda aqui — começou ele. — O rio Vilcanota passava pela propriedade, por isso planejava dedicar meu tempo de aposentadoria a pescar com iscas artificiais. Sabe quantos peixes pesquei no primeiro dia em que entrei no rio?

Balancei a cabeça.

— Nenhum! — gritou ele com irritação. — O rio está morto.

— Por quê?

— Porque os locais não entendem de conservação e por isso o rio é um depósito de lixo do vale.

Pensei com horror em quantas pessoas vira tomando banho e lavando roupa no Vilcanota.

— Eu quis fazer algo a esse respeito — disse Ken. — Então organizei um almoço para uma seleção de dignitários de Cusco. Sabe o que aconteceu?

Mais uma vez, balancei a cabeça.

— Ninguém quis levantar a bandeira da conservação porque, embora todos concordassem que algo precisava ser feito, não queriam se aliar a membros da oposição política.

— Que frustrante! — exclamei.

— E ainda tem mais. Reduzi minhas expectativas e decidi criar uma organização com o prefeito e outras personalidades em Urubamba. Chamava-se Fórum do Vale Sagrado para a Preservação do Rio Vilcanota.

— Um nome impressionante! — Ri.

— É mesmo. — Ken sorriu. — Algumas semanas depois de nossa primeira reunião, encontrei-me por acaso na cidade com um dos membros da organização, que me disse que eles estavam tendo problemas. Segundo o boato local, um dos cabeças e eu havíamos gasto os 30 mil dólares que arrecadamos para o rio em férias no Caribe com duas garotas de 18 anos. Aparentemente, tínhamos até mesmo as presenteado com casacos de pele de bisão. — Ken começou a rir de novo. — Pense na lógica, Annita. Casacos de pele para comemorar uma viagem aos trópicos?

— O que você fez?

— O que podia fazer? É assim que as coisas são no Peru. Estou lhe contando isso para você não se sentir frustrada com os jogos de Maximo.

— Mas e quanto ao rio? Pode ser salvo? Há alguma esperança?

— Um homem sem esperança é um homem morto — respondeu Ken eloquentemente. — Agora me deixe ver como minha cozinheira inútil está preparando o almoço — declarou ele, indo a passos largos para a cozinha.

Na ausência de Ken, examinei a biblioteca dele. Era variada — grandes livros de economia agrária marroquina junto a livros sobre tantra e pesca com iscas artificiais. Fui na direção de um livro fino sobre pesca de salmão. Tive a mesma sensação de conforto — de retorno ao lar, suponho. Meu irmão é um ótimo pescador e passamos nossa infância na beira do rio.

— Você prefere pescar truta ou salmão? — perguntei, enquanto Ken enchia novamente meu copo.

— Essa é uma boa pergunta — respondeu ele. — Truta — disse finalmente. — Pescar truta é um estilo de vida. — Então, quando voltamos a nos sentar, ele perguntou: — Se você não está passando seu tempo com Maximo, Annita, o que está fazendo?

Comecei a lhe falar brevemente sobre minha pesquisa. Até agora eu havia entrevistado pelo menos 30 xamãs. E sabendo que Ken era a única pessoa em Urubamba que apreciaria a aventura, comecei a lhe falar sobre Randy Sanchez.

O escocês começou a rir alto; seu bom humor era contagioso. Quando nós nos fartamos de falar sobre o pretenso Messias mexicano, Ken me contou uma história:

— Um xamã que conheci queria abrir um centro de cura no vale e, em certo momento, discutimos a possibilidade de construí-lo na fazenda. Alberto é peruano, mas hoje em dia mora em Palm Beach. De qualquer maneira, isso é melhor para os negócios! — gracejou Ken. — Ele me procurou para discutirmos o assunto logo depois de ter levado um grupo de americanos em uma peregrinação espiritual para o Nepal. Aparentemente, na última noite, cinco das mulheres foram ao seu quarto para ter sexo com ele.

Ergui as sobrancelhas. Então todos esses xamãs são iguais, pensei incredulamente.

— Eu disse a Alberto que não estava interessado em abrir um motel e desisti do negócio na hora — continuou Ken. — O que me incomodou não foi o que havia acontecido ou a falta de profissionalismo implícita — acrescentou.

— Então o que foi?

— O fato de ele ter me contado — respondeu Ken. — Isso foi grosseiro.

Algumas horas — e muitos risos histéricos — depois, voltei a pé para Wasi Ayllu por uma estrada sem postes de luz, mas perfeitamente iluminada por um céu cheio de estrelas.

Minha situação não era auspiciosa — Maximo havia desaparecido de novo, a maioria dos xamãs que conhecera era estúpida em comparação com meu antigo mestre, e amanhã eu partiria em uma jornada de quatro dias com Maureen.

Contudo, por sorte eu encontrara Ken — um homem inteligente, espirituoso, com uma personalidade exuberante que me divertia, que dava conselhos sensatos e nunca pronunciara a palavra "curandeiro".

Eu havia encontrado um pedacinho do lar em Urubamba.

E essa era uma sensação maravilhosa.

36

A noite seguinte me viu tremendo em uma barraca fedorenta aos pés de Ausangate, seis metros acima do nível do mar, tentando ficar confortável na terra gelada abaixo de mim enquanto minha barriga se rebelava contra a altitude doendo terrivelmente.

Eu não estava de bom humor.

Nós havíamos passado o dia inteiro na parte de trás de uma caminhonete cor de laranja — o único veículo que vi no Peru que ostentava um ousado tom tangerina tango. A caminhonete havia quebrado no mínimo três vezes em uma estrada de terra estreita, de mão dupla, que serpenteava por montanhas ocres áridas. E por pouco evitamos um encontro com a morte, quando dois caminhões em alta velocidade carregando contêineres com os dizeres "Perigo: Material Explosivo" — nos quais homens, mulheres e crianças sorridentes obviamente pegavam carona — quase bateram em nós. Nesse momento, Maureen pôs a mão entre seus seios grandes e começou a se queixar de dores no peito.

Essa tendência dramática não havia melhorado durante o almoço. Depois de reclamar durante toda a nossa parca refeição de dois ovos fritos em uma cafeteria suja na pequena cidade de Ocongate, Maureen gritou quando foi ao banheiro feminino, um sujo buraco no chão e sem papel higiênico (esperado), pia (idem) e roupas para secar suspensas em uma corda acima (inesperado).

Essa difícil jornada chegou a um fim abrupto no meio de um campo árido quando a estrada lamacenta que seguíamos simplesmente terminou. Depois de seis horas na caminhonete, eu mal podia esperar para esticar minhas pernas com câimbras. O lugar era totalmente diferente da região ensolarada do vale. O céu era cinza, o ar gelado e a paisagem estéril. Era um lugar de afloramentos rochosos salpicado de tojos e cactos isolados. O majestoso pico nevado de Ausangate se erguia acima das nuvens que pairavam sobre nós, fazendo eu me sentir pequena, insignificante e cheia de uma estranha reverência por um poder natural tão tangível e inspirador de respeito.

Chino, nosso guia baixo, atarracado e amável, logo anunciou que precisávamos começar a caminhar.

— Estamos a três horas da lagoa Azul, onde acamparemos nos próximos três dias, e temos de chegar lá antes do anoitecer — explicou ele.

Não havia nenhum caminho — e obviamente nenhum ponto de referência —, mas ele seguiu em frente com confiança.

A subida era íngreme e a altitude dificultava a respiração. O esforço quase venceu Maureen, que estava ofegante e com o rosto vermelho minutos depois de sair da caminhonete. Ela tornou nosso progresso ainda mais lento insistindo em reunir em seus braços uma grande coleção de pedras.

— Para que é isso? — perguntei-lhe, quando Maureen finalmente nos alcançou.

— Para a minha mesa. — Ela suspirou. — Todo *bom* xamã tem uma — acrescentou com autoridade.

Maureen começou a nos mostrar sua coleção.

— Esta é de outro planeta! — exclamou excitadamente, estendendo o que parecia ser uma pedra cinza muito comum.

— Como você sabe?

— Ela lhe parece uma pedra deste planeta? — retorquiu Maureen agressivamente.

Se você diz que não é, pensei com irritação.

Duvidei que fôssemos chegar à lagoa Azul — muito menos antes do anoitecer —, e minha dúvida aumentou quando começou a chover.

* * *

Contudo, por algum milagre, Chino e eu chegamos à lagoa. Repousando silenciosamente aos pés de Ausangate, parecia que a montanha nascera de suas profundezas azuis brilhantes. Além dos galeirões deslizando na superfície da água e de alguns lhamas pastando silenciosamente por perto, estávamos totalmente sós. O silêncio me envolveu e, esquecendo-me por um momento da perigosa jornada e de minha irritante companheira de viagem, senti a paz descer sobre mim.

O carregador chegou a seguir e comecei a ajudá-lo a armar as barracas. Tínhamos acabado de montar o grande toldo comum quando o céu desabou de novo. Sorrindo um para o outro, corremos para dentro. Pedras de granizo do tamanho de bolas de gude bateram na frágil lona e a temperatura caiu drasticamente, de modo que minutos depois minha respiração formava uma grossa névoa branca no ar.

Eu estava me aquecendo perto do fogão onde Chino preparava sopa para o jantar quando Maureen correu para baixo do toldo e foi direto para a fonte de calor. Em sua pressa, tropeçou na cesta de pães e os espalhou por toda a parte. Ela olhou para a sujeira sem se mexer. Tampouco se deu ao trabalho de fechar o zíper da barraca. Em segundos o chão estava coberto de granizo, que transformou o plástico em uma poça escorregadia.

— Não se preocupe — disse Chino amavelmente, recolhendo os pães enquanto eu ia enxugar a água.

Maureen não estava nem um pouco preocupada com o tumulto que criara, e não respondeu. Em vez disso, sentou-se na frente do fogão e pegou a primeira tigela das mãos de Chino no momento em que a sopa ficou pronta, tomando-a sofregamente e se servindo de mais antes de todos os outros terminarem suas primeiras tigelas.

Essas lembranças desagradáveis continuavam em minha cabeça enquanto eu tentava ficar confortável em minha barraca, até que Morfeu as afastou me envolvendo em um sono sem sonhos.

* * *

Fui acordada às primeiras horas da manhã por pequenos dardos espetando minhas pernas. Sentei-me rapidamente, bati com a cabeça na barraca, praguejei e afastei meu saco de dormir. Milhares de luzes brancas que pareciam pequenos fios de espaguete corriam em minhas panturrilhas. Esfreguei minhas pernas e as luzes saltaram para o ar como faíscas de eletricidade. Eu nunca havia "visto" formigamentos antes.

Pensei na massagem energética e no trabalho com os cristais. E ouvi em minha cabeça um dos pronunciamentos de Maximo: veja com seu coração e sinta com sua mente.

Havia mais de um mês que eu não trabalhava com o xamã e mais de um ano que não aprendia realmente nada. Apesar disso, senti que algo bem dentro de mim — uma sabedoria antiga — estava despertando.

Quando abri o zíper da minha barraca, algumas horas depois, a neve caiu sobre meu saco de dormir. Apesar da temperatura congelante, o céu estava sem nuvens e o sol brilhava. Ondas de névoa se erguiam da superfície da lagoa para acariciar o pico de Ausangate. Estava totalmente silencioso, minha barriga não doía mais e senti aquela mesma tranquilidade me envolver.

Meu estado de espírito foi abalado por Maureen. Supostamente ela não havia dormido bem — um fato de algum modo contradito pela cacofonia de roncos emanando de sua barraca durante a noite. Ela suspirou ao ir tomar seu café da manhã e recebeu com irritação o aviso de Chino de que era hora de ir.

— Ir para onde? — gemeu. — E de qualquer maneira quem é aquele homem? — acrescentou, apontando rudemente com a cabeça na direção do homem baixo que esperava em silêncio do lado de fora. Com a pele cor de mogno e um rosto largo e achatado permanentemente contorcido em um sorriso sem dentes, achei que o estranho parecia simpático.

— Ele é o xamã que fará o *karpay* para você depois — explicou Chino.

— Rá-rá! — gritou ela, subitamente mostrando interesse e praticamente me empurrando para fora do caminho em sua ânsia de chegar à porta para o toldo primeiro.

O xamã já estava indo na direção do sopé da montanha. Nós corremos para alcançá-lo. Ele andou rapidamente pelo cenário monótono e de repente parou no meio de um platô relvado.

— O lago Jaguar — sussurrou Chino.

Maureen logo deixou escapar um grito e caiu de joelhos.

— O lago Jaguar — repetiu ela em um tom servil.

Revirando os olhos para o céu e me perguntando se Maximo dissera a nós duas que precisávamos ver o lago, andei em sua direção. O lago era tão escondido que, se eu não soubesse que estava ali, teria caído nele. A água era funda. Espirais de algas verdes fluorescentes estavam imóveis em suas profundezas azul-real criando uma aura de quietude e misteriosa atemporalidade.

O xamã entregou quatro folhas de coca para cada um de nós.

— Afirmem suas intenções para a viagem e as atirem na água — instruiu-nos.

Pensei em meu ceticismo durante aquele primeiro despacho feito por Dom José, quando limitara minhas intenções a ter boas férias no Peru. Ao caminhar para a beira do lago segurando as folhas, não senti essas reservas. De fato, estava certa de que canalizando meu desejo desse modo ritualizado eu tinha o poder de afetar a realidade. Virando-me de frente para o Ausangate, sussurrei minha intenção de progredir no aprendizado, antes de atirar as folhas na água. Eu as observei deslizando na superfície prateada.

Subitamente tornei-me consciente do poder e da agilidade da pantera em meus ombros e minhas costas. Foi a primeira vez que tive consciência da presença dela em meu corpo fora do ritual de uma cerimônia. Isso me fez pensar.

Então a pantera também tem funções fora do contexto cerimonial? Se tem, quais são elas?

No momento em que Maureen terminou, o xamã recomeçou a andar.

— Para onde estamos indo? — perguntei a Chino.

— Encontrar o jaguar fêmea — respondeu ele simplesmente.

— Então quem era aquele?

— O macho.

Fiquei intrigada. Maximo falara várias vezes sobre os princípios da dualidade e complementaridade — tão perfeitamente resumidos nos arquétipos masculino e feminino. Mais uma vez, dei-me conta da simples coerência das tradições xamânicas.

Como um lago masculino podia não ter um feminino? Sorri para mim mesma.

O lago feminino era menor e mais raso, com a água em um tom mais para o turquesa, mas igualmente clara. No fundo de areia estava o esqueleto perfeitamente preservado de um desafortunado animal que, em uma irônica semelhança da morte com o nascimento, em seus últimos momentos se curvara sobre si mesmo como um feto.

Dessa vez o xamã nos entregou três folhas, instruindo-nos a repetir o mesmo ritual.

Maureen e eu notamos simultaneamente a única saliência coberta de musgo perto do lago. Maureen correu para ela, e quando a segui, anunciou:

— Não há espaço para mais ninguém.

Suspirando, fui para a margem oposta. Tinha acabado de fechar os olhos, com as folhas na mão, quando ouvi um grito. Abri um dos olhos. Maureen havia escorregado no musgo e estava tentando se levantar.

— Ah, meu Deus! — gritou ela em um tom lastimoso, pondo a mão sobre o coração. — Quase caí no lago! Chino! Chino!

Chino ergueu os olhos, mas ficou onde estava; achei que ele foi muito sensato. Eu a observei se levantando e se aproximando de onde eu estava.

Depois de jogar as folhas na água, Maureen começou a abrir um volumoso saco de pano que presumi ser a mesa. Eu a vi arrumar sua vasta coleção de cristais sobre a grama, mergulhar cada um deles individualmente na água e depois começar o processo de guardá-los de novo.

Aquilo demorou uma eternidade.

Enquanto eu esperava, absorvi a atmosfera — aquela mesma quietude, com um quê sedutor de poder natural.

Essa é a essência do jaguar?, perguntei-me. Paciência e poder?

Eu nunca havia pensado em um felino desse modo. Enquanto continuava a refletir sobre a natureza desses enormes predadores, ocorreu-me que Maximo estava certo quando me disse que eu aprenderia algo durante essa viagem a Ausangate. Meu mestre estava a quilômetros de distância e nós não havíamos trabalhado juntos desde minha chegada ao Peru, mas, apesar disso, minha compreensão do mundo xamânico estava se aprofundando.

Isso desafiava minha ideia de instrução, na qual o mestre transmite oralmente conhecimentos e informações de uma maneira lógica. Mas por mais que isso parecesse impossível, era a verdade. Apesar da tentação de rotular todos os comportamentos de Maximo como jogos absolutamente irritantes, a situação de fato era mais complexa. Era verdade que ele era um jogador determinado a manter sua posição de poder. Mas ao que parecia também estava se mantendo fiel à sua promessa de me ensinar.

Seu rosto surgiu em minha mente.

Maximo era um belo enigma.

De volta à lagoa, o xamã buscou muitos pequenos pacotes na barraca principal.

— Vou fazer um *karpay* para todos nós — anunciou ele, começando a pôr sobre uma folha de papel uma seleção de itens parecidos com os usados por Dom José: sementes, doces e flores. — Depois vocês farão seus próprios *karpays* e esta noite os queimaremos — acrescentou.

— Permita que o aprendizado seja um sucesso — sussurrei de novo enquanto atirávamos nossas oferendas na pequena fogueira, mais tarde naquela noite. — Ensine-me os segredos da pantera — acrescentei, quando as chamas cor de laranja subiram no céu negro.

37

Quaisquer ideias românticas que eu pudesse ter tido de que o *karpay* funcionaria rapidamente foram afastadas no momento em que cheguei em casa. Wasi Ayllu estava deserto e escuro, com todos os quartos trancados, inclusive o meu. Quando tentei acender o fogão para fazer chá, percebi que a rede principal fora desligada, tornando impossível eu tomar o banho quente pelo qual ansiava havia dias.

Após oito horas na parte de trás da caminhoncte, não achei nenhuma graça nisto.

Quando telefonei para Maximo, o celular dele apenas ficou tocando. Fui envolvida por um pesado manto de desânimo. Havia tentado não pensar nos sacrifícios que fizera para voltar para o Peru porque temia que, quando começasse a questionar minhas ações, questionaria o aprendizado e acharia impossível me manter concentrada no que estava tentando conseguir.

Contudo, agora dava vazão às minhas dúvidas.

Garota estúpida e ingênua, dizia para mim mesma repetidamente. O que você estava pensando?

Finalmente, encontrei a chave do meu quarto dentro de uma gaveta na cozinha. Perto dela havia um envelope endereçado a mim. Abri-o, intrigada. Era uma carta de Arcani. O esquivo xamã me convidara para ir à sua casa.

Desejei que meu humor mudasse.

Que se dane Maximo, disse para mim mesma ao abrir a porta do meu quarto. E que se dane Maureen. Eu havia encontrado o mestre. As coisas estavam melhorando.

* * *

As instruções de Arcani me levaram até uma porta de madeira — um dia pintada de preto, mas agora muito precisada de uma nova mão de tinta — no final de uma estrada de terra sem nome nos arredores de Urubamba. Depois de uma longa espera, uma mulher andina atendeu à campainha e me conduziu para um pequeno jardim onde duas crianças pequenas e sujas brincavam com uma ninhada de cachorrinhos cor de areia que ainda não enxergavam.

O xamã não estava em casa.

Sentei-me para esperar, intrigada com o mestre viver em um lugar tão modesto quando ele claramente podia ganhar muito dinheiro, a exemplo de Randy.

Meia hora depois, um pigmeu de pele lisa e escura entrou no jardim. Sua pequena barriga era tão perfeitamente redonda que parecia que ele havia engolido uma bola de futebol. Tive de me abaixar para Arcani poder beijar meu rosto. Sorrindo, ele me levou para dentro de sua casa chapiscada. O cômodo da frente era velho e poeirento, com uma mesa de madeira mal lixada e quatro cadeiras de madeira sujas. Havia uma coruja de quartzo no peitoril da janela.

— Ainda não a acabei — confessou Arcani timidamente.

Era a primeira vez que ele falava e fiquei surpresa. Arcani tinha a voz de um eunuco.

— Foi você que a fez? — perguntei.

Ele assentiu com a cabeça.

— Então você é um artista, além de um xamã! — exclamei.

— É tudo a mesma coisa — continuou ele em sua voz aguda.

— Escritores, artistas, músicos... Eles são os xamãs do mundo moderno.

Curiosa, decidi que não deveria descartar apressadamente o xamã com aparência e voz intrigantes.

A entrevista confirmou meu instinto. Arcani descreveu como ele havia decidido fazer algo que valesse a pena tornando-se um xamã após desperdiçar sua vida, quando estava na casa dos 20, morando em Lima e conhecendo intimamente a "escuridão interior" ao abusar de álcool, sexo e cocaína. Sua franqueza desmentia a descrição de Maximo dos xamás como cobras, e gostei imediatamente dele. Falamos sobre seu trabalho xamânico e, para a minha surpresa, ele comparou pessoas com pratos de espaguete feitos de luzes de cores diferentes. Isso estava totalmente ligado ao que eu vira em Ausangate, e quando trabalhei com as plantas.

— Nas cerimônias, eu removo os nós ou bloqueios que vejo — continuou Arcani.

Então ele é realmente o mestre, pensei. Fiquei muito empolgada. Encontrara alguém no vale à altura de Maximo.

Quando ergui os olhos, o pigmeu me olhava atentamente.

— Sinto a energia das pessoas — disse ele, sem tirar os olhos do meu rosto. — Eu gostaria de beber o São Pedro com você, Annita — anunciou.

Isto está ficando cada vez melhor, pensei.

Haviam se passado semanas desde que eu trabalhara com o cacto. Alguns dos outros xamás que entrevistei tinham me oferecido essa oportunidade, mas eu não confiara muito neles. Por outro lado, sabia intuitivamente que Arcani era um homem decente. Além disso, fiquei lisonjeada com sua proposta: me senti como se tivesse passado em algum tipo de teste.

O *karpay* funcionou, pensei entusiasmadamente quando nos despedimos.

Maximo não quer ter nada a ver comigo. Mas isso não importa mais, porque posso progredir em meu aprendizado com Arcani: o mestre.

Maximo afirma que não existem coincidências, portanto eu não deveria ter ficado surpresa quando ele chegou prontamente em Wasi Ayllu, no dia seguinte.

— Para você — anunciou com uma pequena mesura, pondo um enorme saco sobre a mesa da cozinha.

Dentro havia 15 livros. Olhei-o incredulamente.

— Gosto da sua abordagem do aprendizado, minha princesa — explicou ele.

Eu não tinha notícias de Maximo desde nosso último encontro em Wasi Ayllu, semanas atrás. Quando voltei de Ausangate, o lugar estava deserto. E agora aqui estava ele fingindo cordialidade?

Aonde você quer chegar, Maximo Morales?, desejei saber.

— Como foi a viagem, Annita? — perguntou ele com um sorriso, ignorando minha irritação.

Por onde eu começo?, pensei.

— Você viu os lagos?

— Sim — respondi. — Vi o lago Jaguar.

— Os dois?

— Sim.

— Isso foi importante — declarou ele.

Então eu estava certa sobre a conexão do felino, pensei.

— Por quê? — perguntei.

Mas o xamã já estava correndo escada acima para a sala de meditação — como sempre, frustrando meus esforços para definir meu aprendizado.

Fiquei olhando para ele, irritada.

Algumas horas depois, eu o vi descendo apressadamente a escada.

— Estou atrasado — disse, sem me olhar.

Perguntei-me por que Maximo estava tornando tão difícil eu falar com ele. Mas estava farta dos seus jogos.

Só há um modo de lidar com isso, decidi.

— Arcani me convidou para participar de uma cerimônia — anunciei sem rodeios.

Essa revelação teve o efeito esperado.

Maximo parou e se virou para mim.

— Quem é Arcani? — perguntou com uma voz fria.

— Um xamã que mora no vale.
— Ele mora no vale?! — exclamou Maximo incredulamente.
— Sim.
— Não o conheço — disse ele, categórico.
— Ele me convidou para participar de uma cerimônia com...
— Que tipo de cerimônia? — interrompeu-me Maximo.
— Uma cerimônia do São Pedro nas colinas acima de Urubamba.

O xamã me olhou em silêncio.

— Eu gostaria de fazer isso, Maximo — insisti. — Só queria saber se você está de acordo, por uma questão de cortesia. — Desafiadora, sustentei seu olhar.

— Está bem, vá! — disse ele finalmente, em um tom desdenhoso. — Mas só durante o dia. Não trabalhe com ele à noite. Está me entendendo?

— Por quê?

— Porque à noite as energias em Pumahuanca são fortes. E nas mãos erradas poderiam lhe fazer mal. — Ele examinou minha expressão. — Estarei aqui à sua espera quando você voltar.

Senti um frio de medo no estômago. Mas não deixei isso diminuir minha determinação.

E também não deixei Maximo perceber como eu me sentia.

Uma explosão de sempre-vivas povoa minha visão. Trepadeiras se apertam contra mim, arranhando meus braços ao brigarem comigo por espaço. Muito longe da metrópole glamourosa que chamo de lar, de algum modo me deparo com sua gêmea rústica. Pumahuana é claustrofóbica e opressiva e seu coração bate em um ritmo frenético.

Subitamente Arcani e eu saímos da vegetação fechada para uma clareira, um lugar de lagos límpidos e grama brilhante quase sobrenaturalmente verde. Árvores enormes se erguem sobre mim com cascas tão brancas que parecem leite condensado e tão enrugadas que me lembram a pele de uma mulher velha. Alguns pontos descascados revelam uma derme lisa cor de ocre queimado. As árvores parecem animais velhos, cobras arbóreas continuamente perdendo suas peles.

— Bem-vinda ao Jardim do Éden. — O pigmeu sorri.

Subimos durante duas horas por um terreno íngreme, lamacento e implacável. E suportamos o trauma de comer colher após colher do pó de São Pedro desagradavelmente amargo de Arcani. Mas nossa chegada ao Éden fez tudo isso valer a pena.

Perdida em prazer sensorial, giro várias vezes, absorvendo a beleza selvagem exótica do lugar. Arcani me faz um gesto para eu encostar meus ouvidos em enormes árvores brancas. Há um murmúrio. Quando toco na casca enrugada, também há uma pulsação sob meus dedos. É o ritmo áspero da pulsação primária.

— Consegue sentir a energia? — pergunta ele.

Assinto silenciosamente com a cabeça.

Quero ficar no Éden para sempre, mas Arcani está pronto para partir. Ele me leva mais para dentro da floresta. Atravessamos a vau riachos com forte correnteza, escalamos rochas tornadas escorregadias pela chuva e nos arrastamos de quatro ao redor de arbustos enlameados. Não tenho a menor ideia de onde estamos, ou de para onde vamos. A floresta está por toda parte, como uma presença tangível, e tenho certeza de que, se parar de me mover, ela me sobrepujará totalmente.

Quando ergo os olhos, Arcani desapareceu. Ocasionalmente vislumbro um brilho bege a distância. Mas assim que o avisto, o xamã se afasta com a transitoriedade de uma fantasia ilusória. Ele é Pã e eu sou uma jogadora inexperiente em seu devaneio de pleno verão.

Deparo-me com Arcani empoleirado em uma rocha, tocando uma melodia simples em um gravador de plástico amarelo. Ele aponta na direção de um tronco de árvore virado para cima sobre o qual estendeu seu poncho marrom. Ao me sentar no trono florestal, estudo seu rosto. Fico surpresa ao notar que sua pele lisa e sem rugas parece velha e cansada — um testemunho de uma vida de luta. Vejo-me pensando brevemente no retrato secreto de Dorian Gray.

Estou vendo os efeitos de sua casa dos 20?, pergunto-me.

Antes de eu ter tempo de pensar mais, Arcani se vai — é um ponto bege se movendo por entre as árvores, desesperado por escapar.

Quando ele volta, eu o estudo de novo. Imediatamente sinto sua náusea em minha garganta. Surpreende-me um xamã ficar enjoado com seu próprio remédio. Mas só registro isso de passagem. Estou muito mais preocupada com a náusea que *estou* sentindo. Tinha colocado Maximo em tamanho pedestal que presumira que qualquer capacidade de sincronização que eu pudesse ter dependesse de estarmos juntos. O fato de não depender é muito significativo — e emocionante.

Decido jogar com meu recém-descoberto poder me concentrando em Arcani até a náusea ser insuportável e depois concentrar toda a minha atenção em uma árvore até a sensação passar, e nesse ponto voltar para o xamã de novo.

— Deveríamos ir na direção da estrada — anuncio quando me canso do jogo. — A floresta está aumentando sua vontade de vomitar. Se você quer se sentir melhor, precisamos ir embora. — Surpreendo-me com minha certeza; não sei de onde ela vem.

Arcani assente com a cabeça e prontamente me conduz mais para dentro da vegetação. Intrigada, sigo-o. Dedos traçam levemente uma linha que desce por minha espinha dorsal e seu toque é de provocadora sensualidade. Mas quando me viro não vejo ninguém, exceto as árvores silenciosas. Elas têm a aparência de palhaços rindo. Sigo o pigmeu através de uma abertura entre dois arbustos e, subitamente, sem nenhum aviso, estamos em pé na estrada de terra que contorna Pumahuanca. Viro-me e olho sobre as copas da árvore para o vale abaixo de nós. Estamos totalmente sós, acima de tudo, suspensos em algum lugar entre o céu e a terra. A cor volta lentamente ao rosto do xamã e a náusea em minha garganta cessa.

— Você não ficou enjoada? — pergunta ele friamente.

Balanço a cabeça.

— Normalmente, todos ficam enjoados — confidencia-me, continuando a examinar meu rosto. — O remédio não fez nenhum efeito?

Tento explicar que sou sensível ao meu ambiente, muito mais do que o normal. Mas meus lábios, parecendo inchados quando a viscosidade diminui, não conseguem formar as palavras.

O pigmeu continua a me estudar. Depois gira nos calcanhares e se afasta.

Eu o sigo pela estrada que margeia a floresta. Quando chegamos à casa dele, o pequeno xamã põe as mãos em minha cintura e me vira de frente para as montanhas tornadas cor de laranja pelo amarelo intenso do sol poente.

— Veja o quanto caminhamos, Annita — diz.

Viro-me para ele.

Mais uma vez, seus modos são cordiais. Também não há nenhum indício de luta angustiada em sua expressão. Minha visão é limitada pelos parâmetros da realidade diária, e seu rosto voltou a ser liso e sem rugas, com a delicada simetria de suas feições restaurada.

— Você é diferente de todas as pessoas com quem já trabalhei, xamãzinha.

— Xamãzinha? — pergunto.

— Sim — diz Arcani. — Xamãzinha... — Ele faz uma pausa. Sorri para mim com cumplicidade, como se partilhássemos um segredo especial. — Você é uma mulher de poder, Annita. E acho que nem mesmo sabe disso.

38

No momento em que me sentei para o café da manhã, Maximo começou a me perguntar sobre a cerimônia. Ele ouviu em silêncio enquanto eu falava entusiasmadamente sobre o Éden e as árvores murmurantes. Logo se tornou óbvio que Maximo não estava nem um pouco interessado em Pumahuanca ou em minhas experiências. Só estava interessado em Arcani. Queria saber todos os detalhes sobre o pigmeu — até sobre seu vômito.

— Ele não é um xamã — disse Maximo com desprezo. — Sem dúvida você também está muito dolorida aqui. — Ele se levantou e apertou meu fígado. Com força.

Eu havia acordado com uma forte dor do lado e me contraí.

— Ai! — gritei. — Como você sabia?

— Posso ver — respondeu ele simplesmente. — É porque Arcani lhe deu o São Pedro na forma de pó. Uma das primeiras coisas que meu mentor me ensinou foi a importância de ferver o amido do cacto, para não sobrecarregar o fígado. Quando faço o remédio, fervo a planta por pelo menos três dias, e às vezes mais.

Ficamos sentados em silêncio. Eu estava ao mesmo tempo divertida e irritada com o comportamento de Maximo.

— De qualquer maneira, quem ensinou a Arcani? — perguntou Maximo.

— Um xamã em Paracas — respondi distraidamente.

— Qual é o nome dele?

— Arcani não disse.

— Bah! — retorquiu ele. — Seja como for, não há bons mestres por lá.

Olhei boquiaberta para o xamã.

Como você sabe?, desejei perguntar.

Mas tive a sensação de que Maximo sabia do que estava falando, e não o questionei mais.

Em vez disso, mudei o tema da conversa para Maureen.

Qualquer esperança que eu pudesse ter tido de voltar para casa depois da cerimônia e refletir sobre as implicações do que Arcani dissera sobre meu poder xamânico fora perdida no momento em que entrei pela porta da frente. Àquela altura eu estava acostumada a Wasi Ayllu estar às escuras, e fiquei surpresa de notar um raio de luz vindo da sala de estar. Eu o segui e encontrei Maximo e Maureen sentados em silêncio de frente um para o outro.

A atmosfera estava carregada de tensão.

— Oi! — disse eu, surpresa.

— Annita! — exclamou o xamã com uma voz que denotava alívio. Ele imediatamente se levantou e foi em linha reta para a porta.

— Oi, Maureen! — repeti.

Ela me ignorou.

Eu a cumprimentei novamente.

Novamente, ela me ignorou. Em vez de me responder, concentrou toda a sua atenção no xamã.

— Maximo! — gritou ela imperiosamente, antes de ele conseguir escapar. — Preciso de você!

Revirando os olhos para mim, Maximo pegou minhas mãos nas suas e me beijou nos dois lados do rosto antes de voltar para minha nêmesis.

Arcani e a cerimônia haviam deixado minha mente com a força gravitacional de uma pedra caindo na água, e eu passara o restante da noite tentando entender o que acontecera.

Agora, à menção do nome de Maureen, Maximo começou a rir.

— Maureen estava irritada porque pensou que você estava em um aprendizado comigo e trabalhávamos juntos todos os dias, porque está hospedada aqui, em Wasi Ayllu.

Ergui as sobrancelhas, surpresa com a audácia dela.

— Então eu lhe disse que você não está em um aprendizado; só está estudando as tradições xamânicas. — Ele sorriu de um modo apaziguador.

O quê?, pensei incredulamente.

Uma mistura de descrença e raiva incontrolável inundou meu peito.

Depois de todas as suas táticas de evitação, agora está negando firmemente que estou estudando com você?

— Se não estou em um aprendizado, Maximo, então o que estou fazendo? — perguntei em um tom contrariado.

— Estudando as tradições — respondeu ele, dando de ombros.

— Qual é a diferença?

— Você não está tentando se tornar uma xamã.

— Você me disse que todos "tentam" se tornar xamãs. E que tudo isso tem a ver com o Destino.

Ele continuou em silêncio; eu continuei zangada.

— Maureen tem ciúmes de você, Annita — declarou ele.

Bem feito, Einstein, pensei.

— Essa é a energia vibracional dela — continuou Maximo. — Maureen quer ser uma xamã, e as pessoas que querem nunca são bem-sucedidas. Ela passou 45 anos correndo...

— Apenas 45? — interpus.

— Ela passou 45 anos correndo — repetiu ele — porque essa é a cultura de onde vem. E agora Maureen está apressada com isso também. Mas o tempo xamânico não é linear...

— Eu sei que o tempo xamânico não é linear — eu o interrompi sem interesse.

— Em primeiro lugar, quem quer ser um xamã nunca será bem-sucedido — reiterou Maximo. — Em segundo lugar, essa competitividade é problema de Maureen, não seu. Não preste atenção ao ciúme dela, Annita, caso contrário você fará essa energia aumentar e perderá tempo.

— Mas se o tempo é cíclico e os silêncios são mais importantes do que as notas, qual é a importância disso? — retorqui em um tom duro.

Nós nos olhamos em silêncio.

— Embora você possa negar que estou em um aprendizado, Maximo — disse eu em uma voz fria —, nosso acordo foi que você me ensinaria.

Ele fez um sinal afirmativo com a cabeça.

— Sim, minha princesa.

Maximo tentou beliscar minha bochecha e me esquivei dele.

— Ignore Maureen. Ela não impedirá que você aprenda comigo.

Ergui as sobrancelhas. Estava totalmente irada. Havia economizado durante seis meses para voltar ao Peru, comprometendo seriamente minha qualidade de vida em Londres. Desde a minha chegada, seguira ao pé da letra todas as diretrizes de Maximo e, apesar de ficar muito tempo sozinha enquanto ele passava seu tempo fazendo só Deus sabia o quê, eu fizera o possível para aperfeiçoar meu aprendizado xamânico lendo e entrevistando.

A débil tentativa de conciliação do xamã não funcionou e, durante o restante do dia, minha mente se debateu com nossa conversa, voltando ao tema com a firme determinação de um cão com um osso.

Não havia nenhuma diferença entre ser uma aprendiza e estudar as tradições, concluí. Maximo estava sendo deliberadamente pedante, como uma tática de evitação. Eu não dava a mínima para o que ele dizia a Maureen, mas achava extremamente ofensivo achar que podia me enganar com essa bobagem.

Ele é um maldito covarde, percebi, e não há nada remotamente poderoso na covardia.

Como pude desistir da minha vida por isto?

O sol estava baixo no céu do final da tarde quando avistei o xamã indo ansiosamente na direção da minha rede.

— Estou com o ovo, Annita — anunciou Maximo animadamente. — Que tal eu lhe mostrar como trabalhar com ele?

— Na verdade, você tinha razão, Maximo — respondi. Ainda estava com muita raiva e foi um esforço falar.

— Mas você queria aprender sobre essa tradição! — exclamou ele.

Dei de ombros, evitando seu olhar.

— Então me deixe lhe falar mais sobre isso — continuou Maximo, com uma amabilidade forçada. — Antes de tudo, é preciso usar um ovo orgânico. Você o esfrega sobre o corpo do cliente, na frente e nas costas, e quando termina, quebra o ovo em uma tigela. A gema é um mapa do corpo, por isso quaisquer sombras ou pontos pretos que veja indicam quais energias o ovo removeu e lhe dão uma indicação dos problemas que seu cliente está enfrentando. Essa é uma tradição maravilhosa. — Ele olhou para mim, na expectativa.

— Ainda não quero fazer isso. — Suspirei. Peguei o meu livro e entrei na casa.

Sentia-me péssima.

Eu havia me afastado de um mundo para conhecer totalmente outro, e fizera isso em virtude de uma única palavra: esperança.

Esperança de que meu interesse insaciável pelas tradições xamânicas fosse satisfeito.

Esperança de que, em Maximo, eu finalmente encontrasse "o tal".

Esperança de que, para ser bem-sucedida, eu não precisasse também me esgotar emocionalmente.

Suspirei. Como sou ingênua!

Eu havia posto o xamã em um pedestal e, apenas algumas semanas depois da minha chegada, ele e o próprio pedestal haviam se partido em pedaços inúteis aos meus pés. Lembrei-me do repúdio sarcástico de Edward à minha decisão de voltar para o Peru. Ele iria adorar se soubesse como as coisas tinham corrido.

Sou uma boba, repeti para mim mesma várias vezes.

Isso não era mais uma questão de se eu cometera um erro voltando para o Peru.

A resposta era óbvia.

Agora a única questão era o que eu faria a esse respeito.

E a resposta para esse dilema particular era muito mais difícil de obter.

39

Em uma tentativa de suavizar minha desilusão, na manhã seguinte tomei um banho de chuveiro com o único frasco do deliciosamente perfumado gel para banho Space NK que conseguira pôr na mala, em vez de usar o sabonete barato comprado em grandes quantidades pelos empregados de Maximo. Tinha acabado de me cobrir com a espuma quando notei uma mancha marrom indistinta no chão, a alguns centímetros do meu pé esquerdo. Agarrei meus óculos e a mancha se transformou em um escorpião vindo confiantemente na minha direção com a cauda no ar e o ferrão a postos.

Enrolada em uma toalha, saí correndo do banheiro. Encontrei o faz-tudo de Maximo e o vi esmagar o escorpião com sua bota enlameada e deixar sujas pegadas em meu quarto ao ir embora.

Ignorando o gel que endurecera em minha pele, me vesti rapidamente.

Tenho de sair de Wasi Ayllu, disse para mim mesma.

Estava com pouco dinheiro e não havia caixas eletrônicos em Urubamba, por isso decidi pegar um ônibus para Pisac — uma cidade na borda oriental do vale. Era uma viagem de mais de uma hora, mas, como ainda não eram oito horas, achei que poderia voltar facilmente para o café da manhã. No fim de semana, o serviço de ônibus do vale é, na melhor das hipóteses, limitado. Cheguei em Pisac relativamente rápido, mas na volta esperei por uma hora em um crescente mar de fazendeiros, vendedores de frutas e crianças. Quando um ônibus finalmente chegou, consegui entrar, mas então me vi espremida entre outro passageiro e o freio de mão, incapaz de me mover e nauseada com o ar parado resultante do confinamento de tantas pessoas em um espaço tão pequeno.

Inacreditavelmente, o motorista decidiu não esperar para cobrar as passagens quando as pessoas desembarcassem, e, em vez disso, insistiu em andar pelo veículo lotado durante a viagem. De algum modo consegui abrir a mochila e encontrar minha carteira. Contudo, não consegui mais alcançar a bolsa e fechar o zíper.

Somente quando cheguei a Urubamba descobri que todo o meu dinheiro fora roubado. Meus olhos se encheram de lágrimas de choque e raiva. A irritação com os jogos de Maximo se transformou em desespero.

Basta, decidi no momento em que voltei para Wasi Ayllu.

Eu estava farta do vale. Farta de Maureen. E farta de Maximo.

Tinha de escapar. Precisava de um pouco de glamour do Primeiro Mundo para me animar.

O cartão de crédito nunca pareceu uma ideia mais maravilhosa. Usando-o, fiz uma reserva em um hotel em Cusco — estava longe de ser um oásis metropolitano de prazeres, mas foi o melhor que pude conseguir nessas circunstâncias. Ao voltar para meu quarto, a fim de fazer as malas, me senti animada por recuperar meu poder e acabar com a frustrante inércia de esperar eternamente meu mestre xamã de fato me ensinar.

Eu estava me sentando na sala de jantar para minha última refeição antes de ir embora quando, do nada, o xamã apareceu. Tinha presumido que Maximo já tivesse voltado para Cusco, mas ali estava ele — em pé à porta, com o sol atrás criando um lindo halo ao redor de seus ombros.

A despeito de mim mesma, prendi a respiração, paralisada. E por um breve segundo o xamã não foi o executivo estressado com problemas fiscais. Ou o manipulador excêntrico jogando suas duas alunas uma contra a outra. Não. Por um breve segundo, ele foi o belo enigma que me atraíra de volta para o Peru — o mago da mente por quem eu desistira de meu emprego, meu namorado e minha vida. Ao vê-lo em pé ali, entendi por que Maureen se devotara tanto a ele, e quase me senti solidária com ela.

Mas então me lembrei de tudo que havia acontecido desde que cheguei ao Peru. Lembrei-me de que Maureen me odiara desde o primeiro momento em que me viu. Lembrei-me de que Maximo era realmente um cretino que me enrolara. Lembrei-me do quanto estava zangada com ele.

Não vou voltar atrás, decidi.

Eu só lamentava não poder desaparecer sem aviso ou explicação, e ansiava por fazer o xamã provar de seu próprio veneno.

Ele veio até minha mesa e começou a conversar fiado. Finalmente, propôs que passássemos o dia juntos. Eu lhe contei meus planos com uma voz fria. Ele, é claro, tinha outras ideias.

— Escorpiões simbolizam raiva, Annita — anunciou ele sem se mostrar solidário e imediatamente abandonando o disfarce de cordialidade ao descobrir o que presumo que ele visse como minha insubordinação. — Você chamou aquele escorpião para seu quarto.

Eu o olhei com descrença.

O quê?, pensei. Você nunca para?

— Você também não pode ir para Cusco — continuou ele.

— Por quê?

— Porque o novo grupo chegará hoje, mais tarde. Você quer aprender. Precisa estar aqui.

Revirei os olhos para o céu, frustrada.

— Não podia ter me dito isso antes? — retorqui raivosamente.

Maximo deu de ombros.

— Já fiz a reserva no hotel — acrescentei.

— Então cancele. — Seu tom foi desagradável.

Furiosa, decidi experimentar um caminho diferente.

— O que você fará com eles hoje? — perguntei inocentemente, sabendo que Maximo incentiva todos os grupos a passarem seu primeiro dia no vale descansando em Wasi Ayllu, para se aclimatarem à altitude.

— Nada — respondeu Maximo. — Eles vão relaxar. Mas esse não é o ponto — apressou-se a acrescentar, percebendo seu erro. — Nós partiremos cedo amanhã de manhã.

— A que horas você partirá?

Ele não disse nada.

— Então estarei aqui às sete. — Sorri e o beijei dos dois lados do rosto. Decidindo trocar o café da manhã pelo serviço de quarto do hotel, me dirigi rapidamente à porta, deixando-o olhando para mim boquiaberto.

Minha sensação de triunfo me deixou ofegante de excitação.

Pela primeira vez sincronizei minha chegada no ponto de táxi em Urubamba com o aparecimento de um veículo vazio. Isso me permitiu sentar no banco dianteiro — o melhor. Infelizmente, também significou que tive de esperar meia hora até o motorista achar que tinha enchido seu carro de gente suficiente para justificar uma viagem para a cidade. Enquanto eu o esperava espremer quatro passageiros no banco traseiro, com mais três dividindo a mala, refleti sobre minha desagradável situação.

Minha conversa com Maximo ainda me fazia tremer de raiva. Eu havia feito a reserva no hotel por apenas uma noite, mas não tinha nenhuma intenção de voltar para Wasi Ayllu na manhã seguinte. O que tinha de decidir era se pretendia voltar em algum momento ou pôr o restante das minhas roupas na mala.

Quando saímos do ponto de táxi e começou a apavorante viagem pelas montanhas, pensei no motivo pelo qual o aprendizado dera tão errado quando eu havia tentado tanto ser paciente, me concentrar e fazer tudo que podia para que desse certo. Percebi que se quisesse ser mais esperta do que Maximo e vencer seu jogo de poder tinha de decidir o que queria dele — e manipulá-lo para conseguir.

Quero ser sua aluna?, perguntei a mim mesma.

Ou quero ser sua amante?

O táxi chegou a Chinchero, uma cidade famosa por sua tecelagem. Em respeito ao grupo de mulheres velhas que andavam ao lado da estrada com os cabelos presos em duas tranças e polainas em suas pernas curtas, o motorista desacelerou.

No fundo, todos os homens são caçadores-coletores, raciocinei enquanto voltávamos a ganhar velocidade. Portanto, preciso convencer Maximo a caçar um pouco. Para algum dia haver um clímax no maior suspense da história, tenho de fazê-lo me querer.

No momento em que decidi isso, ficou óbvio qual seria minha estratégia. Ao mesmo tempo, ocorreu-me que talvez eu não tivesse de escolher entre ser sua aluna e sua amante — especialmente em virtude dos limites flexíveis entre as duas coisas no mundo de Maximo.

Talvez houvesse uma estratégia que me permitisse ser ambas.

Deixei minhas preocupações para trás no momento em que entrei pelas portas do Picoaga, um palácio construído por um nobre espanhol no início do século XVII, agora transformado em um hotel cusquenho. Em comum com muitos prédios europeus desse período, o Picoaga foi construído ao redor de um pátio ao ar livre, decorado com colunas românicas. Ao andar pelo átrio, entrei em um mundo familiar — mas temporariamente esquecido — de cosmopolitismo europeu.

No segundo em que o carregador do hotel me deixou em meu quarto, me despi, atirei minhas roupas sujas sobre a cama e corri para tomar um banho de banheira — o primeiro desde que saí de Londres. Meu entusiasmo diminuiu um pouco quando percebi que a água estava marrom e tépida.

Diminuiu, mas não desapareceu.

Depois de me deliciar na sopa marrom tépida até meus dedos das mãos e dos pés ficarem enrugados como as árvores do Éden, passei o restante da tarde deitada na luxuosa cama de casal vendo bobagens na TV e me fartando com o serviço de quarto. Aquilo equivaleu a estar ligada a um sistema de suporte à vida emocional.

E foi extasiante.

Mais tarde, tirei com prazer meu traje noturno de minha suja mochila. Havia combinado de me encontrar com Ken e ansiava por nossa noite juntos. Vesti jeans skinny, uma blusa preta de frente única e, o melhor de tudo, o único par de sapatos de salto alto que trouxera para o Peru. Depois de me maquiar, saí do meu quarto me sentindo uma princesa e atravessei a Plaza de Armas, de paralelepípedos, onde homens velhos e baixos conversavam sentados em bancos enquanto seus congêneres mais jovens andavam ao redor com seus shorts justos e tênis brancos examinando as gringas — as turistas.

Ao passar pelos bem cuidados jardins no centro da praça, parando brevemente para inalar o aroma inebriante dos amores-perfeitos, atraí a atenção de alguns homens. Perguntei-me o que eles pensavam de mim.

Percebi que ninguém ali jamais sonharia que sou uma estudante de xamanismo.

Fiquei feliz.

Queria rejeitar Maximo, rejeitar seu mundo exigente, e voltar a ser quem eu era — quem sempre fui. Era quase como se estivesse tentando provar para mim mesma que ainda era sexy para pessoas que não tinham nenhum interesse na espiritualidade ou cura. Que ainda era desejável para os materialistas crônicos pelos quais sempre fora cercada. Que ainda podia habitar o mundo como eu mesma, não uma aspirante a xamã. Absorvi seus olhares com uma ansiedade que normalmente reservo para Laurent-Perrier Rosé.

Agora eu estava na altura da austera catedral colonial que domina a praça. A lua havia começado sua subida para o céu. Senti sua luz luminescente acariciar gentilmente minha pele e diminuí meu ritmo enquanto começava a relaxar. Então subi as ruas estreitas de paralelepípedos na direção do fantástico bairro dos artistas, San Blas. O ar estava quieto. Cheirava a comida sendo preparada e ecoava os sons da domesticidade — um bebê chorando, adultos gritando, água corrente —, cada qual me lembrando de que a normalidade também existia nesse mundo estrangeiro que eu achava tão estranho e às vezes tão nitidamente anormal.

Um gato preto atravessou meu caminho, desaparecendo nas sombras sem deixar vestígios.

Meu ritmo vagaroso combinado com o fato de estar usando o posto polar dos sapatos adequados para aquele terreno íngreme e irregular resultou em um atraso meu de meia hora no encontro com Ken. Mas nessa meia hora minha autoconfiança — algo que achei que havia perdido durante esta visita ao Peru — recebeu o beijo da vida.

O escocês estava sentado em um banco alto no bar de meu restaurante favorito em Cusco, o Cicciolina's, convenientemente situado logo acima do que se tornaria minha loja de chocolates favorita. O Cicciolina's é singular. O único restaurante que serve tapas na cidade, seu design é moderno e minimalista, sem nenhum sinal da decoração conservadora grotescamente ornada que define a maioria dos estabelecimentos caros de Cusco. Também é o único restaurante que prefere Ella Fitzgerald a mulheres andinas sendo estranguladas — e isso já basta para ganhar meu voto todas as vezes.

— Acho que deveríamos ficar muito bêbados — anunciei ao pendurar minha bolsa na parte de trás do banco.

— Sabe, eu era dono desta casa — gemeu Ken, batendo sua alta taça de vidro fosco na minha. — Eu a vendi para um empresário do ramo imobiliário há alguns anos, e ele a dividiu neste restaurante e nas lojas no andar de baixo. Eu deveria ter ficado com a casa. Valeria uma fortuna hoje. De qualquer maneira — ele sorriu tristemente —, chega de falar nisso. Como vai indo o aprendizado?

Balancei a cabeça e tomei o Pisco Sour — o coquetel nacional do Peru feito com aguardente e claras de ovo batidas — de uma vez só.

— Parado — respondi, batendo com a taça na mesa e pedindo outra dose. — Apesar de que me esqueci que desde a última vez em que estive com você tive a oportunidade de dominar a arte de purificar com um ovo.

Meu amigo pareceu divertido.

— E o pior é que Maximo está sendo manipulador e controlador, e se comportando como um neandertal chauvinista. — Suspirei.

Ken ouviu em silêncio enquanto eu lhe falava sobre as manobras com Maureen. Quando terminei, ele estava rindo.

— Não entendo por que Maximo não podia apenas ser direto com ela e dizer que seu trabalho comigo é uma coisa e seu trabalho com ela, outra — resmunguei por entre dentes cerrados.

— Então você está chateada porque ele não agiu como achou que deveria agir — observou Ken com uma risadinha.

— Estou chateada porque os dois estão se comportando como idiotas infantis! — gritei. — Estou sentindo falta dos meus amigos, Ken — gemi. — Estou sentindo falta de Londres. Tudo é muito intenso aqui e quero escapar. Estou farta de passar meu tempo com um xamã manipulador e uma hippie raivosa. Quero ir para casa e ter alguns dias de amnésia hedonista com um grupo de jovens legais.

— Você não pode ter tudo à sua própria maneira, Annita — interpôs Ken em um tom calculado. — Não está na Inglaterra. Está no Peru. As coisas funcionam de um modo diferente aqui. Como foi a cerimônia com Arcani? — perguntou, mudando habilmente de assunto.

— Como você ficou sabendo disso? — repliquei, intrigada.

— Nada é segredo no vale — lembrou-me. — Arcani é filho de um grande amigo meu, Leo — acrescentou.

— Eu não tinha a menor ideia.

— Nem eu, até alguns meses atrás — retorquiu Ken. — Leo morou em Cusco durante praticamente toda a sua vida, com a primeira esposa e o filho mais velho. Ele teve um caso amoroso com a mãe de Arcani, mas, quando ela engravidou, a mandou para a cidade natal dela, perto de Lima. Leo a sustentou, mas eles pararam de se ver e nenhum de nós soube da criança. Então, na casa dos 70, meu amigo causou uma enorme comoção deixando a esposa pela amante. Viveu com ela até o dia em que morreu — acrescentou Ken, inclinando-se na minha direção. — Esse tipo de trama é muito peruana — sussurrou ele.

— Leo era um empresário bem-sucedido, não era?

Ken assentiu com a cabeça.

— Um verdadeiro empreendedor. Eu lhe contei que ele abriu um dos primeiros hotéis no vale?

Balancei a cabeça.

— Essa é outra história. — Ken suspirou. — Eu estava com tudo pronto para comprá-lo do filho mais velho quando Leo morreu. Cheguei até a conseguir que 14 possíveis investidores dos meus dias no Banco Mundial viessem aqui... — Ele fez uma pausa. — Então, o que você acha que aconteceu?

Dei de ombros.

— Leo Junior se atrasou para o encontro e, quando finalmente chegou, estava tão bêbado que todo o negócio foi para o brejo. Esse foi um dos momentos mais constrangedores da minha vida, Annita — confessou Ken. — Eu me senti como se estivesse estrelando uma versão peruana de *Coronation Street*!

Doze Pisco Sours (sete de Ken e cinco meus), pratos cheios de tapas e algumas horas depois, fomos embora, descendo cambaleando os frágeis degraus de madeira para o pátio, de braços dados.

Voltei para meu hotel sob um céu claro salpicado de diminutas estrelas. Após uma noite com um homem que estava rapidamente se tornando meu mentor e um grande amigo, meu humor havia melhorado. Eu não tinha conseguido passar uma noite à altura de Londres, me esquecendo da intensidade do mundo xamânico. Mas Ken me fizera redescobrir aquele mesmo pedacinho de lar em Cusco — e com um efeito muito parecido.

Parei na praça central e olhei para o espaço negro insondável acima de mim, para os contornos quase indiscerníveis das montanhas a distância iluminadas pelas pequenas casas que pontilhavam suas encostas. E fiquei momentaneamente hipnotizada pela sedutora beleza do Peru — como ficara durante minha primeira visita, quando toda esta jornada começara.

40

Ken telefonou cedo na manhã seguinte. Eu estava tomando um cappuccino — meu primeiro café decente desde que chegara ao Peru — em uma nova cafeteria em San Blas, enquanto admirava minhas compras. Tinha ouvido falar em uma nova loja de produtos naturais que fora aberta bem debaixo do Cicciolina's. Naquela manhã, fui sua primeira cliente. Entre a série previsível de chás de ervas e barras de granola, vi o que procurava: chocolate peruano orgânico. Custava caro — um preço exorbitante para os padrões do Peru. Ainda assim, saí da loja exultante depois de comprar todo o seu estoque. Ironicamente — e lamentavelmente, já que o Peru é um país rico em cacaueiros —, as lojas no vale só vendiam produtos importados Nestlé e Rowntree.

Então, ao encontrar um fornecedor de chocolate decente, eu estava chegando um passo mais perto de tornar o Peru meu lar.

— Annita, vou falar francamente — começou Ken. — Estou preocupado com você. Você passou tempo demais no mundo dos xamãs, e acho que está correndo o risco de ficar maluca. Precisa se conectar com a vida real. Acho que deveríamos passar alguns dias juntos.

A avaliação do meu amigo estava correta e suas palavras foram um maná dos céus. Uma parte integrante da estratégia de "Transformar Maximo em um Caçador-Coletor" envolvia ficar em Cusco até ele fazer algum movimento.

Até ele reconhecer que havia se comportado muito mal.

Até sentir falta de mim.

Eu não poderia encontrar uma companhia mais perfeita do que Ken para passar o meu tempo.

O telefone tocou quando estávamos sentados em uma cafeteria, na tarde seguinte, depois de visitarmos um mercado nos arredores da cidade onde ladrões e batedores de carteiras vendem seus produtos da semana — geralmente para as pessoas de quem os roubaram.

— Todo mundo que está por dentro do assunto vem aqui para comprar suas coisas de volta — observara Ken.

Ele agora estava me encantando com histórias sobre seu tempo em Cambridge.

— Quando cheguei pela primeira vez ao King's, era minha função levar o chá da manhã para E. M. Forster — disse ele. — Forster sofria de sinusite, por isso sua cama era inclinada para baixo na direção da cabeceira por dois tijolos sob as pernas, perto dos pés dele. Dar-lhe chá sem derramá-lo por toda parte era realmente uma forma de arte. — Ken riu ao se lembrar disso.

— Como ele era?

— Foster?

Assenti com a cabeça.

— Era um dos homens mais tímidos que já conheci. Se ele queria uma bebida, espiava cautelosamente pela porta do bar e perguntava se podia entrar. Seu comportamento contrastava muito com a brutalidade geral da instituição — acrescentou Ken ironicamente.

Ouvir a história da vida de Ken era como ler um romance. Eu ficava totalmente concentrada. Ainda não podia acreditar que o encontrara em Urubamba.

— Maynard Keynes, o economista, também estava lá na mesma época — prosseguiu ele. — Era tão homossexual quanto dizem, Annita. Costumava organizar torneios de voleibol. Dizia: "Esse é um ótimo modo de pegar garotos, Ken."

Eu ainda estava rindo quando atendi meu telefone.

— Quando você vai voltar para casa, Annita?
Reconheci imediatamente a voz rouca. Não respondi.
Houve uma longa pausa.
— Sinto falta da minha aluna — finalmente confessou Maximo. — Sinto falta de *você*.

O primeiro revés veio durante a viagem de volta para Urubamba, na forma de uma mensagem de texto de Maureen. Dizia:

> Acabei de passar um dia maravilhoso com Maximo. Há algo muito profundo entre nós. Nós dois somos da Lemúria. Reconhecemos um ao outro no primeiro dia em que nos vimos.

O quê?, pensei irritadamente. O que essa mulher pretende? Ela nunca desiste? Respondi:

> O que é Lemúria?

Ela respondeu:

> Os lemurianos criaram a Atlântida. Eu sempre soube que este é o meu lar. É maravilhoso que Maximo também seja de lá.

Os seres humanos são definidos por uma natureza camaleônica que os faz se adaptarem a novas situações com uma velocidade surpreendente. Após 24 horas com Ken, eu havia me esquecido totalmente de como as ideias de Maureen podiam ser estranhas. Minhas reservas sobre voltar a Wasi Ayllu se manifestaram imediatamente.
Espero que eu não tenha cometido um erro, pensei.
O segundo revés foi quando Maximo não estava em Wasi Ayllu para me receber.

Típico dele, pensei. Fui direto para meu quarto.

Contudo, uma hora depois, houve uma batida na porta. O xamã entrou a passos largos e me envolveu em seus braços.

Quando me afastei e olhei em seus olhos, eles transmitiam muita emoção, como quando eu estava do lado de fora do meu quarto na última noite de minha última viagem — a noite em que percebi que Maximo tinha sentimentos por mim e não estava só brincando comigo.

— Estou tão feliz em vê-la, Annita! — disse ele entusiasmadamente.

Sustentei seu olhar em silêncio.

— Amanhã eu a apresentarei ao novo grupo — prosseguiu ele. — Vamos partir para Killarumiyoq às oito da manhã. Adoraria que você fosse conosco, se tiver tempo.

Sorrindo, aceitei seu convite.

— Você sabe quando teremos uma cerimônia? — perguntei hesitantemente.

— Ainda não. — Ele sorriu. — Mas você será a primeira a ser informada quando eu souber.

Eu não estava convencida de que o xamã abandonaria o jogo que parecia uma parte tão inerente a ele. Além disso, o fantasma de Maureen ainda pairava sobre nós.

Mas eu me permiti apreciar esse momento.

Realmente esperava que marcasse um novo e auspicioso início, começar a aprender com Maximo — não apesar dele —, e que nosso relacionamento finalmente começasse a florescer.

41

O dia seguinte começou com uma hippie histérica. Maureen perambulava por Wasi Ayllu aos prantos.

— Ele está me ignorando — queixou-se. — Não sei o que está acontecendo.

Depois de todas as suas manobras, não senti nenhuma vontade de responder. E logo ficou claro que Maximo não estava ignorando ninguém. Em vez disso, estava preocupado com uma pessoa do grupo que pegara um terrível resfriado.

No final das contas, só partimos para Killarumiyoq às nove. E em vez de irmos direto para lá, demos uma passada em Cusco. O novo grupo começou a se amontoar no micro-ônibus — um grupo confuso de psicólogas, psicoterapeutas, psiquiatras e outras "psicos" com títulos profissionais longos e indecifráveis. No total, havia 11 mulheres austríacas e uma americana — a maioria o estereótipo do "hippie" de meia-idade ao qual a essa altura eu já estava acostumada.

A explosão de raiva de Maureen a esgotara, e ela preferira se deitar a viajar. Eu esperava me sentar perto de Maximo, mas logo antes de partirmos, a líder do grupo se sentou ao meu lado. Resignada, voltei minha atenção para Isobel — uma mulher de constituição física frágil, cabelos castanhos finos e um rosto enrugado que sugeria uma tendência à preocupação.

— A organização desta viagem quase acabou comigo, Annita — suspirou ela em uma voz baixa e ofegante. Seus enormes olhos de corça fitaram os meus enquanto eu esperava que ela continuasse. — Algumas semanas antes de partirmos, uma das mulheres avisou que tinha um problema com o São Pedro.

— Qual era o problema?

— O de sempre — respondeu Isobel. — Ela não apoia o uso de drogas.

— Mas o São Pedro não é uma droga. Pelo menos não do modo como é usado aqui — retorqui. — É uma ferramenta terapêutica. Pensei que as pessoas em sua profissão estariam particularmente interessadas em suas possibilidades.

— Foi o que eu disse, mas ela não quis me ouvir. — Isobel suspirou. — Sugeri que talvez fosse melhor ela não vir conosco e lhe ofereci um reembolso, mas ela decidiu que ainda assim queria vir. Porém, desde que chegamos, ela está deixando todo mundo tenso.

— Isso realmente deve ser difícil para você — observei. Eu me senti solidária com Isobel e lamentei sinceramente por ela.

— Estou com medo da cerimônia de amanhã — prosseguiu Isobel.

— Então a cerimônia será mesmo amanhã? — perguntei.

Prendi a respiração. As implicações da resposta de Isobel eram enormes.

Ela assentiu distraidamente com a cabeça.

— Tem certeza?

— Sim — respondeu ela. — Maximo e eu combinamos a data meses atrás, quando estávamos preparando o itinerário juntos.

Então, apesar de tudo, ele ainda não havia mudado, pensei. Fiquei com muita raiva.

— Isto é um pesadelo — dizia Isobel. — As pessoas ficam mudando de opinião sobre se vão beber a planta ou não. E estou exausta... — Ela fez uma pausa. — Só quero lhes oferecer a chance de trabalhar com Maximo — sussurrou. — Ele é um curandeiro maravilhoso. Nunca conheci ninguém como ele.

— Eu também não. — Sorri por entre dentes cerrados, olhando para o xamã que andava de um lado para outro do ônibus, desfrutando da atenção feminina. Estava dando pequenas pílulas cor-de-rosa para várias mulheres.

— O que são essas pílulas? — perguntou Isobel para a mulher sentada a nossa frente.

— Não sei — respondeu a mulher. — Mas se Maximo as está dando, devem ser boas.

Meu coração se encheu de incredulidade e desespero.

— A propósito, eu me chamo Annita — disse para Isobel, estendendo-lhe a mão quando o ônibus estacionou em Cusco.

Ela a apertou distraidamente.

Uma hora depois, estávamos espremidas em uma pequena saliência na extremidade sul de Coricancha. No tempo dos incas, Coricancha era o lugar mais sagrado de Cusco e abrigava uma série de templos, cada qual honrando as forças da natureza e supostamente cheio de prata e ouro. Hoje o lugar é uma concha sem alma — abrigando alguns cômodos vazios que ecoam o tagarelar dos guias e os cliques das câmeras fotográficas.

— Quarenta e três linhas de Ley se cruzam em Coricancha — dizia Maximo.

— O que são linhas de Ley? — perguntei.

— Linhas de energia — respondeu ele. — Onde elas se cruzam, tem-se um ponto de poder.

— Como a caverna em Machu Picchu?

Maximo assentiu com a cabeça.

— Os incas construíram seu templo mais sagrado neste ponto porque é um vórtice enorme de energia. De poder — acrescentou.

O xamã quis uma voluntária. Hora de seu truque. Isobel deu um passo para a frente timidamente.

— Feche os olhos — instruiu Maximo.

Pondo uma das mãos no coração e a outra nas costas de Isobel, Maximo começou a mover suas palmas em pequenos círculos. Minutos depois, Isobel balançava violentamente para a frente e para trás como uma marionete em uma corda.

— Minha massoterapeuta consegue fazer o mesmo na mesa dela na Califórnia — sussurrou alguém em meu ouvido. Uma mulher expansiva, de quadris largos, cabelos grisalhos muito cacheados e ansiosos olhos azuis estava em pé perto de mim. A única americana no grupo. — E ela também não precisa de 43 malditas linhas de Ley para fazer isso!
Foi a primeira piada feita na terra dos xamãs em semanas. Desatei a rir.
As "psicos" e Maximo se viraram para me olhar.
E a mulher misteriosa piscou os olhos para mim.
— Sou Barb — disse ela.

Naquela tarde, o micro-ônibus nos deixou em um campo enlameado e foi imediatamente embora. Não havia o menor sinal de habitação ou atividade humana em lugar algum, e ninguém tinha a menor ideia de por que estávamos ali ou para onde iríamos. Ficamos em pé esperando por Maximo — que estava ao telefone. Campos se estendiam em todas as direções em uma mistura de verdes, castanhos e vermelhos que pareciam um cobertor feito de restos de lã do tipo doado para obras de caridade. Finalmente o xamã terminou seu telefonema e se afastou altivamente na companhia de um grupo de terapeutas.
Barb e eu seguimos na direção do grupo, olhando para as outras mulheres que corriam atrás do xamã.
— Como você deve ter percebido, sou uma total estranha entre essas psicólogas, Annita. — Ela riu, revirando os olhos aos esforços de suas companheiras para bajular Maximo e se superarem na conquista de sua afeição.
— Então por que você veio em férias com elas? — Espremi o riso.
— Eu sempre quis conhecer o Peru. — Ela deu de ombros.
Posso entender isso, pensei, admirando a vista da montanha. Sempre achei as montanhas imponentes e energizantes,

mas cada vez mais também descobria uma tranquilizadora domesticidade na paisagem. Cada vez mais me confortava com os eucaliptos expostos ao vento, o solo ocre estéril, os enormes terraços e os fazendeiros que trabalhavam neles com arados antiquados e alguns bois.

— Tenho minhas reservas em relação ao grupo — continuou Barb. — E, é claro, ao assim chamado xamã — acrescentou.

Também posso entender isso, pensei.

— Mas então olho para estas belas montanhas e tenho de me beliscar... — Ela fez uma pausa. — Em 1975, aprendi que os arrependimentos são inúteis, Annita. Você tem de aceitar as escolhas que fez. Não pode olhar para trás.

Virei-me para olhá-la, mas Barb continuava a olhar para a frente. Perguntei-me o que ela quis dizer, mas claramente agora não era o momento para descobrir.

Demoramos uma hora para subir ofegantemente uma colina, em cujo pico nos deparamos com um grande platô relvado com muralhas incas e uma cachoeira em uma das extremidades. O sol brilhava no céu azul, por isso fiquei em pé em uma sombra fornecida pelo banco de enormes pedras vermelhas e pretas cobertas por um denso tapete de teias de aranha. Observei o cenário — era estranhamente bonito, tranquilo.

Maximo começou a subir na direção da cachoeira. Acima dela havia outro platô relvado onde se destacava uma pedra grande e arredondada que se erguia acima do xamã.

— Este é Killarumiyoq, o Templo da Lua — explicou Maximo. Ele fez um sinal para Isobel subir para uma saliência esculpida em seu lado, abaixo de uma meia-lua formada por sete quadrados dispostos em um semicírculo.

Achei que "templo" era uma descrição um tanto pretensiosa de uma mera pedra.

— Há milhares de anos pessoas vêm aqui para se conectar com a energia lunar. Em outras palavras, feminina — dizia o xamã. — Sente-se encostada na pedra, Isobel! — gritou ele enquanto ela arrastava o corpo magro para a saliência. — Agora tente liberar tudo de que você queira se livrar.

O restante das terapeutas esperava na grama, mas fui na direção da pedra. Minhas experiências com Arcani em Pumahuanca demonstraram minha capacidade de ver com o coração e me sincronizar com as pessoas — sem a ajuda de Maximo. Agora eu queria descobrir se tinha algum poder sem a ajuda da planta.

Esse, pensei, teria de ser o próximo passo. Nem sempre eu poderia beber a planta, por isso precisava cultivar esses poderes sozinha.

Quando o xamã começou a sacudir o chocalho, concentrei-me em Isobel com o objetivo de sentir sua essência. Imediatamente senti uma tristeza apertando meu peito com a força claustrofóbica de um pulmão de ferro. Ao mesmo tempo, vislumbrei uma enorme sombra imóvel sobre seu tronco.

Logo lágrimas escorriam livremente pelo rosto de Isobel.

Maximo continuou a sacudir o chocalho até o corpo de Isobel ser dominado por soluços.

Subitamente senti um puxão em meu casaco. Olhei e vi uma criança de nariz escorrendo que não podia ter mais de 6 anos me dando um sorriso desdentado. Seus amigos estavam cantando "Ring a Ring o'Roses" com algumas das outras mulheres. Ela estendeu a mão e esperou até eu abandonar minhas tentativas de sincronização xamânica e me juntar ao círculo.

Rodamos e rodamos ao som da música infantil. Quando todos se sentaram, a garotinha ergueu os olhos para mim e riu alegremente. Sua inocência era uma intrusão bem-vinda em meu mundo definido pelos jogos com Maximo.

Eu a achei encantadora, e passamos o restante da tarde juntas procurando flores silvestres.

Maximo estava voltando para o ônibus.

Dessa vez ele estava só, por isso corri para alcançá-lo. Minha irritação com sua falta de sinceridade em relação à cerimônia desaparecera diante de meus insights de Isobel, e lhe contei animadamente o que havia visto.

— Realmente aprendi a me sincronizar com as pessoas — concluí. — Como você disse que eu faria. Vai me mostrar como trabalha com Isobel durante a cerimônia desta noite?

Parei por um momento. Maximo não me olhou nem diminuiu seu ritmo.

— Poderei ver se está de acordo com o que acho que surgirá.

O xamã se afastou sem ao menos se dar ao trabalho de me responder.

Achei que tínhamos superado isso. Suspirei raivosamente. Volte para casa, você disse.

Eu o olhei sem poder acreditar enquanto ele se afastava altivamente.

Contudo, algo mudara — e esse algo era eu. Eu havia recuperado minha confiança durante o tempo que passei com Ken e a cerimônia com Arcani. Parecia até mesmo ter encontrado em Barb uma profissional trabalhadora e autoconsciente. Além de isso ser uma dádiva em minha vida social limitada, também era a primeira vez em que eu mesma vira provas concretas de que o xamanismo e o profissionalismo não tinham de ser mutuamente excludentes. Quando você segue o caminho certo, o Universo se curva para apoiá-lo, dissera-me certa vez meu antigo mestre.

Com a coragem transmitida por essas pessoas, percebi que estava determinada a lutar para receber a coroa do xamã — independentemente do comportamento de Maximo.

No fundo, sabia que não poderia abandonar esse caminho agora. Tinha de continuar. Se não continuasse, me arrependeria para sempre.

O aprendizado não se baseava mais em Maximo. Agora dizia respeito a mim — minhas escolhas, minha vida.

E longe de me fazer querer abandonar meus estudos em uma crise de ressentimento, o comportamento absurdo de Maximo me deixava mais determinada a ser bem-sucedida.

42

Chego cedo à cerimônia. Mulheres entram e saem correndo da sala de meditação, a atmosfera normalmente calma definida como de pânico. O lugar fervilha com conversas sussurradas, todas seguindo um script rudimentar.

— Você vai tomar o remédio?

— Não sei. Você vai?

— Não consigo decidir. Maximo diz que o São Pedro não é uma droga, mas no meu país dizem que é. Não sei em quem acreditar.

— Eu não sou a favor de drogas — alguém diz em voz alta. — Não vou tomar isso de jeito nenhum.

Vindo da boca de uma psiquiatra que ganha a vida prescrevendo drogas, isso me faz ter vontade de dar uma gargalhada. O São Pedro tem um ótimo modo de esvaziar a arrogância e egos frágeis. Há uma deliciosa ironia no fato de um simples cacto reduzir "psicos" — que passam a vida aconselhando confiantemente aos outros como viver — a pessoas indecisas.

No meio desse comportamento de pátio escolar, chega Isobel. Parece exausta e desgastada, e entendo seus sentimentos. Ela se senta na minha frente. Sorrio para mim mesma. O fato de Isobel ter escolhido esse colchão tornará muito mais fácil observá-la durante a cerimônia — independentemente do obstrucionismo de Maximo.

O xamã entra na sala. Está com Maureen. Fico estupefata. A colmeia preta é uma lembrança esquecida. Em seu lugar há cabelos curtos e loiros.

Ah, Deus, penso, tocando constrangidamente em meus cabelos.

Mas não há tempo para me preocupar com o novo visual de Maureen. Para a minha surpresa, Maximo vem em minha direção.

— Assim que você sentir a planta, Annita, avise-me e começaremos a trabalhar juntos — diz ele.

Estou pasmada. Sinto os olhos de Maureen em nós, mas não dou a mínima. Não consigo entender a súbita mudança no xamã, mas mal consigo conter meu entusiasmo.

Ele começa a distribuir o São Pedro. Inúmeros pares de olhos percorrem a sala, desesperados por algo a que se apegar, algum tipo de tranquilização. Quase posso sentir o gosto da ansiedade, que é contagiosa. Evito firmemente fazer contato visual com qualquer pessoa.

Quando ergo os olhos, Maximo está em pé na frente de Barb. Ele encosta a pequena xícara de madeira no jarro de remédio enquanto sussurra repetidamente o nome dela. Nunca o vi fazer isso.

— Você não está pronta, Barb — afirma o xamã após repetir o ritual três vezes.

Ela o desafia.

— Por quê? — pergunta agressivamente.

Por ironia, Barb é uma das poucas mulheres que tomara a decisão de beber.

O xamã evita a pergunta.

— Ainda trabalharemos durante a cerimônia — diz ele, aplicando o remédio na testa, na garganta e no coração dela. — Depois também usaremos cristais — acrescenta, passando para a mulher ao lado.

No final, Maximo só deixa metade do grupo beber. Isso causa enorme comoção. Logo antes de ele apagar as luzes, uma das terapeutas corre na direção da porta. Ela é uma das que não bebeu e está soluçando. Alto.

— Eu paguei! — exclama ela. — Paguei para beber o São Pedro. Esse é o motivo de ter vindo para o Peru.

Maximo se volta para mim.

— Você me viu perguntando à planta se as pessoas estavam prontas para beber? — sussurra ele.

Então era isso que você estava fazendo, penso.

— O São Pedro decide tudo, Annita — confidencia-me. — Não me cabe decidir. Se a planta diz que uma pessoa não está pronta, não posso deixá-la beber. Seria perigoso. E se estiver muito assustada, eu poderia lhe dar água e ela começaria a ver monstros.

O que Maximo diz faz total sentido. E depois das manobras das últimas semanas, tranquilizo-me com a sua integridade profissional.

— Ocorre o mesmo se a planta me diz para trabalhar com alguém — continua Maximo. — Se ela me diz para compartilhar o conhecimento com uma pessoa, tenho de compartilhá-lo... — Ele faz uma pausa. — Mesmo se meu ego resiste a isso — murmura, sustentando meu olhar por um momento que pareceu uma eternidade antes de mergulhar a sala na escuridão.

Quando me deito, penso no reconhecimento de Maximo de que ele tem um grande ego. Pelo menos ele sabe disso, penso com estranheza.

Fecho os olhos, satisfeita por entrar em meu próprio mundo interior após a pesada imaturidade das últimas horas. Reafirmo minhas intenções, pedindo silenciosamente à planta para me deixar ver, me deixar trabalhar com Isobel e deixar meu aprendizado impressionar Maximo.

Quando abro os olhos, o ar está cheio dos mesmos padrões geométricos transparentes que vi antes. Presto atenção em minhas companheiras — essas mulheres-crianças. Lembrando-me do comportamento mimado de apenas uma hora antes, reflito sobre a tensão natural entre honrar as tradições xamânicas e partilhá-las com turistas exigentes que querem suas cotas xamânicas.

— Às vezes eu só preciso vomitar.
Abro os olhos quando Maureen sai correndo da sala. A maioria das pessoas sussurra durante uma cerimônia, desejando não perturbar ninguém. Não me surpreende que Maureen não demonstre esse comedimento.
— Ela me disse mais cedo que almoçou, muito embora soubesse que tínhamos uma cerimônia esta noite.
Viro-me para olhar para Maximo.
— O que há de errado com ela? — diz ele desinteressadamente, pegando seu chocalho.
Fecho os olhos de novo.
Subitamente — sem qualquer aviso — minha razão se manifesta. Isso tudo é bobagem?, vejo-me perguntando. A pergunta paira no ar, empurrando os círculos transparentes.
A razão vence. Os círculos desaparecem.
Isso nunca tinha me acontecido em uma cerimônia. Antes, simplesmente havia bebido o remédio e passado a noite seguindo as plantas em seu misterioso domínio. Pergunto-me o que fazer. Começo a entrar em pânico com a possibilidade de estar perdendo um tempo precioso — especialmente porque é provável que eu só participe de outra cerimônia daqui a semanas.
De repente me ocorre que preciso me tornar minha pantera. É a primeira vez que penso em me aproximar dela. Antes ela "ditava" quando vinha até mim nas cerimônias. Mas então penso nos lagos Jaguar. Se a viagem a Ausangate — que Maximo imbuíra de tanta importância — me ensinou algo, foi que preciso utilizar minha conexão com o felino.
Vejo-me lembrando da descrição que o xamã fez dos animais de poder. Quando ele mencionara esses "conselheiros espirituais" durante minha primeira viagem ao Peru, eu rira para mim mesma em cínica descrença. Mas agora revejo meu julgamento. E percebo que se a pantera realmente é minha chave pessoal para revelar minha habilidade xamânica inata, ela me ajudará.

Minha atenção é atraída pela pele de jaguar de Maximo no chão, no meio da sala. Uma luz branca brilha acima dela; é óbvio para mim que a luz é o espírito do animal morto. Sinto-me irresistivelmente atraída por ela, mas vacilo, subitamente constrangida. Contudo, digo a mim mesma que não há tempo para vaidade, porque a hora está passando. Então, afastando meu medo de estar me tornando um membro de carteirinha da brigada hippie — afinal de contas, minha estada em Cusco provou que, quando necessário, ainda posso ter sucesso como uma moça glamourosa de salto alto — forço-me a me levantar. E então me forço a perguntar a Maximo se posso me sentar na pele.

— É claro, Annita — responde ele. — Deite-se nela — acrescenta.

Estico meu corpo sobre a pele rústica do felino predador, passando minhas mãos pelos seus braços e dobrando os dedos em garras. Maravilho-me ao observar a névoa amarelada pairando acima da pele se desfazer em minhas palmas até elas formigarem de energia. Quando sinto a poderosa pantera entrando pelos meus ombros, sua presença felina em toda a extensão do meu corpo, sento-me. Sem pensar, começo a andar de quatro.

Viro-me para olhar para Isobel, tentando me conectar com ela com meu coração, como Maximo me ensinara todas aquelas semanas atrás. Sinto a cor vermelha, por isso fecho os olhos e me concentro no tambor batendo em meu peito, tentando enviar raios de cor carmim para ela da fonte emocional de todo o meu ser. Quando abro os olhos, luzes vermelhas tomam a forma de espiral ao redor da barriga dela.

Maximo vem até mim, fazendo um sinal afirmativo com a cabeça.

— Ótimo! — diz. — Agora olhe para o peito dela. Está totalmente liso.

Lembro-me da sombra que vira naquela tarde.

— Observe com atenção! — sussurra ele.

Maximo caminha até Barb, abre-lhe a blusa e sopra água de flórida sobre o coração e a garganta dela. Quando ele se afasta, vejo luzes correndo sobre o tronco de Barb, que de algum modo também parece ter se expandido.

Volto a examinar a sala. Maureen está envolta em escuridão. Em contraste com todas as outras pessoas, nenhuma luz emana dela. Não entendo por quê.

— É aí que ela está em sua jornada — explica Maximo desinteressadamente. — Um xamã só pode ajudar quem deseja ser ajudado. Um xamã não é Deus — declara.

A humildade de sua afirmação é tranquilizadora. Reflito sobre ela enquanto Maximo acende a vela e desaparece no andar de baixo.

Aos poucos, as pessoas começam a sair. Minhas mãos ainda estão desconfortavelmente quentes e formigando, por isso permaneço na sala de meditação até restarmos apenas Maureen e eu. Envolta em calor emocional pós-cerimônia, decido deixar o passado para trás. Ao sair pela porta, pergunto a Maureen se ela gostaria que eu lhe trouxesse um pouco de chá.

A única indicação de que Maureen me ouviu é o suspiro escapando de debaixo do cobertor que a cobre.

A cozinha está em silêncio. O pequeno grupo ouve a descrição de Isobel de suas experiências durante a cerimônia.

— Minha intenção foi esquecer meu ex-marido — diz ela. — Todas as minhas visões me lembraram do quanto eu era infeliz e me sentia inútil durante nosso casamento. Disse a mim mesma que estou evitando entrar em um relacionamento com esse homem maravilhoso que está em minha vida porque não estou apaixonada. Mas isso não é verdade. Não me permito me apaixonar por ninguém desde o meu divórcio. Isso tem de mudar.

Penso na luz vermelha da qual senti que Isobel precisava — vermelho, o despertar de seu chacra da raiz, sua sexualidade. E nas luzes brancas que Maximo fizera surgir em seu peito — a reabertura de seu coração. A paridade entre nosso trabalho e as visões dela é irrefutável.

Minha pergunta do início da cerimônia é respondida: o xamanismo não é nenhuma bobagem.

Deixo essa percepção realmente amadurecer, se instalar bem dentro de mim.

Maximo interrompe meus pensamentos.

— Annita! — grita, fazendo um gesto para eu me juntar a ele. Está carregando dois enormes baldes de água, e suando.

Vejo mais baldes alinhados do lado de fora do banheiro do andar de baixo.

— Estamos sem água — explica Maximo.

— Por que está fazendo tudo isso sozinho? — pergunto. — Deixe-me ajudá-lo.

— Já terminei — diz ele com a voz firme.

Olho para o xamã e me pergunto por que ele é incapaz de pedir ajuda, por que tem de resolver todos os problemas sozinho.

Mas Maximo não está nem um pouco interessado em falar sobre o problema da água. Quer falar sobre sua outra aprendiza.

— Acabei de subir para a sala de meditação — diz. — Maureen se foi.

— Ela deve estar na sala de estar. — Sorrio, pegando o braço dele.

Mas a sala está vazia. Além disso, a porta da frente está escancarada. Maureen foi embora sem se dar ao trabalho de se despedir ou fechar a porta, embora estejamos no meio da noite.

— Ela é uma criança! — exclama Maximo irritadamente, e então se cala.

Solidarizo-me com meu mestre em relação ao problema da água, mas, francamente, acho o último acréscimo ao repertório de histeria de Maureen hilário e ridículo.

Parte de mim fica feliz por ela finalmente também estar irritando Maximo.

43

Na tarde seguinte, eu estava descansando em minha cama quando Maximo bateu na porta.

— Annita, vim ver se você gostaria de dar uma caminhada.

Sentei-me.

— Quem vai? — perguntei. Depois da cerimônia, estava cansada e, naquele momento em particular, a perspectiva de sair com as "psicos" não era das mais atraentes.

— Só eu e você, espero — respondeu Maximo. — Se você quiser ir — acrescentou.

Olhei em seus olhos cor de âmbar brilhantes, admirando sua pele caramelo lisa e os fartos cabelos pretos bem penteados para trás de seu rosto acentuando a linha de seus maxilares firmes.

O sol já se punha enquanto seguíamos de mãos dadas por um caminho lamacento para as colinas logo acima de Urubamba. Havia altas sebes dos dois lados, o ar estava úmido e a atmosfera era claustrofóbica. Não passamos por nenhuma outra alma.

Só havia Maximo e eu.

Ao subirmos para as ruínas de uma velha casa colonial, ele me perguntou sobre a cerimônia, ouvindo com paciente interesse eu lhe contar o que vira.

— Mas em um determinado ponto senti minha mente interferindo — expliquei. — No momento em que isso aconteceu, não pude "ver" nada. Foi por isso que fui me sentar sobre a pele do jaguar.

O xamã assentiu com a cabeça ansiosamente.
— A razão destrói tudo — explicou. — É o inimigo número um de um xamã. Mas você descobriu como vencer os jogos de sua mente, Annita. — Ele se virou para mim e sorriu.
— Está aprendendo rápido, minha princesa — acrescentou, acariciando-me sob meu queixo.
Uma lembrança adormecida se agitou em minha barriga ao toque dele. O velho Maximo — o belo, cordial e acessível xamã — estava de volta. Não havia jogos, distrações ou Maureen. Na ausência de tudo isso, me senti mais perto do xamã do que nunca.
E, para ser honesta, depois de todos os jogos, parte de mim também se sentiu nervosa com essa intimidade.
— Também senti muita energia em minhas mãos na noite passada — disse eu, quando voltamos a caminhar. — Quero aprender como usá-la. Acho que esse é o próximo passo.
— Estenda as mãos — instruiu Maximo.
Eu as estendi.
— Qual é a diferença entre elas? — perguntou ele.
Hesitei.
— Minha mão esquerda parece um pouco mais pesada?
— Ótimo — disse ele em um tom de aprovação. — A mão que parece mais pesada é a que recebe energia. A mais leve é a que a transmite. Essa é uma regra importante.
— Isso muda, ou minha mão esquerda sempre será mais pesada?
— Muda — respondeu ele. — Pratique isso hoje. Quando o novo grupo chegar, começaremos a trabalhar com suas mãos.
Ao chegarmos às ruínas, Maximo pôs sua jaqueta no chão de pedra para mim e nós nos sentamos perto um do outro. Ele colocou o braço ao redor do meu ombro e repousei minha cabeça nele enquanto ficávamos sentados em silêncio vendo o sol se pôr nos campos impecavelmente arados abaixo de nós. O silêncio tinha tanto poder que quase podíamos ouvi-lo e lhe

sentir o gosto. Só era ocasionalmente quebrado por um coro de gorjeios de um bando de pássaros voando para passar a noite em casa, seus pequeninos corpos formando uma silhueta perfeita contra o céu do entardecer.

— Neste momento você sente falta de Londres? — perguntou Maximo gentilmente enquanto o mundo se tornava cor de laranja e o sol fazia sua descida elegante e final para o horizonte.

Essa foi a primeira coisa que qualquer um de nós disse desde que nos sentamos.

Balancei a cabeça.

— De modo algum — respondi.

Imediatamente percebi que isso era verdade. Eu estava longe de ansiar por minha vida em Londres. Depois das revelações da cerimônia e da aparente disposição de Maximo de me ajudar a aprender com minhas mãos, senti a luta interna e externa — que definira a vida desde que cheguei ao Peru — diminuir.

Naquele momento, observando o pôr do sol com o homem que eu adorava, eu estava totalmente em paz.

Sentindo os olhos de Maximo em mim, ergui os meus. Seus olhos me atraíram, me provocando, perturbando e dominando. Quando ele moveu a boca para tocar a minha, correspondi sem pensar. Mas então a realidade nos atingiu e nós dois recuamos simultaneamente.

Droga!, pensei. O que está acontecendo?

Pude ver meus pensamentos refletidos na expressão de Maximo.

Subitamente me tornei consciente do ar frio em minha pele, da luz desaparecendo do céu.

— Deveríamos voltar — disse ele.

Enquanto eu seguia Maximo até em casa, tentei entender nosso relacionamento.

Nós parecíamos vacilar entre gentil intimidade e fria distância, entre amor e algo semelhante ao ódio, entre atração e repulsa. Era como se estivéssemos circundando um ao outro como animais em um ritual primitivo de disputa pelo poder.

Quem é você, Maximo Morales?, desejei saber — não pela primeira vez ou pela última.

E o que você quer?

44

Houve um resultado palpável da decisão anterior de Maximo de impedir que metade das terapeutas bebesse o São Pedro na cerimônia. Pessoas se sentavam em grupos no micro-ônibus e até mesmo o xamã estava desanimado. Hoje ele não andava de um lado para outro distribuindo pequenas pílulas cor-de-rosa.

O micro-ônibus entrou em um estacionamento acima de Pisac e nós saímos. Em um ato típico do raciocínio peruano, o estacionamento fora construído no lado das montanhas oposto ao sítio inca, fazendo com que chegar ao pequeno conjunto de templos em seu centro exigisse um esforço hercúleo. Por um momento parei para admirar os picos pontiagudos rompendo o céu acima de nós e o sinuoso rio Urubamba passando ao lado da enorme folha de plástico azul brilhante centenas de metros abaixo de nós. Era dia de feira e sob essa arcada rústica ondulante ficava a praça principal de Pisac, com centenas de barracas vendendo frutas, vegetais, ponchos e bugigangas para turistas.

Eu adquirira um bom condicionamento físico durante meu tempo no Peru e comecei a ladear os largos terraços relvados que circundavam graciosamente os flancos das montanhas. As psicoterapeutas e Maximo seguiam devagar.

Meia hora depois, chegamos aos templos. Esses templos do sol, da lua e de outros fenômenos naturais eram um conjunto de simples cômodos de pedra sem telhados. O anúncio de Maximo de que os incas não usavam cimento para construir paredes — contando apenas com a arte humana para juntar as pedras — caiu bem e melhorou o humor pesado.

Voltando para o ônibus, o xamá veio até mim e pegou minha mão. Passamos por entre os diferentes templos até ficarmos em pé na frente de uma parede em ruínas feita de pedras lavradas juntadas randomicamente.

— O que estamos fazendo aqui? — perguntei desapontada.
— Você sabe o que é isso? — perguntou ele.
— Uma bagunça. — Suspirei.
— Não — respondeu Maximo firmemente. — Esta parede foi deliberadamente construída pelos incas para simbolizar o fracasso. A perfeição e o fracasso ficam lado a lado neste lugar sagrado para simbolizar os dois aspectos da vida — disse ele apontando para as paredes de pedra imaculadas dos templos. — Nenhuma vida é totalmente perfeita, Annita — declarou, virando-se de frente para mim. — E nenhuma vida é um total fracasso. — Quando ele falou a seguir, sua voz foi suave e humilde: — Do mesmo modo como ninguém é totalmente bom. Ou totalmente ruim.

Olhei para ele em silêncio.

— Certa vez meu mentor me disse — prosseguiu Maximo — que temos de passar por tudo na vida, o bom e o ruim, porque esse é o único modo de crescermos. E isso é a única coisa que importa — concluiu o xamá.

Continuei a olhar para ele. Minhas entrevistas tinham me ensinado que os peruanos se comunicam por meio de alusões, e eu soube que isso era um pedido de desculpas — um breve momento em que Maximo permitira que nos relacionássemos como dois seres humanos em pé de igualdade. Mas ao mesmo tempo ele havia voltado ao estereótipo e revestido nosso envolvimento de uma linguagem de aluna e mestre, restabelecendo mais uma vez a hierarquia.

Caminhamos para o ônibus juntos, mas em silêncio. Além de se desculpar, Maximo também estava me avisando de que haveria mais lutas por poder? Desejei saber.

Para o jantar de despedida do grupo, Maximo fizera reservas em La Retama, um restaurante abafado frequentado apenas por turistas. Os clientes comem pesados ensopados andinos enquanto ouvem música ao vivo alta — que entorpece a mente e impede qualquer conversa — e observam pessoas com pouco senso de ritmo dançando de um modo extravagante pelo restaurante. Isobel tomava sopa quando um homem veio até ela e a arrastou para a pista de dança improvisada. Ele nem mesmo lhe deu tempo para pousar sua colher.

Barb e eu estávamos em uma ponta da mesa. Quando Isobel tentou se juntar a nós, Barb foi veemente em sua objeção:

— Preciso ficar a sós com Annita — disse ela.

Observei Isobel se fechar visivelmente em si mesma. Senti pena dela.

— Conversarei com você daqui a pouco — disse eu sorrindo enquanto ela ia para a outra ponta da mesa.

Impassível, Barb pediu um chope grande, tomou metade de uma só vez e depois falou sobre Maximo.

— Não há como ele ser um curandeiro — anunciou em uma voz alta. — Ele é muito narcisista.

Felizmente, dado o ruído de fundo, não houve necessidade de Barb ser discreta. Isso foi uma vantagem, porque sutileza não era um dos atributos naturais da agradável psicóloga.

— Depois da cerimônia, peguei o resfriado que andava por aí — continuou ela. — Ontem à noite me senti tão mal que minha colega de quarto foi buscar o assim chamado xamã, que fez um pouco de trabalho corporal em mim e me deu uma daquelas pílulas que andou distribuindo durante toda a semana.

Então era para isso que elas serviam, pensei.

— Mas continuei a me sentir péssima — declarou Barb desdenhosamente. — Acabamos telefonando para a recepção e um dos mensageiros trouxe um pacote daquele pó efervescente que você mistura com água. Dez minutos depois de tomar o remédio, me senti ótima.

— Graças a Deus pelo mensageiro!

— Eu sabia que Maximo não me daria o São Pedro — continuou ela.

Ocorreu-me que após minha própria luta com minha mente durante a cerimônia, Barb — uma pessoa que vive em seu intelecto — poderia achar especialmente difícil relaxar. A interpretação de Maximo do remédio fez sentido. Como explicar isso para uma profissional californiana que pagara por uma viagem ao Peru para trabalhar com o cacto? É claro que essa era uma coisa totalmente diferente.

— Beber não é o objetivo supremo, Barb — disse eu gentilmente. — O São Pedro ainda opera sua magia se posto no corpo.

— Isso é interessante — respondeu ela — porque minha experiência foi tão poderosa quanto a de Isobel... — Barb fez uma pausa. — Estranhamente, nós duas tivemos a mesma intenção: parar de amar nossos ex-maridos. O meu me deixou por uma mulher mais jovem, Annita — sussurrou ela. — Fiquei arrasada quando ele foi embora. — Sua voz diminuiu de novo.

Então foi isso que aconteceu em 1975, concluí.

— Pensei muito nele durante a cerimônia — continuou Barb. — Sabe, quando você está solitária, se esquece de como as coisas eram horríveis.

Quando olhei para ela, notei que seus cílios estavam molhados. Esse era um novo lado de Barb — mais suave, mais gentil e mais real.

Peguei sua mão.

— De qualquer maneira — disse Barb com um sorriso triste —, na noite passada eu me lembrei e agora não há a menor possibilidade de querê-lo de volta. Estou triste, mas também em paz.

Por um momento, partilhamos um silêncio muito especial.

Ela abriu a boca e depois a fechou de novo, subitamente hesitante. Isso também era incomum em Barb.

Eu a olhei, na expectativa.

— Aconteceu algo estranho durante a cerimônia, Annita — começou Barb. — Quero lhe perguntar sobre isso... — Ela titubeou.

— É claro. — Sorri-lhe encorajadoramente.

Barb pigarreou.

— Houve um momento em que você foi para o centro da sala, não foi?

Assenti com a cabeça.

— A princípio pensei que estivesse implorando por Maximo. Mas então pensei para mim mesma: não, Annita tem mais juízo!

Comecei a rir.

— Então decidi me sentar e observar o que você estava fazendo — continuou Barb. — Isto vai parecer estúpido. — Ela estava ficando cada vez mais sem jeito. — Mas quando olhei para a pele do jaguar... quando olhei para você... você estava na sombra e tudo que pude ver foi aquele enorme felino negro. — Ela me olhou tímida e ansiosamente. — Quero dizer, não bebi o remédio. Então isso não foi como se eu estivesse viajando — acrescentou.

Nós ficamos sentadas em silêncio.

Eu não podia acreditar em meus ouvidos. Quando Jean me disse que vira minha pantera, muitos meses atrás, eu desprezei suas visões sem pensar. Mas Barb era alguém que eu respeitava e em quem confiava, e não podia simplesmente ignorar o que ela dissera.

Engoli em seco e respirei profundamente.

— Barb — comecei —, eu me sentei na pele do jaguar porque queria me conectar com o que os xamãs chamam de um animal de poder...

— Ouvi falar neles — interpôs ela.

Assenti com a cabeça.

— Barb, meu animal de poder é uma pantera-negra.

Ela olhou direto para mim. Sem parar para respirar, afirmou:

— Annita, você está fazendo a coisa totalmente certa, no lugar totalmente certo. A maioria das pessoas se arrasta pela vida, tentando se convencer de que acorda todos os dias por um motivo. Assim, o modo como elas gastam seu tempo tem algum tipo de valor. Mas você... — Ela fez uma pausa. — Você é uma xamã natural, Annita. E já está superando Maximo.

45

O domingo seguinte me viu perambulando com Ken por seu jardim da frente. Eu ainda tentava digerir a enormidade de minha conversa com Barb, de quem sentia muita falta.

O escocês apontou para seu sogro que regava plantas.

— Aquele homem está sempre ocupado — observou Ken enquanto entrávamos pela porta da frente e nos instalávamos nos dois enormes sofás que se destacavam em sua sala de estar. — Um dia eu lhe disse: "Pelo amor de Deus, é domingo, relaxe. Vá para o andar de cima e se masturbe por um longo tempo." É claro que ele não me deu ouvidos. — Ken suspirou.

Nossa risada foi como uma onda que se encapelou e quebrou, seguida de um cavado de tranquilo silêncio.

— Fale-me sobre o aprendizado, Annita — pediu Ken. — Como está indo? Um pouco melhor?

Comecei a inteirá-lo das fofocas da terra dos xamãs, dos jogos com Maximo que pareciam temporariamente suspensos, do último ataque de raiva de Maureen e da histeria das "psicos" mimadas.

— Portanto, tive minha cota de ocidentais ricos e carentes de que você me falou quando nos conhecemos — concluí.

A resposta de Ken foi um sorriso convencido.

— Então estou certo — declarou. — O xamanismo *é* bobagem.

— Eu não disse *isso* — retorqui.

O sorriso se tornou um ponto de interrogação.

— Ora, vamos, Annita. Isso é um circo Barnum e Bailey! — exclamou Ken. — Veja minhas experiências com Alberto.

— O xamã que mora em Palm Beach? — Sorri afetadamente.

— O xamã que mora em Palm Beach — concordou Ken. — Vou lhe dar um exemplo — começou ele. — Um dia Alberto apareceu na fazenda com um grupo de 30 turistas americanos. Pegou folhas de coca e eles começaram a dançar em um círculo, cantarolando "Karmi inca! Karmi inca!". Tínhamos trabalhadores de Cusco em outra parte das terras. Chamei um deles porque queria saber o que achava daquilo tudo. Ele deu uma olhada e perguntou: "Que diabos está acontecendo aqui?"

— Aposto que sim. — Ri.

— É um circo, Annita — repetiu Ken firmemente. — Pura invenção. Desconfio de que 80% dos locais no vale nem mesmo sabem o que é um xamã. Alberto é um grande apresentador, mas se alguém gravasse uma de suas experiências xamânicas e a ouvisse depois... Bem eu não seria vulgar a ponto de dizer que tudo é estupidez, mas grande parte disso é satisfação de desejos.

— Concordo — respondi.

Ken olhou para mim.

— Muitos pretensos messias surgiram para suprir o mercado de turistas. Como você sabe, conheci alguns deles! — Dei uma gargalhada, lembrando-me de Randy Sanchez. — Eles distorceram as tradições para ganhar dinheiro e seus modos intimidadores funcionam bem com turistas ricos e carentes que parecem deixar seu cérebro para trás quando saem de férias e querem que lhes digam o que fazer. Na verdade, eles atraem esse tipo de "curandeiro".

Ken assentiu ansiosamente com a cabeça.

— Quando me mudei para o vale, há 15 anos, os turistas estavam interessados em Machu Picchu, Sacsayhuaman e assim por diante. Hoje as ruínas não significam nada. Tudo é espiritualidade e misticismo da Nova Era. O grande negócio do xamanismo...

— O grande negócio do xamanismo superficial — interpus. — Mas como eu já lhe disse, vim aqui examinar a fundo o xamanismo, descobrir o que é o xamanismo verdadeiro, se é que existe tal coisa.

— E existe?

— Sim — respondi firmemente.

Eu não estava pronta para falar com Ken sobre minha pantera e me expor ao ridículo, mas a essa altura estava totalmente convencida da veracidade do mundo xamânico.

— Mas não está disponível em um prato para turistas com poder de compra que ficam aqui durante algumas semanas — continuei. — Esse é um mundo secreto e complexo. Se você quer ter acesso a ele, tem de trabalhar para isso.

Ken estudou meu rosto em silêncio antes de falar:

— Acho que a ironia do que está acontecendo é que há muitos pretensos xamãs, oportunistas que acabam estragando a coisa toda porque, se você compra uma caixa de ovos e dois estão podres, não vai comer os outros 10... — Ken fez uma pausa e estudou meu rosto. — Você é uma jovem intrigante, Annita — concluiu assentindo lentamente com a cabeça para si mesmo. — Além disso, está mudando. Para melhor.

— Eu nunca teria chegado tão longe sem você, Ken. — Sorri-lhe gratamente. — Teria ido embora do Peru há muito tempo.

Ele se levantou e me envolveu em um longo e paternal abraço.

— Venha aqui sempre que quiser, Annita — disse. — Se você quiser conversar, assistir a um filme ou simplesmente se sentar e ler, minha porta estará sempre aberta.

Na manhã seguinte, Maximo e eu estávamos tomando café da manhã sozinhos.

— Recebi um e-mail de Maureen no fim de semana — disse ele.

Ahá, pensei. Eu estivera me perguntando qual seria o próximo episódio na saga de Maureen. Esperei que ele continuasse.

— Ela me disse: "Você está ensinando a Annita, não a mim. Estou chateada e vou voltar para os Estados Unidos." — O xamã balançou a cabeça. — Ela estava aqui havia três meses. Três meses! — gritou ele. — Eu passei três meses subindo uma montanha sob as ordens do meu mentor. Durante três meses, todos os dias subi a mesma montanha. Maureen é impaciente demais. Nunca se tornará uma xamã.

Resisti à tentação de retorquir com um gracejo. Não podia levar a sério o último ataque de raiva de Maureen — ou seu efeito em Maximo. Não entendia por que Maximo estava tão abalado — especialmente porque, segundo ele, se não for para uma pessoa trilhar o caminho xamânico, o Universo garantirá que em algum ponto ela irá embora. Fiquei feliz por Maureen estar pensando em partir. Com ela fora de cena, haveria uma chance de meu relacionamento com Maximo ser mais tranquilo.

— Não posso mudar o modo como as tradições são passadas há milhares de anos apenas para adaptá-lo a Maureen — dizia ele. — O xamanismo não pode ser ensinado em uma sala de aula com um quadro-negro ou um computador — sussurrou. — É muito mais imaginativo e criativo do que isso.

Isso eu entendia. Pensei na ênfase constante de Ken nas diferenças culturais entre o Peru e a Inglaterra. Eu nunca as levara muito a sério, considerando-as meras desculpas para o mau comportamento de Maximo. Mas talvez Ken estivesse certo. Talvez alguns — não todos, mas alguns — dos problemas se devessem a dificuldades de traduzir o *modus operandi* de um mundo para outro.

— Você se lembra de que me sentei na pele de jaguar durante a cerimônia? — perguntei, mudando de assunto. Queria a opinião dele sobre o que Barb havia visto.

Maximo assentiu com a cabeça.

— Minha intenção era me conectar com minha pantera, meu animal de poder...

— A pantera é um arquétipo para você — interpôs o xamã distraidamente, levantando-se para pegar mais café.

O quê?, pensei.

— Não é seu animal de poder! — gritou ele por cima do ombro.

Eu o observei em silêncio.

— Um arquétipo — continuou Maximo — é algo que representa certos atributos: poder, insight e assim por diante. Se a pantera fosse seu animal de poder, você se tornaria uma.

Não posso acreditar nisso, pensei. Por que minha pantera é um problema tão grande?

Contudo, eu não iria me deixar abater pelas oscilações imprevisíveis de Maximo — de cordial encorajamento a frio desprezo. Esperei que ele voltasse a se sentar.

— Quando fui me sentar na pele — expliquei com uma voz fria —, Barb me observava. A princípio ela pensou que eu estivesse me prostrando diante de você...

— Que estupidez! — interpôs ele.

— Mas então, quando ela olhou com mais atenção, viu um enorme felino negro.

Imediatamente o xamã ergueu os olhos de seu café.

— Quando eu estava na pele — repeti com uma voz determinada —, minha intenção foi me conectar com minha pantera. Meu animal de poder.

O xamã me olhou friamente, sem responder.

Como sempre, eu não tinha a menor ideia do que estava acontecendo. Mas senti prazer em superá-lo em esperteza. Estava começando a me adaptar ao mundo xamânico, e as mudanças de humor de Maximo não eram mais tão perturbadoras.

O xamã não tinha mais o poder sobre mim que um dia teve.

46

Eles eram altos. Bonitos. Bem-vestidos. Acima de tudo, eram sorridentes. O novo grupo — um bando de advogados, médicos, designers de moda e artistas de Nova York que por acaso também eram gays — animou Wasi Ayllu com a total exuberância de seu apego à moda, seu sucesso material e sua inteligência. O melhor de tudo é que não havia um só hippie com incontinência emocional entre eles. Em vez disso, o grupo era composto por aficionados do Primeiro Mundo — capazes de se manter coesos na vida normal e motivados por um genuíno interesse em aprender sobre as tradições espirituais do Peru, em vez de querer ser salvos de si mesmos.

Eram pessoas com quem achei que poderia fazer amizade, pessoas das quais achei que meus amigos — até mesmo Edward — gostariam. Elas conquistaram imediatamente meu respeito. E provaram o que eu sempre esperara e o que a presença de Barb no grupo anterior sugerira: que havia um lugar para o xamanismo no Primeiro Mundo. Ele era relevante não só para os adeptos da Nova Era.

O novo grupo me deu uma sensação de entrosamento que eu não tinha havia anos.

O aprendizado estava agora entrando em seu último mês. Eu havia me despedido de Maureen antes de ela viajar. Tinha até mesmo tirado o melhor de Maximo. E confirmara que havia algo no xamanismo. Só faltava descobrir se as artes xamânicas eram realmente valiosas — se tinham uma aplicação prática diária com resultados reproduzíveis.

O grupo havia optado por passar sua primeira semana viajando pelo norte do Peru. Por isso, dois dias depois me vi percorrendo quilômetros de deserto pouco inspirador com a monotonia quebrada pela ocasional velha e suja bananeira, pilhas enormes de lixo sendo queimado e favelas que consistiam em casebres de chapas corrugadas com telhados de plástico. O oceano Pacífico era uma fina linha cinza no horizonte, quase indistinguível do céu cinzento. A paisagem era deprimente e pesada. Em Cusco e no vale, o charme do meio ambiente e a atitude das pessoas de algum modo suavizam sua muito óbvia pobreza. Em contrapartida, aqui, no norte, só se via miséria em todas as direções.

Nosso transporte era um micro-ônibus azul desbotado com os bancos mais estreitos que eu já vira (um problema pequeno na ausência de Maureen), sem suspensão (um problema maior, dado o estado das estradas não pavimentadas) e um motor muito velho (uma catástrofe, porque isso significava que chegar a 50 quilômetros por hora era um pequeno milagre).

Enquanto pulávamos como bolas de pingue-pongue, Maximo veio até mim e mencionou trabalhar com minhas mãos. Ele praticamente havia me ignorado desde a conversa sobre minha pantera, e fui pega de surpresa. Porém, fiquei muito grata por uma distração de nosso ambiente perturbador.

— Nick está com enxaqueca — explicou Maximo. — Veja se você pode trabalhar nele.

Nick, um médico chinês musculoso, de cabelos pretos e olhos azuis, era o líder do grupo.

Não tenho nenhum problema em trabalhar nele, decidi, com um sorriso de satisfação se espalhando pelo meu rosto. Mas antes de eu poder perguntar a Maximo como deveria fazer isso, ele se afastou. Muito previsível!, pensei.

Mas eu não perderia essa oportunidade, por isso me levantei e tentei andar pelo corredor com a mesma fria segurança do xamã. Em vez disso, balancei de um lado para outro e quase acabei no colo de Nick. Esse não foi um bom começo. Mas o médico não pareceu nem um pouco perturbado. Simplesmente me deu um belo sorriso artificialmente clareado e estendeu os braços para me firmar.

Perguntei-lhe cautelosamente se poderia trabalhar em sua enxaqueca, esperando que ele não risse dessa ideia.

— É claro — respondeu Nick com um sotaque nova-iorquino arrastado que teve um efeito estranhamente relaxante. — Você está estudando com Maximo, não é, Annita?

— Tentando. — Sorri-lhe.

No momento em que suavizei o olhar com o objetivo de examinar Nick, senti uma forte dor passando do meu pescoço para o cérebro.

— Tenho torcicolo e o lado direito do meu crânio dói porque tenho um problema na vesícula biliar — anunciou ele confiantemente antes de virar de costas para mim.

Então minha capacidade de sincronização está boa, pensei. Mas posso fazer alguma coisa para aliviar a dor de Nick?

Experimentei encostar a mão na cabeça dele.

— Diga-me o que sente — pediu Nick.

Eu não tinha a menor ideia de qual era a resposta certa. Por isso, fiquei em silêncio durante um longo tempo.

— Há uma linha quente do lado direito do seu crânio — aventurei-me a responder. — Do outro lado está frio... — Fiz uma pausa. — Só estou começando a aprender como trabalhar com minhas mãos, Nick — confessei timidamente.

— Deveria definitivamente continuar — encorajou-me Nick. — Você tem uma energia poderosa, Annita. Sinta um pouco longe da pele — acrescentou.

Fiz o que ele sugeriu.

— O lado esquerdo da sua cabeça parece liso como um balão enquanto o direito parece irregular.

— Sim. — Ele assentiu com a cabeça. — Não há muito mais do que isso.

— É mesmo? — perguntei incredulamente.

— É — respondeu ele. — Agora apenas ponha sua mão sobre o lugar onde a energia parece irregular e espere até ela parecer mais uniforme.

Isso demorou apenas alguns minutos.

— Obrigada, Nick! — exclamei. Foi um grande alívio aprender com alguém de um modo descomplicado que correspondia ao que eu pensava sobre a instrução. Uma clara sensação de alívio me invadiu quando percebi o quanto ansiara por esse tipo de simplicidade, essa opacidade.

— Eu é que *lhe* agradeço — respondeu Nick. — Você é realmente talentosa, Annita.

— Você acha? — perguntei, incrédula.

— Eu sei! — Ele riu, virando-se de frente para mim. — Tenho essas dores de cabeça desde quando posso me lembrar. Só encontrei umas poucas pessoas que conseguiram acabar com elas tão rápido quanto você.

Fiquei totalmente surpresa. Sorri ao andar de volta para meu banco.

Então o xamanismo tem uma aplicação poderosa e útil na vida real, concluí. E parece que eu também tenho.

Do mar de areia que nos cercava por todos os lados surgiu uma pirâmide enorme e truncada. Havíamos demorado seis horas para chegar ali e, quando levantamos nossos traseiros doloridos dos bancos incrivelmente estreitos do micro-ônibus sem suspensão, Andrew — o parceiro forte de Nick — expressou o que todos nós estávamos pensando.

— É melhor que isto seja bom — gracejou ele.

Deus, eu adoro esses homens!, pensei.

— Bem-vindos a El Brujo — anunciou Maximo.

— El Brujo — repeti. — O bruxo. — Fiquei intrigada com o nome.

Enquanto o arqueólogo-chefe afastava o grupo da pirâmide, Maximo se aproximou silenciosamente de mim, pôs o dedo sobre a boca e pegou minha mão.

Surpresa demais para dizer alguma coisa, eu o segui subindo por uma das faces de El Brujo, através do platô arenoso no topo e de um pequeno buraco escuro. Parei por um momento, piscando em um esforço para acostumar meus olhos com uma escuridão tão completa que parecia possuir uma presença física. Havia algo de irresistivelmente íntimo e romântico em estarmos ali juntos, sozinhos dentro da Terra. Depois de todos os jogos, eu me sentia um pouco receosa.

— Uma múmia do sexo feminino foi descoberta aqui duas semanas atrás — sussurrou Maximo, virando-se na minha direção.

Seu rosto estava tão perto do meu que senti seu hálito quente em meu pescoço. Na silenciosa penumbra, só consegui distinguir uma série de valas retangulares alinhadas perto uma da outra. A curiosidade venceu meu receio.

— O corpo dela estava coberto de joias e tatuagens de serpentes e aranhas — dizia Maximo.

— Ela era El Brujo? — perguntei.

Maximo assentiu com a cabeça.

— Ela era El Brujo, a xamã. E esta pirâmide era sua tumba.

— Eu nunca conheci uma xamã — sussurrei.

— Isso é porque elas são raras.

Senti Maximo hesitar, como se não soubesse se deveria me dizer alguma coisa.

— Os xamãs do sexo feminino são os mais poderosos, Annita — sussurrou ele.

Sua voz foi tão baixa que tive de me inclinar em sua direção. Meu ouvido roçou em seus lábios. Apesar dos protestos da minha mente, eu estava louca para me virar para ele e colar meus lábios nos seus. Mas não sabia se isso era uma boa ideia — para qualquer um de nós —, e então me forcei a ficar totalmente imóvel.

— Por quê? — perguntei, tentando me concentrar.

— Porque os xamás só contam com o poder da Natureza, e uma mulher está perfeitamente sintonizada com a Terra em razão do ciclo menstrual e do parto. É preciso muito trabalho para um homem ter a mesma conexão. Muito trabalho — sussurrou ele. — Venha — disse.

Andamos nas pontas dos pés ao redor das valas em respeitoso silêncio, como se temendo profanar seus segredos antigos, até Maximo parar abruptamente. Envolvendo-me em seus braços fortes, ele me virou com uma confiança tão eroticamente firme que estremeci. Eu estava cara a cara com um monstro perfeitamente preservado de 1.500 anos. Sufoquei um grito ao ver os enormes caninos da figura em mosaico, os cabelos revoltos como ondas e os braços curvados em patas de caranguejo colossais.

— Deus — sussurrou o xamá em meus cabelos.

Consumida por uma combinação de desejo ardente e emoção profunda diante de uma arte antiga tão bela e sofisticada, só consegui assentir com a cabeça silenciosamente.

— El Brujo incorporou o poder da Natureza, Annita — sussurrou Maximo. — Incorporou Deus. Um xamá do sexo masculino só pode sonhar em chegar a esse nível.

Ao caminharmos de volta para a entrada, a fim de esperar pelo restante do grupo, percebi que o xamá abrira uma pequenina porém crucial janela para si mesmo, sua vida e suas motivações. Entendi por que ele me contara a história sobre os cactos semanas atrás. Estava me preparando para as semanas por vir, fazendo alusão à humildade e ao compromisso que os xamás estimulam em seus aprendizes simplesmente fazendo-os esperar e padecer. E em parte também entendi os jogos com Maureen.

Pensei em nossa conversa diante da parede em ruínas em Pisac e na contrição de Maximo. Percebi o quanto aquele momento era importante. Com seu comportamento, Maximo demonstrara algo que me dissera muito tempo atrás — que um xamã não é um sacerdote, não é um deus. Um xamã — como qualquer celebridade, um professor de economia, um ganhador do Prêmio Nobel, um autor aclamado pela crítica ou qualquer pessoa — é apenas um ser humano.

É apenas luz em movimento.

E, por isso, Maximo e eu éramos — e realmente sempre fomos — iguais.

47

O cemitério de Urubamba está cheio de famílias, flores, fogueiras e um cheiro forte de desinfetante barato. Avós caminham vacilantemente ao redor de tumbas desordenadas e começam a esfregar lápides. Seus netos, crianças com não mais de 5 anos, arrancam as ervas daninhas que cresceram durante um ano e as atiram em uma das fogueiras espalhadas pelo lugar, das quais se erguem finas nuvens de fumaça no ar fresco do início da manhã.

Nós havíamos voado para Cusco na tarde anterior e voltado ao vale ocre. Nunca vi um cemitério tão cheio de gente e atividade. E ainda nem eram oito horas.

— Hoje é o Dia dos Mortos — explica Maximo. — A ideia é os vivos e os mortos passarem o dia juntos. Mais tarde há uma festa e as famílias comem, bebem e fumam com os espíritos de seus ancestrais.

— Como? — pergunta Nick.

— Eles colocam um prato e um copo ao lado do túmulo e sempre que comem ou bebem algo dão um pouco para seus ancestrais mortos. Acontece o mesmo se os homens têm um cigarro; eles o acendem duas vezes.

Andamos pelo cemitério. Quando as matriarcas acham que os túmulos estão bastante limpos, elas os cobrem com flores muito coloridas e usam os serviços da banda residente do cemitério — dois adolescentes de cabelos compridos e túnicas brancas que parecem absolutamente alérgicos à hora do dia — para fazer uma serenata para seus parentes mortos.

Não vejo lágrimas, apenas uma grande dedicação a um ritual simples, porém preciso. Nesse mundo, a morte é apenas outro passo no caminho da existência e, como tal, sua presença na vida dos vivos é palpável.

Quando penso nos cemitérios desertos da Inglaterra, fico impressionada com a sabedoria indescritível da abordagem andina. De algum modo, a vida é uma experiência mais completa e real quando a morte tem cores brilhantes e um rosto sorridente, em vez de ser banida para os confins acinzentados de um túmulo esquecido.

Descobrimos o que festejar com os mortos envolvia mais tarde, naquela noite. Urubamba estava animada com a farra, as ruas cheias de locais rindo e dançando.

Avistei Ken entre eles. Ele me acenou e passou com dificuldade pela multidão para ir ao meu encontro.

— Não a vejo há dias, Annita — disse Ken efusivamente, me envolvendo em um abraço. — Você está bem? Está tudo bem com o aprendizado?

Ergui os olhos para ele e fiz um sinal afirmativo com a cabeça. Seus olhos transmitiam calor humano, e percebi o quanto eu gostava do meu amigo escocês.

Nick e eu nos sentamos perto um do outro durante o jantar em Pizzonay, a pizzaria de Urubamba. Desejei saber como ele havia aprendido a mover energia com as mãos.

— Dirijo uma clínica de medicina alternativa em Nova York — disse ele. — Mover energia, por meio da acupuntura ou de minhas mãos, é o meu trabalho. Eu era um médico ocidental tradicional — acrescentou Nick.

— O que você fazia?

— Eu era cirurgião — respondeu.

— Isso não é apenas ser um médico ocidental tradicional! — exclamei.

— Trabalhei em um hospital alopático durante 20 anos — recordou Nick. — Na faculdade de medicina, os detentores do poder gastavam muito tempo e energia tirando de nós qualquer ideia mística, e durante a maior parte da minha carreira baseei meu trabalho nessa abordagem super-racional. Mas a ciência não pode explicar tudo — acrescentou pensativamente. — Há muitas coisas que a medicina ocidental não entende.

— Como o quê? — perguntei intrigada.

— Principalmente a relação entre mente e doença — respondeu ele. — Também conhecida como efeito placebo — acrescentou.

— Achei que toda essa coisa de efeito placebo fosse um modo educado de dizer que o problema de uma pessoa é psicossomático — retorqui. — Um produto da imaginação dela.

Nick começou a rir.

— Essa é a atitude predominante nos círculos médicos, é claro. Placebo é um palavrão. Veja bem, não é cientificamente quantificável. E, o que é ainda mais importante, faz as empresas farmacêuticas ganharem dinheiro... — Ele fez uma pausa. — De fato, Annita, o efeito placebo explica até certo ponto por que algumas pessoas reagem bem a um tratamento médico, e outras com os mesmos fatores de risco e prognósticos não.

— Como?

— Isso tem a ver com suas crenças. Se um paciente acredita que um tratamento dará certo, terá muito mais chances de dar. O efeito placebo é realmente a forma mais poderosa de cura, porque é o modo de o corpo se curar.

Essa era uma interpretação totalmente nova de um fenômeno que eu sempre considerara um termo velado para a hipocondria.

— Melhor ainda — dizia Nick —, é grátis, não tem efeitos colaterais e está disponível para todos. Como médico, por que eu iria querer o efeito placebo do meu lado? Os xamás trabalham com ele há milhares de anos.

Eu estava totalmente fascinada e tive vontade de bombardear Nick com mais perguntas. Mas naquele momento uma banda entrou no pequeno restaurante e começou a tocar uma versão rápida de "El Condor Pasa". Nick e o restante do grupo se levantaram para dançar. Andrew e eu — contidos por uma necessidade de preservar alguma aparência de compostura — permanecemos sentados.

De repente ele começou a rir.

— Olhe lá para fora! — disse rapidamente.

Um enorme grupo de locais havia encostado o nariz na janela. Estavam apontando para os dançarinos e rindo loucamente. Perguntei-me o que pensavam de nós, os turistas invadindo seu país. Mas fiquei feliz por fazer parte do grupo. Porque em meus novos amigos havia encontrado algo muito especial pelo qual procurara desde o momento em que pisei pela primeira vez em solo peruano — pessoas abertas ao mundo xamânico e ao mesmo tempo com um toque intelectual e um pendor para o materialismo.

Em sua amizade, eu me encontrei.

48

Fui a primeira a chegar à sala de meditação.

A pele de jaguar de Maximo estava no chão. Sentei-me nela e pedi ao felino para me ajudar a examinar Nick — descobrir a causa básica de suas dores de cabeça — e me dar a oportunidade de trabalhar com minhas mãos. A expectativa e o peso dessa responsabilidade estavam me deixando nauseada. Mas sorri para mim mesma quando o médico se sentou na minha frente.

Logo depois de todos terem bebido o remédio, notei luzes brancas dançando ao redor do pescoço e da cabeça de Nick. Sentei-me reta e as olhei com mais atenção.

Ao mesmo tempo, Maximo se virou para mim.

— Annita?

— Sim.

— Você pode sentir a planta?

— Sim.

Imediatamente ele pegou seu chocalho. Fiquei intrigada. Maximo nunca havia se preocupado com meus movimentos durante uma cerimônia. E, contudo, aqui estava ele iniciando os trabalhos sob a minha liderança.

Então eu tinha razão, pensei entusiasmadamente. El Brujo realmente marcou uma mudança em nosso relacionamento.

Maximo havia terminado de sacudir o chocalho e estava vindo em minha direção.

— Annita, tente sentir o que estou fazendo — disse ele, ajoelhando-se ao meu lado. — Vou limpar seu estômago — acrescentou.

Sorri ao poder do insight xamânico enquanto sentia dois de seus dedos passarem pela parte inferior de meu estômago nauseado e um terceiro no vértice. A sensação que a mão de Maximo produzia era a de uma pata. Quando pareceu que estava segurando meu estômago com essa pata, ele moveu lentamente seus dedos na direção um do outro. A energia pulsante se contraiu sob seu toque. Quando se encolheu em uma bola, Maximo passou a mão pela área em um movimento similar ao modo como um gato agarra um rato, e a energia deixou meu corpo.

Maximo repetiu essa ação algumas vezes até meu estômago aliviar e o formigamento desaparecer.

Ele foi embora e fechei os olhos.

Uma criança de cabelos pretos estava em pé na frente de uma mulher que segurava uma garrafa de cerveja vazia pela metade. Era óbvio que o garoto era Nick e a mulher era a mãe dele. Ela começou a gritar, engolindo as palavras em seu bêbado estupor. Ele ficou em pé, imóvel, mordendo o lábio — silenciando sua voz — em uma tentativa de se tornar invisível. Senti uma compaixão profunda por Nick e ficou totalmente claro para mim que suas dores de cabeça começaram nessa época.

Vi-me concentrada em meu coração e enviando intuitivamente para o médico a cor azul, a cor da expressão.

Quando abri os olhos e me sentei reta, luzes azuis dançavam ao redor da cabeça e garganta de Nick. Ele começou a tossir violentamente e ouvi uma criança de 5 anos tentando pôr em palavras uma situação que não entendia e emoções que não conseguia expressar direito.

— Um pouco de energia entrou em meu primeiro e segundo chacras, Annita. — Maximo estava ao meu lado, tendo acabado de trabalhar em outra pessoa. — Gostaria que você a removesse para mim — anunciou ele.

— O quê?! — exclamei.

Droga!, pensei. Eu só havia trabalhado com minhas mãos pela primeira vez alguns dias atrás. Após semanas sem nenhuma ação xamânica (na verdade, nenhum tipo de ação), você tem de fazer tudo — lições e exames — em uma única noite.

A pressão era esmagadora.

— Apenas siga sua intuição — acrescentou Maximo casualmente.

Ele se deitou no chão de madeira perto do meu colchão e esperou. Poderosamente. Pacientemente. Os lagos Jaguar em Ausangate surgiram em minha mente.

Essas não eram as qualidades que eu havia sentido lá? — perguntei a mim mesma.

Ao me arrastar de modo a ficar ajoelhada ao lado do xamã, olhei de relance para seu rosto ao luar prateado que entrava pelas janelas. Minha respiração ficou presa em minha garganta. Maximo era lindo. Ao mesmo tempo, vi o sorriso brincando em seus lábios. Revirei os olhos para o céu. Maximo também era o jogador mais incansável que eu já conhecera.

Senti-me como se tivesse esperado por esse momento a minha vida inteira. E agora havia chegado. Mas em vez de estarmos na privacidade do meu quarto, onde poderíamos nos divertir com alegre abandono, estávamos em uma maldita cerimônia onde eu tinha de manter uma aura de profissionalismo.

Respirando profundamente, coloquei uma das mãos na gola rulê de Maximo e a puxei para cima. Então procurei seu cinto e abri a fivela devagar. Não tirei os olhos de Maximo. Contudo, o xamã olhava fixamente para o teto. Somente quando puxei suas calças cargo para baixo, senti um tremor subindo por sua espinha dorsal.

Ele se virou para olhar para mim.

Nós nos olhamos fixamente.

Senti uma combinação de excitação e triunfo.

Momentos depois ele voltou a olhar para o teto e voltei a olhar para sua barriga. Logo me distraí com seus músculos abdominais, sua pele lisa e escura, a fina linha de pelos que descia de seu umbigo... Forcei-me a prestar atenção na tarefa à frente.

Testando cuidadosamente qual mão era a mais pesada e depois pondo minha palma esquerda na barriga do xamã, fechei os olhos e tentei concentrar toda a minha atenção nessa mão, nesse abdômen. Não consegui sentir nada. Comecei a passar meus dedos de leve sobre a pele ardente de Maximo. Seus intestinos pareciam calmos e planos.

Por que ele disse que seu segundo chacra estava congestionado? Desejei saber. Isso era apenas outro maldito jogo?

Abaixei um pouco mais minha mão.

Ainda nada.

Perguntando-me se todo o exercício era apenas uma desculpa para me fazer tocá-lo, abaixei ainda mais minha mão. Meus dedos roçaram em sua rigidez. Imediatamente abri os olhos. Mantendo minha mão imóvel, olhei para o rosto do xamã. Agora ele estava no escuro, mas pude senti-lo me observando. Nenhum de nós disse uma só palavra. Nossa respiração ofegante falou por nós.

Subitamente percebi algo formigando sob meus dedos.

Finalmente!, pensei.

Voltei a me concentrar em limpar o primeiro chacra de Maximo. Enquanto eu erguia minha mão no ar, linhas brancas de estática desciam rapidamente por suas pernas.

Deus!, percebi maravilhada. Realmente estou movendo energia. Absorta em minha tarefa, continuei até não conseguir sentir ou ver mais nada.

— Obrigado, minha princesa. — O xamã se levantou e se curvou diante de mim com uma humildade que eu nunca vira. — Você é demais, Annita — sussurrou ele.

Seu elogio — tão duramente conquistado — foi emocionante. Quase me convenceu a ignorar a surda vibração do desejo frustrado dentro de mim.

Quase.

Uma noite agitada com imagens da pele cor de caramelo de Maximo brilhando ao luar me disse que meus poderes de raciocínio e controle não eram páreo para essa intensa luxúria.

E, na verdade, eu não queria que fossem.

49

— Não posso acreditar em como me sinto ótimo.

Nick e eu estávamos sentados perto um do outro durante outra interminável viagem em outro micro-ônibus.

— Antes de eu começar a tossir, senti você tirando a energia de minha garganta e cabeça — disse ele. — Mas não estava nem mesmo me tocando. Você não tem ideia do quanto é poderosa, minha xamã.

Senti um misto de incredulidade e assombro. Uma onda de emoção me varreu enquanto eu me lembrava de tudo pelo que tive de lutar, das políticas que tive de superar, do cinismo interior e da autoconfiança que tive de dominar para chegar aqui.

Havia uma última coisa que eu queria confirmar.

— Ontem à noite eu tive uma visão, Nick — comecei. — Estava me perguntando... — Aquela não era uma pergunta fácil de fazer. Decidi que a melhor abordagem era a direta. — Sua mãe era alcoólatra?

— Como você pôde ver isso? — perguntou ele.

— E suas dores de cabeça começaram quando você era muito pequeno? Por volta dos 5 anos?

Ele assentiu com a cabeça e em seu rosto — por um breve segundo — vi a criança mordendo seu lábio.

Às vezes a vida anda muito rápido e exige toda a nossa energia apenas para a acompanharmos. Como agora. Menos de uma semana atrás eu me perguntara se o xamanismo tinha alguma aplicação prática sustentável. Agora parecia inconcebível eu ter me perguntado isso.

Mas uma semana atrás eu também me perguntara se Maximo algum dia me ensinaria e incentivaria. Se algum dia admitiria que me desejava. Agora parecia inconcebível eu ter posto em dúvida essas coisas. Minhas emoções eram um redemoinho de contradições. Eu me sentia feliz porque, em vez de perder meu tempo perseguindo uma fantasia inútil, o aprendizado valera muito a pena. Mas essa felicidade tropeçava em uma mistura de expectativa, esperança e ansiedade em relação a onde as semanas restantes com Maximo me levariam.

Devemos acabar dormindo juntos, pensei. Não devemos?

As fontes quentes das quais Aguas Calientes, a cidade abaixo de Machu Picchu, tirou seu nome, incluem uma série de piscinas na beira da cidade, na subida de uma íngreme colina. Situadas em uma cavidade ao pé das montanhas, elas são inacessíveis depois do pôr do sol. De algum modo, Maximo conseguiu organizar uma sessão de banhos particular. Chegamos justamente quando os últimos turistas estavam indo embora.

O vapor sobe da superfície da água para o ar cortantemente frio do anoitecer. Depois de vestir meu biquíni, desço os degraus para uma das piscinas. Terra arenosa arranha meus pés. Enxofre malcheiroso arde em minhas narinas.

Podíamos ter o lugar só para nós, mas não exatamente ter evitado forte competição, concluo.

De repente, o crepúsculo é extinto por um implacável brilho de néon. Por algum motivo, os guardas que cuidam das fontes durante o dia decidiram inundar o complexo de luz. Isso tem o efeito de expor meu corpo branco em trajes menores.

— Graças a Deus você é uma jovem bonita — entoa uma voz com sotaque nova-iorquino.

Andrew está entrando na piscina. Rindo, percebo minha sorte de não visitar as fontes com alguns dos outros grupos — justamente quando os guardas apagam as luzes, sem nenhuma explicação. Pouco a pouco as fontes readquirem seu ar de sombrio mistério.

Maximo entra na piscina. Uma presença poderosa, ele se eleva acima de todos.

Ah, Deus!, penso. Não consigo tirar os olhos de seu corpo musculoso.

— Escolham um parceiro e o segurem de modo que ele fique deitado de costas com as orelhas debaixo da água — instrui ele.

Sinto um tapinha em meu ombro. Nick está ao meu lado. Ele me segura em seus braços enquanto deito cautelosamente na água de cheiro enjoativo. No início, meu corpo é como papelão ao seu toque. Mas quando ergo os olhos para as montanhas majestosas se erguendo acima de nós, sentinelas da noite brilhando como brasas ardentes às luzes da cidade, sinto-me começando a relaxar.

E agora uma sinfonia de sinos vem em minha direção através da água. O som é límpido e purificante — um abraço líquido me envolvendo. Sinto-me como um bebê, embalada, segura e totalmente dependente. Perdendo minhas inibições, aprecio a sensação de ser segurada.

Maximo está ao meu lado. O restante do grupo começou a partir para a cidade e estamos sozinhos na água. Noto que ele está segurando dois pequenos sinos dourados.

— *Você* estava tocando os sinos! — exclamo.

Ele faz um sinal afirmativo com a cabeça.

— Tocar os sinos na água recria os primeiros sons que o feto ouve no útero através do saco amniótico — explica. — Quando ouvimos esses sons novamente como adultos, voltamos ao tempo em que éramos totalmente cuidados. É nos estados de relaxamento profundo que o corpo libera o estresse armazenado: raiva, tristeza e assim por diante. Isso, Annita, é cura real e profunda.

Fico surpresa com o quanto eu estivera sincronizada com o que o xamã estava tentando fazer.

— É claro. — Ele ri. — Não se esqueça de que você e eu estamos muito conectados, minha princesa — sussurra, tomando-me em seus braços.

Sua pele aveludada e ardente encosta na minha. Sua respiração ofegante ressoa em meus ouvidos. O desejo toca em um lugar profundo lá dentro. Acho difícil me concentrar.

— Annita — sussurra Maximo em meu pescoço. — Você aprendeu a se sincronizar, ver com seu coração e mover energia. É hora de eu lhe ensinar mais sobre liberação. Eu a ajudei com acupressão e você também usou um cristal, mas agora deve aprender a fazer isso sozinha. Ele se afasta de mim. — Fique em pé com as pernas abertas e tente liberar através do seu períneo, contraindo e relaxando os músculos. — Seu tom é entre sério e divertido.

Você deve estar brincando, penso.

Mas ele não está.

Contudo, infelizmente sem os cristais — sem as mãos de Maximo — a sensação de energia correndo pelo meu corpo é apenas uma vaga lembrança. Não consigo sentir nada.

— Então ponha a mão entre as pernas — diz Maximo.

O quê?, penso.

— O que sente? — insiste ele.

Sou consumida por um estranho híbrido de lânguida luxúria e profundo constrangimento. Não sei se devo agir como uma aspirante a xamã ou aspirante a amante. Mas Maximo está me consumindo com seu olhar, e percebo que não tenho mais energia para lutar.

Decido que não me importo mais com esses limites pouco claros e desato meu biquíni. Estou no Peru, não em Londres, e no Peru é assim que as coisas são.

— Feche os olhos — sussurra o xamã.

Finalmente!, penso. Espero ansiosamente sentir suas mãos em mim.

Espero por um longo tempo.

— O que sente? — repete ele.

Suspirando internamente com resignação, tento me concentrar em meio à névoa do desejo.

— Rígida — respondo. — Contraída.

— Sinta aqui — diz ele, pegando minha mão com autoridade e soltando a corda de seu calção Hugo Boss.

O quê?, penso de novo. Eu não esperava por isso.

Com uma mistura de timidez e incredulidade, ergo os olhos para Maximo. Contudo, seu rosto está sombreado e sua expressão é inescrutável. Mas agora ele está com a mão sobre a minha e a guiando em sua direção.

Mas Maximo não guia minha mão para seu pênis. Em vez disso, procura a pele macia em sua base.

Estou confusa. Então isso não é um jogo? Tento entender o que está acontecendo, mas minha mente está com a agilidade de melaço.

— E então? — insiste ele. — Como você sente o meu períneo? — Sua voz parece muito distante.

— Liso — ouço-me dizer. — Calmo.

— Exatamente — responde ele. — Sente a diferença entre nós? Ela é óbvia.

— Você precisa continuar a praticar isso, Annita — continua Maximo, soltando minha mão. — Os xamãs absorvem energia quando trabalham com pessoas, e você precisa ser capaz de liberá-la sozinha quando eu não estiver por perto. Quando você aprender a mover energia para dentro, através e para fora do seu corpo, será a pessoa mais saudável e poderosa do planeta. — Ele olha para mim por um momento e põe o dedo sob meu queixo. — Também terá a melhor vida sexual — sussurra.

Sou distraída pelo sorriso enrugando os cantos da boca de Maximo. Agora ele está inclinando o rosto na direção do meu e procurando meus lábios. E correspondo, sem pensar. Não poderia me conter, mesmo se quisesse. A gentileza de nosso beijo anterior é uma lembrança esquecida. Hoje Maximo é audacioso, ávido e agressivo. Seus beijos ferem meus lábios. Mas não me importo. Logo ele se afasta. Ofegante de desejo, pega minha mão na sua e a aperta em uma promessa.

"Este não é o momento", parece dizer essa promessa. "Mas ele acontecerá. E em breve."

50

Não consegui dormir. Não consegui comer. Não consegui me concentrar. Maximo consumia meus pensamentos. Sentia-me como se estivesse doente. Não sabia o que era pior — esse desejo total e absoluto ou ser vítima de seus jogos de manipulação.

Na noite seguinte, a chef bateu na minha porta e disse que Maximo me esperava na cozinha.

O xamã estava lindo. Seus olhos travessamente sorridentes sustentaram meu olhar por um momento longo demais antes de ele se virar para a panela no fogão.

— Precisamos interpretar o remédio juntos antes da cerimônia desta noite — sussurrou ele, passando o braço ao redor dos meus ombros e me puxando para perto.

Estremeci ao seu toque.

Inclinando-se sobre a panela, Maximo disse o meu nome. O caldo marrom começou a ferver furiosamente e uma linha começou a serpear em sua superfície.

Achei que aquilo parecia um intestino, e estava prestes a dizer isso quando Maximo sussurrou:

— Ah, a cobra! — Ele olhou para mim antes de se virar de novo entusiasmadamente para a panela. — Annita! — repetiu.

Mais uma vez, a linha apareceu serpenteando de novo.

— Você precisa brincar com a serpente — disse ele, abraçando-me com força.

Eu não tinha a menor ideia de sobre o que ele estava falando.

Meia hora depois, Maximo estava em pé na minha frente, estendendo a xícara.

— Por favor, deixe-me conhecer a serpente esta noite — sussurrei. — Deixe a energia fluir em meu corpo — acrescentei, pensando na linha que se contorcia furiosamente no remédio. Diante de tamanhas ambições, prontamente adormeci.

Acordei quando Maximo começou a primeira rodada de chocalho. Logo comecei a tremer de um modo descontrolado e a me sentir incrivelmente fria.

Maximo passou as palmas das mãos em minha barriga. Ao seu toque, uma energia efervescente desceu pelo meu corpo para minhas pernas. Então ele foi para sua mesa, voltando com a mesma sólida bola dourada que me dera quando pratiquei sincronização com os cristais.

— Coloque isto diretamente em seu períneo, Annita — instruiu-me. No momento em que a pedra estava no lugar, tive a sensação de que ela estava tirando alguma coisa, tirando energia, de mim. Minha pélvis e minhas pernas começaram a balançar freneticamente da esquerda para a direita. Logo minha espinha dorsal também se movia em amplas ondas horizontais que me lembraram o modo como se esquia em uma montanha. Lembrei-me da visão do esqui na cerimônia da ayahuasca, durante a qual decidi deixar o conhecido e esquiar fora da pista na direção de um belo e desconhecido futuro.

A serpente é a chave para concretizar isso?, perguntei-me.

Quando abri os olhos, luzes corriam para cima e para baixo de todo o meu corpo. Pensei nos alfinetes e nas agulhas que vira durante a viagem para Ausangate. Desta vez, todo o meu ser estava inundado delas. Senti-me como se fosse explodir.

Enquanto eu observava meu corpo se movendo sem que eu fizesse nada, ocorreu-me que de fato estava brincando com a serpente. Ou que a serpente estava brincando comigo. Seu poder reptiliano dominara meu corpo em um violento e contínuo movimento ondulante. Lembrei-me do livro sobre a serpente como o deus original. Lembrei-me das cobras se contorcendo nas cerimônias de ayahuasca. Lembrei-me de Maximo me dizendo que a serpente é o tema da ayahuasca.

Mas o que isso significa?, perguntei silenciosamente à planta. O que é a serpente?

Vi minha consciência se mover para dentro do meu crânio, o fundo do meu cérebro. Meu corpo serpenteando atrapalhava meu raciocínio. Ao mesmo tempo, minha mente reconheceu intuitivamente o poder da serpente e se comoveu profundamente com ele.

— Vá para a selva — ordenou uma voz sem corpo.

Minha mente pareceu satisfeita com essa resposta e minha consciência foi da minha cabeça para meu coração enchendo o olho da minha mente de seu batimento sanguíneo; percebi que lágrimas escorriam pelo meu rosto — lágrimas em virtude do quanto eu me sentia subjugada e assustada diante do decidido poder da serpente sobre mim. Não entendia o que estava acontecendo, mas percebi intuitivamente que algo estava mudando dentro de mim e que essa mudança teria ramificações profundas. As lágrimas vieram silenciosamente e não tentei contê-las. Era como se eu fosse ao mesmo tempo uma participante e observadora da cena, capaz de ir da subjetividade para a objetividade de acordo com minha vontade.

Minha consciência saiu do meu coração e foi para meu corpo — meu corpo físico que continuava a se mover ao ritmo inabalável da serpente. As lágrimas pararam quando comecei a apreciar a sensação de pulsante vitalidade dentro de mim. Percebi que a serpente estava penetrando em minha essência como uma sabedoria muito, muito antiga — uma sabedoria que antecede o pensamento, a avaliação racional humana da existência e o tempo. Eu estava desesperada para saber mais.

Abri os olhos. Maximo estava ajoelhado perto de outro membro do grupo. Deu um grande gole de água de flórida e a soprou sobre o peito dele, arqueando as costas como um felino enquanto trabalhava. A visão dos dois felinos na primeira noite de minha viagem ao Peru surgiu em minha mente.

Quando a cerimônia terminou, fui para a cama.

Estava exausta.

Ainda estava exausta na manhã seguinte.

— É claro que você está — disse Maximo. — Trabalhar com a serpente é cansativo, Annita — explicou, beijando-me na testa e tomando meu rosto em suas mãos. — Você não sabe disso, mas toda a sua espinha dorsal se contorceu como uma serpente do início ao fim da cerimônia.

Isso estava totalmente de acordo com o modo como eu sentira a energia se mover através do meu corpo.

— Foi bonito observá-la brincando com esse animal poderoso — dizia Maximo, com a voz cheia de orgulho. — A serpente é a fonte, onde tudo começa, Annita — sussurrou enigmaticamente. — Todos os xamás têm de aprender seus segredos.

— E eu lhe disse que você é uma xamã, Annita. — Nick sorria para mim.

Subitamente me lembrei do aviso da planta para eu ir para a selva.

O sorriso deixou o rosto de Maximo imediatamente.

— Você quer trabalhar com o mestre? — sussurrou ele. — Deixe-me pensar sobre isso — acrescentou friamente, saindo da sala sem dizer mais nenhuma palavra.

Droga, suspirei. O que aconteceu agora?

Alguns dias depois, Maximo anunciou que afinal eu deveria ir para a selva.

— Ótimo! — exclamei. — Como organizo isso?

Sorrindo, ele continuou, confundindo-me totalmente. Declarou que eu deveria entrar em contato com Valerie e lhe pedir para entrar em contato com Christian, um dos aprendizes de Dom Inocencio, que então entraria em contato com o próprio

Dom Inocencio. Isso parecia um modo extremamente complicado de entrar em contato com o mestre. Além disso, eu não via Valerie havia quase um ano e nem mesmo sabia se ela se lembrava de mim.

Olhei para Maximo incredulamente. Estava certa de que ele tinha um método mais simples em sua manga. Mas meu xamã se fez de desentendido.

Mais tarde naquela manhã, ele se preparou para partir para o aeroporto com o restante do grupo — os homens adoráveis, elegantes e bem-sucedidos dos quais eu me tornara tão próxima e de quem sentiria muita falta.

— Avise-me quando for conduzir sua primeira cerimônia, Annita. — Nick sorriu enquanto me abraçava gentilmente. — Quero estar lá!

— Eu também — intrometeu-se Andrew.

O fato de aqueles dois homens que eu respeitava tanto acreditarem em mim, em minha habilidade xamânica e no que essa habilidade poderia realizar me deixou emudecida de gratidão.

E capaz de lidar com os jogos contínuos de Maximo com equanimidade e um sorriso no rosto.

Na verdade, chegar a Dom Inocencio foi ainda mais complicado do que eu havia imaginado. Christian não estava mais estudando com ele. Não havia como entrar em contato diretamente com o mestre, porque a casa dele não tinha telefone e nem conexão de internet.

Enchi Valerie de perguntas para descobrir um modo de contornar esse problema de comunicação.

— Isso vai ser muito difícil — finalmente disse ela —, mas você poderia falar com o dono da Eco Amazônia. Talvez ele tenha alguma ideia.

Mas ele não tinha.

Pelo menos, não no início. Não até eu aparecer em seu escritório em Cusco e se tornar claro que não iria embora enquanto não encontrássemos uma solução.

— Acho — sugeriu ele de má vontade — que mediante o pagamento de uma taxa eu poderia enviar uma das funcionárias do meu escritório em Puerto Maldonado à casa de Dom Inocencio, se você ditar um bilhete.

Aquilo era trabalhoso, caro e fazia o correio-lesma parecer equivalente ao Instant Messenger. Mas era minha única opção.

Dez dias e três visitas ao escritório dele depois para ditar três bilhetes — porque a funcionária não se deu conta de que precisava ficar na casa de Dom Inocencio tempo suficiente para obter suas respostas para minhas perguntas — recebi a notícia de que o mestre concordara em que eu fosse visitá-lo e ficasse quanto tempo quisesse.

Minha sensação de triunfo foi combinada com um súbito sentimento de grande apreensão. Em minha determinação de ir para a selva, eu deixara constantemente de lado todas as minhas preocupações com o que a viagem envolveria.

Na noite antes de partir, elas me assombraram. Eu iria para uma parte desconhecida da Amazônia beber ayahuasca com o xamã mais poderoso de todos. E iria totalmente só.

Eu estava comprometida com o xamanismo. Mas ainda assim parte de mim se perguntava que diabos eu estava fazendo.

51

Estou uma pilha de nervos, suada e tentando penetrar na densa vegetação da selva carregando o peso de uma mochila com suprimentos de comida para uma semana. Em minha mão livre, seguro um mapa indecifrável com o qual tento me guiar na ausência de um caminho. E estou totalmente só. O conforto temporário proporcionado pelo fato de que ninguém pode ver meu apuro se torna insignificante quando me ocorre que há uma boa chance de eu chegar a um fim ignominioso sozinha na Amazônia antes de ao menos ver Dom Inocencio.

Subitamente me deparo com uma pequena clareira arenosa. Há três cabanas em seu centro e, logo atrás delas, em meio às árvores, avisto o rio sinuoso marrom.

Deve ser aqui, concluo.

Meu alívio dura pouco. Começo a gritar o nome de Dom Inocencio. Nenhuma resposta. O lugar está deserto.

Droga!, penso. O que farei agora?

Sento-me em um tronco.

E espero.

Por um longo tempo.

O ciclo de centrifugação aeronáutico que foi meu voo de Cusco havia me deixado no pequeno aeroporto de Puerto Maldonado no início daquela manhã. Fui recebida por Nancy, uma mulher avantajada que era uma das funcionarias da Eco Amazônia. Ela usava uma jaqueta fúcsia com batom combinando.

— Você fará a dieta da ayahuasca na casa de Dom Inocencio — anunciou ela por cima do ronco do motor da moto enquanto corríamos na direção do centro da cidade por ruas esburacadas com lojas sombrias e cachorros sem dono. — Então só pode comer ovos, arroz, banana-da-terra e beber água — continuou Nancy.

O quê?, pensei.

— Comida fácil de digerir — explicou ela quando paramos do lado de fora do mercado da cidade, um enorme corredor de pedra aberto do lado e com uma cobertura de lona azul. — Assim seu corpo fica mais aberto à ayahuasca. — Ela sorriu. — Visões melhores — acrescentou.

A dieta era uma perspectiva totalmente desagradável. Graças a Deus só ficarei aqui uma semana, pensei.

O mercado estava cheio de habitantes locais cujos olhos semiencobertos por pálpebras espessas e olhares descarados fizeram com que eu me sentisse estranhamente desconfortável. Isso era incomum no Peru. Os locais que conheci no vale e as tribos que encontrei em Manu eram cordiais e afáveis, e minha pele branca e meus cabelos loiros eram fontes de divertimento que levavam a risadas mútuas. Em contrapartida, aqui eu me sentia nervosa.

Indiferente a isso, Nancy foi de barraca em barraca, passou por um grupo de açougueiros usando aventais ensanguentados e trabalhando em mesas com cavaletes sujas e adornadas com carcaças. O cheiro de carne crua não refrigerada tão cedo de manhã me deu ânsias de vômito. Eu a segui até a farmácia — um antro escuro com prateleiras do chão ao teto contendo latas e garrafas sujas e, bizarramente, uma enorme pilha de ovos. A velha desdentada com cabelos pretos compridos atirou apressadamente uma dúzia de ovos em uma pequena sacola plástica, afastando minhas preocupações com a possibilidade de se quebrarem com um rápido aceno de sua mão.

Continuamos a andar pelo labirinto de barracas até minha guia parar abruptamente do lado de fora de uma porta tão pequena que um olho não treinado não teria visto. Na ausência de um letreiro, o único indicador do que havia dentro era um grande esqueleto de felino e alguns fetos secos de felino pendurados do lado de fora. Olhei para eles quando vi Nancy desaparecer lá dentro. Intrigada, eu a segui. Fui forçada a me curvar para passar pela porta baixa, o que fez com que eu me sentisse como um Gulliver do sexo feminino que se vê em uma Lilliput dos tempos modernos.

A loja do xamã era um espaço diminuto cheio de quinquilharias. Havia um armário de vidro no centro com centenas de garrafas sujas contendo poções diferentes. Prateleiras improvisadas entulhadas de cristais, penas muito coloridas, cachimbos, chocalhos, apitos e sinos. Longe de ser uma Graham and Green, a loja do xamã tinha um ar selvagem primitivo. Nancy foi até a jovem atrás do balcão — cujo avental sujo e olhos astutos de algum modo não condiziam com seu rosto fresco e inocente —, comprou um pouco de água de flórida e tabaco negro e saiu rapidamente pela porta.

— Você precisa pegar um táxi particular para a casa de Dom Inocencio — anunciou Nancy. — Teria de esperar uma hora pelo coletivo e de qualquer modo ele só a deixaria na beira do Inferno.

— Inferno? — perguntei.

— Sim — respondeu ela alegremente. — Onde Dom Inocencio mora.

— Ele mora no Inferno? — Fiquei boquiaberta.

— Sim — confirmou ela. — O Inferno não é tão ruim quanto costumava ser, Annita — acrescentou dando um tapinha em minha mão. — Ainda há problemas, prostituição, alcoolismo e assim por diante, mas não tanto. Se você conseguir seu próprio motorista, ele poderá levá-la para a casa de Inocencio — continuou ela. — Ele mora fora da vila, na selva. Se você ficar perdida...

Ela deu de ombros.

— Bem, não queremos isso.

Ainda estou atordoada com essas informações enquanto espero o mestre. O nervosismo agita minha barriga. O rosto sorridente de Maximo surge em minha mente.

Acho que ele adoraria isso.

O xamã aparece do nada usando um short bege surrado e sandálias de dedo. Seu tronco é tão musculoso que seria uma fonte de orgulho para um homem na casa dos 50. Na verdade, os únicos indicadores de sua idade são as pequenas bolsas sob seus olhos que sugerem uma predisposição à insônia.

Eu me apresento.

O rosto de Dom Inocencio continua impassível.

Droga!, penso de novo.

Nós ficamos sem jeito.

Tento uma segunda vez, agora mencionando a Eco Amazônia, Nancy e, finalmente, Maximo. À menção do nome do meu xamã, Dom Inocencio começa a balançar a cabeça ansiosamente.

— Você é a aluna de Maximo — diz ele, conduzindo-me para a cabana mais próxima.

É a primeira vez em que ouço o mestre falar.

Na penumbra, só consigo ver três camas, uma pilha de colchões velhos encostados em uma parede e uma mesa de plástico com algumas cadeiras. As tábuas do assoalho estão cobertas de pó e esburacadas, e a rede verde sobre as aberturas nas paredes que servem como janelas está partida, tornando meu quarto uma verdadeira meca para insetos e animais rastejantes. Não posso acreditar que esta é minha nova casa. Sou dominada por uma sensação de ansiedade. Em uma tentativa de afastá-la imediatamente, vou lá para fora.

Há dois cubículos de madeira na margem da clareira, um deles coberto por uma cortina de plástico. Os banheiros estão cheios de fezes e moscas. Quando tento espantá-las, percebo que nenhuma delas voa. Horrorizada, opto por ir para a selva. Quando estou voltando, descubro que não há água corrente para lavar minhas mãos. A ansiedade se transforma em verdadeiro pânico.

Onde diabos estou?, pergunto-me desesperada. Que diabos estou fazendo? Alguns dias atrás eu estava feliz antecipando o clímax do meu relacionamento com Maximo. Como acabei aqui?

O almoço consiste em um único ovo frito com arroz refrito nadando em óleo barato. É nojento, mas ignoro rapidamente isso porque estou faminta. Infelizmente, continuo assim.

Não há nada para fazer e nenhum lugar para ir. Em uma tentativa de afastar temporariamente meu tédio, pego o último dos livros recomendados por Maximo. Abro uma página e leio que drogas alucinógenas como a ayahuasca devem ser tratadas com cautela porque podem provocar viagens apavorantes das quais não há volta. Fecho o livro com força sobre a mesa, exasperada.

Vou lá para fora e vejo Dom Inocencio arrastando na direção do rio algo que parece ser metade de uma árvore. Grata por qualquer interrupção de minhas emoções, corro para ajudá-lo a carregar o enorme galho para uma fogueira. Sobre as chamas há uma enorme cuba de metal contendo um líquido marrom que ferve furiosamente com um punhado de grossas trepadeiras e folhas verdes longas e finas.

— Este é o remédio que beberemos esta noite — explica ele. — Eu o estou preparando há dois dias.

Sinto-me estranhamente estimulada ao ver o mestre trabalhar e esqueço momentaneamente meu ambiente. Colocamos o galho perto do fogo e Dom Inocencio encosta uma chapa enferrujada nele, fornecendo uma cobertura para a ayahuasca. Quando ele posiciona o metal no lugar, vejo uma combinação de terra e pó cair dentro da cuba.

— Para proteger o remédio da chuva — diz Dom Inocencio com um sorriso.

— Estamos esperando chuva? — pergunto, olhando para o céu azul sem nuvens.

— Se chove sobre o remédio — continua ele, ignorando minha pergunta —, isso influencia as visões.

— Como? — Estou intrigada.

— O remédio é sensível ao ambiente. Se não fica quieto cozinhando, assume uma qualidade de agitação. Isso faz você sentir enjoo durante a cerimônia.

— Eu frequentemente sinto enjoo quando bebo ayahuasca — brinco.

O mestre se vira para mim, consumindo-me com seus olhos castanho-amarelados enigmáticos.

— Isso é porque você está passando por uma experiência, Annita — diz ele. — A náusea provocada por remédio mal preparado é diferente... — Ele faz uma pausa. — É como estar em mar revolto. Distrai tanto que impede as visões.

Estou voltando para minha cabana quando — sem nenhum aviso além da previsão do mestre — o céu desaba. Em minutos a clareira arenosa se transforma em um lago. Levo uma das cadeiras de plástico para a entrada da cabana e observo uma pata e quatro patinhos brincando na água. Enquanto a luz desaparece do céu, sou dominada pelo mesmo mau pressentimento.

Não consigo afastá-lo.

Estou presa em uma cabana nojenta nos arredores do Inferno — que, ao contrário do que diz a crença popular, não é uma esfera mítica de criação cristã, mas uma vila real em algum lugar da Amazônia. Estou prestes a beber o chá alucinógeno mais potente de todos, preparado pelo mais poderoso dos xamãs. E vim aqui não em busca de uma pessoa, mas de um cacto. Meu medo só é eclipsado pela minha frustração comigo mesma — e minha natureza obstinada, que me faz nunca desistir mesmo quando poderia ser muito melhor se eu desistisse.

Quando a noite envolveu a clareira em um escuro abraço, minha mente está em um frenesi de antecipação nervosa.

52

Dom Inocencio se senta em uma cadeira. Raul, seu aluno de rosto enganadoramente infantil — que anuncia com orgulho que o pai é um xamã no norte e ele está estudando com o mestre do sul porque quer se tornar o xamã mais poderoso de todo o Peru — se senta em um colchão à sua direita.

O aspirante a xamã segura tigelas de plástico com manchas marrons para nós dois.

— Tigelas para vomitar — anuncia.

Adorável, penso.

Ele enche um copo sujo até a borda de remédio. Minhas mãos tremem tanto que quase o deixo cair.

— Deixe-me entender a serpente — sussurro — e ver dentro de Raul e Dom Inocencio.

A planta atua rapidamente.

Com o olho da mente, vejo meus avós mortos. Isso me pega de surpresa. Não entendo como eles podem estar ligados às minhas intenções. Estão presos em um mundo de crepúsculo eterno. Destituída de qualquer cor, a paisagem é cinza e sem vida, uma estranha esfera intermediária, nem mortal nem imortal, nem Terra nem o infinito misterioso além. Meus avós desejam sair desse mundo inerte e querem minha ajuda. Mas não sei o que fazer, e isso me perturba muito.

Justamente quando a tristeza ameaça me consumir, um pássaro entra na cabana em uma confusão de asas batendo e penas se agitando. Distraída de minha aflição, abro os olhos. Com um senso de oportunidade perfeito, Dom Inocencio pegou seu *chakapa*, um chocalho feito de folhas secas amarradas, e o sacode repetidamente. O pássaro voa cada vez mais alto.

Sinto-me afundando — afundando no chão até as profundezas da Terra. O ar está cheio de espirais coloridas. Fecho os olhos. Cobras fluorescentes com boca sorridente brincam atrás das minhas pálpebras. Elas se dispersam quando surge uma enorme jiboia, invocada pelo mestre, um flautista de Hamelin xamânico que traz à vida o espírito da planta com alguns pequenos e oportunos movimentos de mão. A jiboia me consome com seus olhos fulvos e que não piscam. Sinto o frio reptiliano subindo pelo meu corpo. E me preparo para brincar com a serpente.

Mas, naquele exato momento, Raul começa a entoar confiantemente ícaros altos e feios que consistem em sons de vogais longos reunidos randomicamente. A jiboia logo desaparece. Absorto, Raul continua a acabar com as ondas aéreas.

De repente, a mão invisível se estende através do éter e agarra meu estômago. Sou dominada por náusea.

Droga!, penso incredulamente. Ele está tentando me deixar enjoada.

Eu nunca conheci um xamã odioso, mas as intenções de Raul são muito óbvias e não duvido nem por um segundo do meu julgamento. Começo a entrar em pânico.

O que faço agora? desejo saber.

Use água de flórida, diz uma voz em minha cabeça. Reconheço imediatamente a voz inconfundivelmente rouca de Maximo.

Como ele faz isso?, pergunto-me de passagem. Uma língua macia luxuriosa desliza ao redor da minha barriga por um momento. Meu medo rapidamente a subjuga.

Estendo a mão para pegar uma das compras de Nancy, inalo a água revigorante, espalho um pouco em minha pele e me vejo fazendo intuitivamente a náusea sair por meu umbigo. Ela passa rápido. Volto a me deitar.

O ataque aural continua. Sinto novamente a mão. Desta vez, protejo intuitivamente meu estômago com a palma da minha mão e me concentro em afastar a energia de mim e empurrá-la de volta na direção de Raul. A náusea desaparece. E um pouco depois o horrível recital termina abruptamente quando o próprio Raul começa a vomitar.

Violentamente. E alto. Repetidamente.

Não sei o que acho mais ofensivo: seu canto ou seu vômito. A tigela de vômito não é suficiente. Ele tem de ir lá para fora.

Graças a Deus, penso, sorrindo para mim mesma.

O ar dentro da cabana relaxa. Está quieto.

— Como está, linda? — A voz de Dom Inocencio é suave e calma.

— Bem — respondo. Minha voz é baixa e nervosa.

Fecho os olhos. Não há nenhum sinal da jiboia. Em vez disso, surpreendo-me ao me ver viajando pela segunda vez para a esfera crepuscular. Procuro meus avós, mas não consigo encontrá-los entre os rostos cinzentos. Há milhares deles.

Quem são vocês? Desejo saber. O que é este lugar?

Pouco a pouco me ocorre que estou olhando para um tipo de purgatório autoimposto por aqueles presos demais às preocupações terrenas para deixar este vale de lágrimas e seguir em frente para o infinito, a luz. O vazio desesperançado do purgatório é estranhamente esmagador. Luto para abrir os olhos e voltar para a cabana. Mas minhas pálpebras foram fechadas. Os dedos magros do crepúsculo me seguram e não me deixam ir. Estou aprisionada. O medo contra o qual lutei durante o dia inteiro volta.

— Cante, Annita. — A voz dele é clara e autoritária, seu senso de oportunidade novamente perfeito. — Cante para a planta — repete.

Minha consciência volta para a sala. Sem pensar, abro os olhos. O mestre está sentado tranquilamente em sua cadeira.

— Cante — ordena.

Estou ao mesmo tempo lisonjeada e constrangida. Pigarreio. Minha garganta parece algodão. Não tenho a menor ideia do que cantar, por isso apenas abro a boca. Uma melodia que nunca ouvi sai de meus lábios. Não sei o que está acontecendo ou quando isso terminará, mas canto com confiança e o próprio ato de produzir música absorve totalmente minha atenção. É como se algo cantasse em mim.

— Lindo — murmura Dom Inocencio quando a canção para sozinha. — Você é natural, Annita.

Sorrindo para mim mesma, fecho os olhos. O Purgatório desapareceu e a jiboia está de volta.

Ótimo, penso. Ocorre-me que meu canto trouxe a serpente, como Dom Inocencio a trouxe antes.

Estou tentando entender isso quando subitamente — sem nenhum aviso — o mestre se levanta e vai embora. Em outras circunstâncias, a perspectiva de ser deixada sozinha no meio de uma cerimônia na Amazônia com um aspirante a xamã sorrateiro vomitando do lado de fora me apavoraria. Mas o pânico de apenas momentos atrás desapareceu. Em seu lugar há total calma. Encorajando-me a cantar, o mestre me mostrou que, em vez de me render cegamente à ayahuasca, posso trabalhar com ela. Posso decidir quando mergulhar em seus domínios sombrios e quando voltar à realidade diária. Essa é provavelmente a lição mais fortalecedora que aprendi no Peru. E armada com esse conhecimento — essa compreensão, essa sabedoria — sinto-me inabalavelmente confiante e em paz.

Meus pensamentos são interrompidos por vozes lá fora.

— Eu não tive nenhum efeito nela — geme uma voz de menino.

— Às vezes isso acontece — consola-o uma voz de homem. — Acontece comigo também.

Então eu estava certa! Raul estava tentando me fazer enjoar.

Sorrio para mim mesma quando percebo que consegui impedi-lo. E então me ocorre que repelindo a intenção de Raul — uma intenção que senti fisicamente — de fato eu *o* fizera enjoar. Estou tentando digerir a enormidade dessas descobertas quando ouço algo que me confunde e excita.

— Ela é uma xamã — sussurra Dom Inocencio. — Annita é uma mulher de poder.

De todos os xamãs que conheci, o mestre é de longe o melhor. Sinto um respeito mais profundo por ele do que por qualquer outro ser humano, e seu reconhecimento em relação a mim é emocionante. Apesar dos desafios de chegar e estar no Inferno, seu endosso me dá uma injeção imediata de certeza sobre o que estou fazendo.

O mestre volta para a cabana sozinho. Ele acaricia minha cabeça. Sou inundada por uma sensação palpável de alívio. Com Raul fora do caminho, posso me concentrar em minhas intenções para a noite em vez de ter de lutar contra distrações malignas.

— Deixe-me conhecer a serpente — sussurro enquanto Dom Inocencio se senta. — Deixe-me ver dentro do mestre.

Um pouco depois, levanto-me para ir ao banheiro.

— Lembre-se do tabaco para proteção — diz o mestre, entregando-me os cigarros que Nancy comprou.

— Contra o quê? — pergunto incredulamente.

— A selva é um lugar perigoso — responde ele.

Assimilo suas palavras enquanto acendo um cigarro e perambulo lá fora. Acredito totalmente nelas. Mas não estou assustada. Em vez disso, estou intrigada e ainda imbuída da mesma calma inabalável. Não tenho a menor ideia de como o tabaco irá ajudar, por isso fumo meu cigarro intermitentemente enquanto vou na direção da vegetação. Meus ouvidos se enchem dos gritos e zumbidos da selva e paro para olhar para uma samambaia gigantesca. Suas folhas brilham com a umidade. Ela é tão viva e vigorosa! Perambulo por esse estranho e maravilhoso mundo mágico.

Ao voltar para a cabana, olho de relance para Dom Inocencio. Uma enorme ave marrom está em sua cadeira. Pisco os olhos algumas vezes. Mas sempre que os abro a ave ainda está lá. Quando me deito, ocorre-me que estou vendo o alter ego xamânico do mestre. Assim como Barb viu a pantera em mim, estou vendo a águia nele.

No momento em que me dou conta disso, o homem-pássaro pega seu chocalho e seu espírito passeriforme invade a sala mais uma vez em um esvoaçar de penas. Pios suaves e gentis rompem a escuridão atraindo o espírito da planta para nossa presença. O homem-pássaro canta repetidamente. E eu me inundo repetidamente de prazer aural. Sinto a velha afinidade do homem com a planta — a videira da morte e da alma, a sabedoria antiga da serpente. Estou deitada em um colchão sujo, em uma cabana caindo aos pedaços no meio Deus sabe de onde. E quero que esse momento dure para sempre.

E então ele termina. E o homem-pássaro se foi. Um velho baixo está sentado em uma cadeira, suspirando de exaustão e respirando pesadamente.

A planta assume o controle. Meu corpo é engolido por espirais gigantescas sacudidas por choques elétricos. Suspiros involuntários escapam de mim enquanto me rendo à serpente. Ela é enorme, preta e brilhante. Os lados de sua cabeça são das cores do arco-íris. Fico hipnotizada com sua beleza. Dou-me conta de que estou vendo o primeiro deus — o deus original — e seu poder é ilimitado, seu conhecimento sublime.

— Minha filha — diz uma voz sibilante. Olho para sua cabeça reptiliana centímetros acima da minha. Uma única gota de lágrima cai de seu olho que não pisca e entendo que, para me entregar ao mundo terreno no momento do meu nascimento, a serpente teve de apagar minha lembrança dela. A serpente quer penetrar em mim, tocar minha essência, despertar essas lembranças adormecidas da fonte de tudo.

Rendo-me de bom grado. Alegremente. Lembrar é puro prazer sensorial — uma deliciosa dança tântrica. A energia jorra para cima da minha espinha dorsal e através do meu corpo para todos os órgãos, todas as células. Tenho a maior sensação de entrosamento que já experimentei. Sou alfa e ômega, início e fim, parte do tempo e do cosmos e, contudo, ao mesmo tempo estou além de ambos.

Logo minha espinha dorsal começa a se contorcer com menos força quando meu inebriante dueto com a serpente chega ao fim. Abro os olhos e me concentro em Dom Inocencio. Ele está sentado tranquilamente. Pacientemente. E enquanto o observo, penso no enigma desses xamãs, esses homens de poder que possuem a capacidade não só de prever como também de alterar o tempo, não só de ver como também de influenciar tudo — até mesmo as visões de minha própria mente — e não só de preparar o remédio e seguir as plantas até suas realidades paralelas como também de guiar e liderar.

Esse é um poder real, percebo. Contudo, isso vai contra a minha compreensão do termo. Porque esse poder não é baseado em um sucesso exterior — e inevitavelmente temporal — e exibido de um modo espalhafatoso. Em vez disso, é uma parte integrante da natureza sensitiva de um xamã — de sua constituição — e, como tal, exercido alegremente e com humildade. A sensibilidade e humildade no âmago desse poder real são um paradigma totalmente inebriante.

Quando fecho os olhos, a cobra está indo embora, deslizando para um cenário de colinas verdes que me lembra a Inglaterra. Meus pensamentos voltam para meus avós. E percebo que a divindade serpente pode ajudá-los carregando-os para a luz — a fonte — e lhes permitindo fazer a passagem e voltar ao lar. Imbuída da certeza de que posso trabalhar com a planta — em vez de me render totalmente a ela — volto voluntariamente ao mundo crepuscular cinzento. Eu os encontro imediatamente. Enquanto os ajudo a ficar sob a proteção da serpente, o motivo de minha visão do Purgatório se torna claro. Por meio dos meus avós, a planta me mostra que a serpente, a verdadeira fonte da vida, está onde tudo começa e termina — exatamente como Maximo me disse. Por meio dos meus avós, a planta me mostra todo o significado da serpente — justamente como pedi.

Ao observar o trio desaparecer na distância, sinto-me subitamente desolada. Viro-me para Dom Inocencio desejando que ele cante para trazer a serpente de volta.

— Só mais alguns minutos — sussurro.

Ele não diz nada. Percebo que meus protestos são em vão. Meu corpo dolorido já foi levado além de seus limites.

Finalmente, Dom Inocencio sai e vou para a cama. Uma enorme tarântula está no meio de sua teia, a centímetros da minha cabeça. Não ligo a mínima. Puxo o mosquiteiro ao meu redor. Ele tem cheiro de umidade, como meu travesseiro e meus lençóis.

Não presto atenção a isso.

Estou ocupada demais me maravilhando com o vinho da selva e seu espírito característico, a serpente, com quem partilhei a noite mais intensa de minha vida, guiada pelo homem-pássaro, um verdadeiro mestre xamã.

Nos dias seguintes, ajudei o xamã a preparar mais remédio em uma enorme fogueira ao ar livre. Observei sua natureza afável e modesta lidar com o cotidiano da vila — de um bebê precisando de cura para suas cólicas a um adolescente errante precisando de um conselho sábio de um idoso — e realizei mais duas cerimônias com ele.

Aprendi o que significa servir à comunidade, pôr as necessidades dos outros acima das suas até mesmo com a idade de 75 anos, quando, de uma perspectiva do Primeiro Mundo, as responsabilidades terrenas estão cumpridas e é hora de retribuição. E entendi mais sobre a relação entre poder interior e simplicidade e humildade exteriores.

Perto do fim da semana no Inferno, percebi que algo bem dentro de mim havia mudado.

A criança assustada, a princesa mimada e autoconsciente, desaparecera. E em seu lugar estava uma mulher de poder — como Dom Inocencio vira.

Acima de tudo, tornei-me intimamente relacionada com a serpente, a personificação dos princípios de liberação e recarga dos quais Maximo falara tão frequentemente em seu trabalho comigo. Esse era um relacionamento que fazia eu me sentir tão saudável, energética e vigorosa como ele previra.

Agora, a única coisa que faltava testar era a teoria do xamã sobre seu efeito em minha vida sexual. Mas só havia um homem com quem eu queria testar isso.

E ele não estava no Inferno.

53

Ele tampouco estava em Urubamba. Apesar de minha volta iminente para Londres em menos de uma semana, Maximo aparentemente continuava viajando pelo Peru.

Fiquei frustrada. E um pouco irritada. Sufoquei meus sentimentos me encontrando com meus amigos no vale. E então, alguns dias depois, fui à casa de Ken com os braços carregados de sacolas de papel marrons. Ele estava com dois cães aos seus pés quando atendeu a porta.

— Quem são estes? — perguntei, quando duas bolas de pelos cinzentas e brancas que não reconheci passaram por mim.

Ken revirou os olhos para o céu.

— Minha esposa os comprou para minha filha. Houve um dia de animais de estimação na escola na semana passada e todas as crianças tinham de levar os seus para participar de uma competição. Minha filha passou o dia anterior inteiro lavando e escovando estes dois. — Ele olhou para os sheepdogs. — Devo admitir que ela fez um belo trabalho, não?

Assenti com a cabeça.

— Embora eu não saiba por que estou pagando mensalidades escolares quando as crianças fazem tudo menos estudar — declarou Ken bruscamente, entrando pisando forte na casa.

Quando estávamos sentados, eu lhe entreguei as sacolas.

— Ciabatta! — exclamou Ken encantado. — Pão decente! E Brie! Onde você conseguiu isso? — perguntou incredulamente. — O pão e o queijo peruanos são um desastre!

— O Cicciolina's abriu uma padaria.

— Deve ter custado caro — comentou ele ironicamente, vindo em minha direção e me envolvendo em um longo abraço.

— Sentirei sua falta, Ken — sussurrei, encostada em seu peito. Uma onda de tristeza me invadiu.

— Também sentirei sua falta, querida! — respondeu ele. — O vale não terá nenhum charme sem você. — Ele se afastou e baixou os olhos para mim, forçando-se a sorrir. — Agora vamos comer este pão e queijo antes que os outros voltem. Vou tomar um uísque. Vinho para você?

Assenti com a cabeça e dei uma risadinha.

— Nunca conseguimos terminar direito essa conversa — observou Ken, me entregando um enorme pedaço de Brie e metade do pão. — Mas quero saber seu veredicto...

— Não consigo comer nem metade disso — interrompi-o.

— É claro que consegue — respondeu Ken, olhando-me de alto a baixo. — Você emagreceu. Isso é inevitável na selva. Agora, o veredicto — insistiu ele.

— Sobre o xamanismo?

— É claro que é sobre o xamanismo! — exclamou ele. — Embora, para começar, a palavra xamã seja um problema — acrescentou depreciativamente. — É russa.

— Eu sei — respondi. — Mas hoje é usada para descrever qualquer pessoa que trabalhe energeticamente com as plantas. Há centenas de tradições de cura diferentes neste país. Xamã é uma denominação geral útil.

Ken assentiu com a cabeça de má vontade.

— Então o que aprendi... — pensei em voz alta. Apesar do óbvio ceticismo do meu amigo, eu não me sentia mais com medo de me expor ao ridículo. Em vez disso, estava imbuída daquela mesma calma confiança, o legado da selva. — Bem, quando cheguei presumi que Maximo me instruiria como um mestre ocidental — comecei. — Mas o conhecimento xamânico, o entendimento xamânico, não é ensinado. Não pode ser.

— Por que não? — Ken se inclinou para a frente.

— Porque trilhar o caminho xamânico não tem a ver com acumular conhecimento, tem a ver com adquirir sabedoria. E enquanto o conhecimento pode ser ensinado, a sabedoria tem de ser aprendida, *conquistada* por meio da experiência.

— Como? — O olhar fixo de Ken deixou claro que eu tinha sua total atenção.

— Estando presente para assimilar tudo que acontece ao redor, do que o xamã está fazendo, ao que seus clientes e até mesmo os céus estão fazendo. A maioria de nós no Ocidente é superestimulado. Nossas mentes lidam com pelo menos cinco coisas ao mesmo tempo, de onde iremos jantar a comprar aqueles jeans sensuais da For All Mankind em que estamos de olho há uma semana e como lidar com a última política no trabalho. Isso significa que nunca nos concentramos totalmente em nada. Estar presente, realmente presente, é muito difícil. Mas somente estando presente você pode começar a expandir seus sentidos, o que é a chave para dominar as artes xamânicas... — Fiz uma pausa.

— Continue — disse Ken.

— Então, é claro, há o trabalho com as plantas nas cerimônias...

— Como um dos círculos de adoração do sol de Alberto? — interrompeu Ken sarcasticamente.

— É claro que não. — Dei uma risadinha. — As cerimônias são contextos ritualizados conduzidos por um xamã que usa som e oração para atrair e se conectar com a consciência que anima o remédio e, na verdade, anima tudo — acrescentei.

Pensei brevemente na descrição de Maximo da magia como a capacidade de se comunicar com tudo no planeta.

— Como um aprendiz — continuei —, você bebe a planta com uma intenção clara do que quer aprender durante a noite. E se sua intenção for clara e sua atitude suficientemente humilde, a planta lhe ensinará o que você quer saber.

Pela primeira vez, meu amigo não teve uma resposta inteligente pronta.

— Ao longo do caminho, um xamã tem mentores — prossegui. — Em outras palavras, xamãs mais experientes que orientam tranquilizam e esclarecem coisas. Foi isso que Maximo fez para mim — acrescentei. — O maravilhoso Dom Inocencio também. Mas as plantas são o principal mestre de um xamã. Foi o que aprendi trabalhando com a ayahuasca e o São Pedro, e a coerência do que vi e experimentei, que me convenceu a prosseguir com o aprendizado. Isso e o fato de que todos que trabalham com as plantas veem as mesmas coisas.

— Que tipo de coisas? — perguntou Ken.

— Que, em última análise, tudo no planeta é composto de fios semelhantes a espaguete de luzes em movimento. Que essas luzes ficam estáticas e paralisadas se há um problema: uma emoção ruim, um problema de saúde, esse tipo de coisa. E que se você souber o que está fazendo, poderá remover esses bloqueios para liberar o problema e deixar a luz, a energia, fluir de novo.

— Como?

— Por meio de toque, som, intenção... — Interrompi-me. Pude ver pela expressão de Ken que ele estava totalmente absorto na conversa.

— Fui convidado a beber ayahuasca em várias ocasiões — finalmente admitiu —, mas nunca fiz isso.

— Por que não? — Eu estava intrigada.

Meu amigo demorou um pouco para responder.

— Porque tenho muito medo de ver qual pode ser a verdade sobre mim — sussurrou ele.

— Então você acredita que há algo nas plantas! — exclamei.

— É claro — respondeu Ken em tom sério, assentindo lentamente com a cabeça para si mesmo, perdido em pensamentos.

Minutos se passaram. Continuei a observar meu amigo em silêncio. Havia acabado de notar o brilho de uma luz amarela sobre seu fígado quando ele se lembrou da minha presença e ergueu os olhos.

— Quando eu a conheci, Annita, você era uma garota — concluiu Ken. — Uma princesa. — Ele sorriu. — Era egoísta e só conseguia ver as coisas do seu próprio ponto de vista. — Ken se inclinou para a frente. — Mas você mudou, Annita. Cresceu. É uma mulher agora. Uma mulher de poder, se acreditarmos em Arcani. E também muito bonita. — Ele sorriu provocadoramente. — Mais vinho?

54

Ao voltar a pé para casa pela estrada principal deserta de Urubamba, pensei na possibilidade de não voltar a ver o amigo e mentor que se tornara um esteio tão vital em minha vida. Não podia me imaginar não podendo visitar seu refúgio de arte renascentista, bom vinho e inteligência viva e rápida sempre que quisesse. Isso simplesmente não parecia possível. Um manto claustrofóbico de desânimo me envolveu.

Isso se tornou ainda mais opressivo no dia seguinte. Eu não podia acreditar que realmente estava voltando para Londres. Em uma reviravolta irônica do destino, dado o quanto eu havia lutado durante o aprendizado, o Peru se tornara meu lar. Não conseguia me imaginar acordando para me deparar com o trânsito barulhento e a poluição sufocante da cidade, em vez de com o zurrar de animais e o ar suave e rarefeito das montanhas. Não podia me imaginar passando meus dias a uma escrivaninha diante de um computador, em vez de explorando paisagens e realidades diferentes. Acima de tudo, não podia me imaginar seguindo pela vida sozinha, em vez de partilhando-a com Maximo, meu xamã, meu mestre, meu amigo e quase amante.

Eu não o via havia mais de uma semana, mas pensava nele constantemente.

— Como você se saiu na selva? — Ele estava vindo na direção da rede em que eu relaxava e observava os Andes vermelhos e os beija-flores verde-garrafa, bebendo a última gota da vitalidade única do vale em uma tentativa de matar minha sede insaciável do Peru mesmo quando estivesse a milhares de quilômetros de distância.

Embora Maximo tivesse estado em meus pensamentos, sua chegada inesperada me sobressaltou. Olhei para cima. Meu coração foi parar na garganta. Usando óculos pesados de tartaruga e jeans Prada sobre botas de couro brilhantes, ele estava deslumbrante.

— E então? — insistiu Maximo, impaciente. — Você trabalhou com Inocencio?

Sorri e peguei sua mão. Normalmente eu era a impaciente e indagadora em nosso relacionamento e estava gostando do papel inverso.

— Bem?
— Sim! E sim! — exclamei.
— O quê?
— Sim, eu me saí bem na selva. E sim, trabalhei com Dom Inocencio.
— É mesmo? — Maximo estava incrédulo.
— A primeira cerimônia começou com Dom Inocencio e Raul...
— Não Christian?
— Não, ele foi embora. Eu...
— Então como você chegou lá? — interrompeu-me Maximo.
— A Eco Amazônia me ajudou.

Ele me olhou boquiaberto.

— A primeira cerimônia foi com Dom Inocencio e Raul — repeti. — Mas então Raul foi embora e foi só com Dom Inocencio e eu.
— Você bebeu apenas com Inocencio?
— Sim — respondi. — Três vezes.
— Mas ele nunca bebe com apenas uma pessoa, a menos que seja seu aprendiz — murmurou Maximo, recusando-se a me olhar nos olhos.

Comecei a lhe falar sobre minhas experiências. Quando mencionei o comportamento absurdo de Raul durante a primeira cerimônia, Maximo balançou a cabeça como se estivesse reconhecendo algo.

— Você está correndo pelo caminho xamânico, Annita — sussurrou ele. — Normalmente demora anos para a magia negra se revelar.

Sua voz foi tão baixa que tive de me esforçar para ouvi-lo.

— O que você quer dizer? — perguntei.

— Todos os homens de poder têm de aprender a neutralizar a magia negra — respondeu Maximo.

O quê?, pensei. Que magia negra?

— Não se esqueça de que agora sou seu mentor — dizia ele. — Um mentor sempre apoia seu aluno e sempre a apoiarei, Annita. Sempre — repetiu em um tom sério.

Senti um arrepio na espinha. Não sabia do que Maximo estava falando. Magia negra não existia em meu mundo. Até onde ia o meu conhecimento, Raul estava apenas jogando jogos, embora fossem muito sinistros. Confusa, olhei nos olhos de Maximo em busca de tranquilização. Logo me esqueci totalmente de minhas preocupações quando me tornei consciente de uma dor pulsante dentro de mim. Não consegui desviar os olhos.

— Qual é sua conclusão sobre a cobra, minha Annita? — perguntou Maximo.

— A cobra representa a kundalini, o despertar espiritual e físico produzido pelo movimento da energia subindo pela espinha dorsal para todos os chacras, não é? — comecei. — A mesma coisa está no cerne do tantrismo.

Maximo assentiu com a cabeça e pegou minha mão na sua.

— A cobra é a fonte de tudo — continuei. — Uma combinação perfeita do espiritual com a natureza material básica da vida. As pessoas pensam no espiritual como separado do material, mas na verdade são um só, não são?

Novamente, Maximo assentiu com a cabeça.

E nesse caso, pensei com incontido entusiasmo, meu guarda-roupa com sapatos de salto alto é um verdadeiro templo.

Maximo interrompeu meus pensamentos. Ele estava radiante.

— Meu mentor me disse: "Um xamã vê a primeira linha do primeiro livro na biblioteca que contém os segredos do Universo." Apenas a primeira linha, Annita. Em inglês, você perde o significado que é tão bem transmitido na palavra espanhola "*serpiente*". "*Ser*" significa "*humano*"; "*pi*" é o elemento básico da vida; "*ente*" significa "universo". Como você viu, a serpente detém o conhecimento do Universo.

— O que é o motivo de todo xamã ter de aprender a trabalhar com a serpente — pensei em voz alta.

— Há anos as pessoas podiam ver energia a olho nu — continuou Maximo. — Na Ásia, os indianos representaram o que viram em desenhos conhecidos como tantras. Os shipibos, uma tribo amazônica, fizeram desenhos exatamente iguais. Essas civilizações viviam a milhares de quilômetros de distância uma da outra, mas viram a mesma coisa. Viram a fonte.

— Hoje em dia perdemos nossa capacidade de ver essa energia porque nos concentramos apenas nesta realidade, no mundo dos negócios, do comércio e dos computadores — prosseguiu Maximo. — Mas ainda somos parte do mesmo Universo. O mesmo sol nasce e se põe aqui, na China e na África. E os seres humanos em todo o mundo são apenas sentimentos e emoções, luz em movimento. O xamanismo sobreviveu ao teste do tempo, Annita, porque se baseia na verdade.

Eu não disse nada. Só queria ouvir. De repente fui novamente dominada pela melancolia. Não conseguia me imaginar longe de Maximo, não podendo conversar com ele, aprender com ele.

— Tenho de dizer às outras pessoas que convidei para a cerimônia desta noite que ela está cancelada — dizia ele.

Eu o olhei indagadoramente.

— Por quê? Não teremos uma última cerimônia antes de eu ir embora? — Minha voz sumiu. Verbalizar minha partida a tornava ainda mais real. Não posso acreditar que daqui a 24 horas não estarei aqui, pensei tristemente.

Mas então Maximo disse algo que me tirou imediatamente de minha tristeza.

— Esta noite seremos só nós dois, Annita — sussurrou ele. — Só você e eu — repetiu, olhando em meus olhos. — Esta noite, minha linda Annita, brincaremos com a serpente. Juntos.

55

Foi uma noite que mudou a minha vida — uma vida que já passara por uma transformação nas mãos do xamanismo e do Peru. Foi uma noite que abalou minhas ideias preconcebidas sobre sexo, intimidade, luxúria e amor. E se é verdade que algo só existe neste mundo mortal depois que é observado, conhecido e amado, foi uma noite em que nasceu uma pantera. Um lindo predador negro.

Lembro-me das visões. Da sala de meditação vazia, exceto pelas duas peles de jaguar, uma dourada e uma negra, e iluminada por uma lua cheia cuja luz prateada entrava pelas janelas e incidia sobre nossos corpos, transformando a pele humana em penugem luminescente.

Lembro-me dos cheiros. Do cheiro forte de água de flórida combinado com tabaco e o cheiro almiscarado e inebriante de Maximo.

Lembro-me dos sabores. Beijos mentolados — lentos, suaves, profundos. Pele salgada.

Lembro-me dos sons. Respiração ofegante. Sons guturais baixos. E silêncio. O silêncio da cumplicidade nascida de um segredo partilhado, um conhecimento mútuo que está além das palavras.

Acima de tudo, lembro-me do toque. Não fraco. Não realmente forte. Mas despudorado. Primitivo. Imperioso.

Maximo estava descansando na enorme pele de jaguar quando cheguei. Eu usava o único vestido que pusera na mala — um azul-claro de seda folgado da Comptoir des Cotonniers e, antecipando o que estava por vir, lingerie azul-clara combinando. Atraindo-me com seus olhos redondos e brilhantes, me absorvendo, provocando e seduzindo, o xamã fez um sinal para eu ocupar meu lugar perto dele. Suspirando, deixei-me cair sobre a segunda pele. A pantera-negra. Ela era menor do que o jaguar — mais jovem e de algum modo menos experiente. Passei as mãos por todo o seu corpo, da ponta do focinho à ponta da cauda. Sua pele era densa, macia e aveludada. Suas patas eram ferozmente afiadas. Essa era uma combinação totalmente erótica.

 Quando ergui os olhos, Maximo ainda olhava para mim. Ele me entregou o remédio. Minhas mãos tremiam de expectativa. Eu a contive e me deitei. Ele também se deitou, aproximando tanto sua pele da minha que quase nos tocamos. A atmosfera estava carregada de tensão. Esforcei-me para respirar. Tentei concentrar toda a minha atenção nas estrelas lá fora. Finalmente, não pude aguentar mais. Virei-me para olhar para o xamã. Mas ele estava com os olhos fechados e as mãos cruzadas sobre o peito como um cadáver.

 Você é feito de pedra?, desejei gritar.

A serpente vem rapidamente. Eu a vejo com o olho da minha mente enquanto minha espinha dorsal começa a se contorcer.

 No momento em que começo a me mover, Maximo abre os olhos e se vira para me olhar, apoiando-se em seu cotovelo.

 — Eu já lhe disse, Annita — começa ele —, que quando você está trabalhando xamanicamente com pessoas precisa ser capaz de liberar qualquer energia que possa ter absorvido. Você precisa aprender como evocar a serpente quando estiver em Londres, sem mim.

 Mas pensei que íamos brincar com a serpente juntos, desejei protestar.

 — Observe-me primeiro — continua ele.

 Sem tirar os olhos de mim, Maximo começa a desabotoar sua camisa. Então abre o cinto e tira suas calças de modo a ficar acima de mim com sua cueca Calvin Klein justa. E depois as tira também.

Anteriormente, eu já havia vislumbrado o corpo de Maximo. Contudo, hoje me enlevo com sua pele lisa e sem pelos, o peito musculoso e o abdômen firme. Vejo-o nu pela primeira vez. Sinto a luxúria lamber minhas entranhas. Ele se inclina na minha direção e cola seus lábios nos meus. Correspondo avidamente. Quero me perder em seu beijo, mas logo ele me afasta e se deita de costas com os pés encostados um no outro, fazendo com que seus joelhos caiam para fora.

— Agora observe — sussurra.

Segundos depois, a espinha dorsal de Maximo começa a se contorcer. Meu xamã é capaz de evocar a serpente e brincar com ela em um piscar de olhos. Estou impressionada. Ponho a mão sobre seu umbigo. A estática cintila sob minha palma. A corrente energética em sua barriga é tão forte que faz minha mão vibrar. Começo a movê-la em círculos para cima de seu peito enquanto tento levar a energia na direção de seu crânio.

— Bom, Annita! — exclama Maximo encorajadoramente. — Siga sua intuição — acrescenta.

Totalmente concentrada no presente, continuo a mover as mãos por seu corpo até não haver Maximo ou eu — só haver luz. Por toda parte. A beleza disso é de tirar o fôlego.

— Agora quero que você trabalhe em si mesma — sussurra ele através do ar brilhante.

Sinto seus dedos acariciando meus ombros, lutando com as alças do meu vestido. Seu toque é investigador, insistente. Os pensamentos se dissolvem. Viro-me para olhar para Maximo e ergo a boca para encontrar a sua enquanto ele tira gentilmente meu vestido. Ele morde meus lábios. No início gentilmente. Depois com mais força. Sinto suas mãos tirando habilmente meu sutiã. A seguir minha calcinha.

Finalmente, penso.

Estou cheia de uma expectativa que vem de um lugar gentil, mas tem agressividade em seu cerne — uma agressividade nascida da impaciência alimentada por esses meses seguindo os passos de Maximo em nosso dueto único.

Mas então ele se afasta. De novo. E faz um sinal para eu me deitar. Deito-me totalmente exposta, minha nudez física combinada com minha muito óbvia nudez emocional. Vejo meu desejo refletido nos olhos de Maximo.

Mas ele é obstinado, decidido.

— Trabalhe com a serpente — instrui-me.

Deito-me e começo a contrair e relaxar os músculos de meu assoalho pélvico. Logo sou totalmente invadida pelas correntes de energia que sobem e descem pelo meu corpo. Percebendo alegremente que agora também posso evocar a serpente quando quiser, vejo-me me dissolvendo na luz. Vejo meu corpo se tornar eletricidade.

— Bom. — Maximo sorri, inclinando-se na minha direção e tomando meu rosto em suas mãos.

Finalmente, penso de novo.

Mas ele apenas me olha, olha através de mim para minhas profundezas. Depois volta a se deitar.

Você está brincando comigo, penso irritadamente. Concluo que a vida é apenas um grande jogo para o xamã.

Fecho os olhos e vejo uma imagem de Maximo sentado comigo na frente de um círculo de pessoas. Estamos em uma cerimônia e, um pouco depois, vejo-me me levantando e começando a trabalhar com alguém, passando minhas mãos pelo peito dessa pessoa. Logo Maximo se levanta também. É óbvio que estamos conduzindo a cerimônia juntos. Fico muito animada com isso.

Mas então abro os olhos. Lembro-me de onde eu estou. Lembro-me de onde *nós* estamos. Não estou conduzindo uma cerimônia com ele, penso.

Na próxima vez em que fecho os olhos, também estou em algum tipo de cerimônia. Seguro um chocalho na frente de um pequeno grupo de rostos ansiosos. Mas dessa vez estou sozinha. Além disso, não estou no Peru. Estou em uma espécie de estúdio para ensaio, e me ocorre que estou em casa. Em Londres.

Eu havia me afastado de Maximo e tento entender minhas visões enquanto espero os efeitos da planta passarem quando sinto a mão dele na minha cintura. Só que a mão parece uma pata.

Ele desce essa pata pelo lado do meu corpo. Seu toque é leve, investigador, insistente. Estremeço. A atmosfera na sala está tão tensa que acho que estou prestes a explodir — acho que não posso aguentar mais. Mas estou farta dos jogos de Maximo. Estou louca de desejo, mas não me virarei de frente para ele.

Não. Desta vez, bancarei a difícil.

Mas subitamente — antes de minha mente ter tempo de registrar o que está acontecendo — estou de quatro. Minhas costas se arqueiam, meus ombros abaixam e minha respiração é rasa, um longo rosnar em minha garganta. Minhas mãos são patas enormes que cortam o ar.

Rendo-me ao poderoso e descaradamente confiante felino.

O que está acontecendo?, penso. Achei que havia elaborado os passos de minha dança com a pantera: ela me chama ou eu a chamo. Mas aqui está Maximo, evocando-a em mim de acordo com sua vontade.

Estou tentando descobrir como me sinto em relação a isso quando me viro para o xamã. Sufoco um grito ao ver um predador em seu rosto, seu corpo e sua atitude.

— Você é um jaguar — murmuro, justamente quando esse predador me prende no chão.

Estico o pescoço para olhar ao redor de novo, mas agora seu toque é mais poderoso, mais determinado. Um homem habilidoso havia tirado minha calcinha mais cedo naquela noite, mas agora é um jaguar que se move em minha direção — que rosna em meus cabelos e morde meu pescoço.

Sinto a rigidez do jaguar contra mim, minha confusão desaparece e vejo com a clareza de uma pantera. Lembro-me de minha visão da pantera e do jaguar no início do aprendizado — a visão sobre a qual nunca falara com Maximo, a visão que não fazia sentido até agora e que era, de fato, uma premonição do que estava por vir. O jaguar rosnou para a pantera para despertá-la, torná-la madura, fazê-la utilizar seu poder. E percebo que sem esse amadurecimento eu nunca teria chegado a este momento — o momento que desejava desde que vi Maximo pela primeira vez.

Com essa compreensão, rendo-me à minha pantera. Totalmente. Sem inibição.

E minha pantera, por sua vez, se rende ao jaguar. De bom grado. Com alegria.

O desejo e o medo se transformam em desafio quando os dois predadores começam a explorar a natureza felina um do outro. Não sinto nenhuma hesitação ou insegurança. Nem mesmo tenho nenhuma sensação de intimidade. Todos esses atributos humanos desaparecem. O que resta é pura luxúria e uma confiança inquestionável baseada na simples percepção de que sou um poderoso predador que caça e vive só. Isso não é um sentimento fraco. Não é uma cópula vazia. É puro prazer, eletricidade conduzida para meu cerne e dissolvendo tudo. E por meio da materialidade essencial do corpo, alcanço os mais altos níveis de êxtase espiritual.

Um lugar além das palavras. Além do pensamento consciente.

O jaguar conduz a pantera para a fonte — para o lugar antes do tempo, antes da evolução e antes da individualidade.

Eu não sou eu. Eu não sou ele. Sou tudo.

Nossas duas chamas acendem, explodindo em fogo — fogo, o princípio da transformação que queima minha antiga identidade até que vire cinzas, reduzindo a nada minha compreensão de todas as coisas.

* * *

Quando abro os olhos, Maximo está sentado na frente da sala, fumando. Ele está vestido. E quando olho para mim mesma, também estou usando meu vestido.

— *Pantera* — rosna o xamã.

Ergo os olhos para encontrar os dele. Em sua expressão, vejo total respeito.

— Mas você me disse que eu não era uma pantera! — exclamo. — Por que, Maximo? — insisto.

Sua resposta é cândida e direta. Ela explica tudo.

— Porque meu jaguar estava com ciúme da presença de uma pantera, o rei dos felinos.

Percebo que estou segurando algo em minha mão. Abro-a e vejo um dente gigantesco. Intrigada, olho para meu amante xamã.

— O dente da pantera-negra — diz Maximo. — Ganhei do meu mentor há muitos anos — explica. — E ele o ganhou de seu mentor. Essa é a tradição, Annita. Todo mentor passa suas ferramentas adiante, quando seu aprendiz adquire poder... — Ele faz uma pausa. — Você é uma xamã, Annita — sussurra. — Uma mulher de poder.

Essas são as palavras que eu esperava ouvir havia meses.

CONCLUSÃO

56

Quatro semanas depois

Acabei de chegar ao fim de um dia terrivelmente estressante, discutindo com um relações-públicas por causa de fotos de uma legenda de música tiradas por um fotógrafo aclamado internacionalmente. O que deveria ter sido um lance de mídia sensual e picante se resumiu em algumas fotos enfadonhas e pouco criativas que eu poderia ter tirado com minha Olympus. Meu editor não está feliz, mas o relações-públicas não consegue entender o problema.

Tive um dia de massagem no ego.

Mas tudo em que posso pensar é nos fartos cabelos de Maximo escapando de seu rabo de cavalo e emoldurando seu rosto perfeito enquanto ele está sobre mim. Seus olhos cor de âmbar inebriantes não deixam os meus por um segundo, mesmo quando ele se move.

Meu telefone está tocando quando coloco a chave na fechadura, e entro correndo pela porta da frente do meu *pied-à-terre* para atendê-lo.

— Oi, querida! É a Lulu. Tive um dia horrível. — Sem parar para respirar, ela começa uma descrição exaustiva de problemas de trabalho, um encontro desastroso na noite anterior e os reflexos indesejáveis da redução do crédito sobre a Campanha para Encontrar um Marido Rico para Lulu.

Perambulo pelo apartamento, distraidamente. Avisto o pequeno clorofito no peitoril da janela, o único toque de verde em meu oásis metropolitano estéril de beges e brancos. Penso saudosamente na bela explosão de verde ao redor da casa simples na selva de Dom Inocencio.

Lulu ainda está falando.

Entro na cozinha e encho a chaleira com água do caro sistema de filtragem. Eu o instalara partindo da premissa de que a torneira da minha cozinha agora jorraria "água mais pura e limpa com o gosto que a água deveria ter". A ironia não está perdida em mim. Ao estender a mão para pegar meu Lapsang Souchong com folhas soltas, percebo o quanto estou distraída, o quanto estou achando difícil dar a Lulu minha total atenção, me ligar no que ela está dizendo. Dou-me conta desse pensamento assim que ele surge, e tento sair racionalmente do meu desânimo.

Eu nunca havia me importado com a tagarelice de Lulu, digo para mim mesma. Pelo amor de Deus, ela é minha melhor amiga.

— Também tive de pegar uma cadeira de Philippe Starck que comprei na Selfridges — queixa-se ela. — Eu a trouxe para casa e percebi que uma das pernas está danificada. Que perda de tempo!

Encho o bule de chá de vidro com água fervente e observo as folhas lhe darem um rico tom de âmbar da cor dos olhos de Maximo. Vou até a janela. A voz de Lulu compete com o trânsito barulhento na rua lá fora por minha atenção auditiva.

Tudo que posso ouvir é o barulho dela.

Apesar de todas as minhas resoluções de me atirar em Londres porque é onde trabalho, onde posso ganhar a vida e onde fica meu ambiente social — porque não há outro jeito — fecho os olhos e volto facilmente 9.656 quilômetros no tempo, para a última vez em que me senti feliz e satisfeita, a última vez em que me senti em paz. Com o olho da mente, vejo a linda pele de Maximo com um brilho prateado à lua cheia. Vejo um enorme jaguar entrelaçado com uma pantera-negra. Sinto dentes incisivos mordendo meu pescoço com uma sensualidade indescritível e despudoradamente sedutora.

Começo a me perguntar se realmente é possível eu sobreviver em Londres. O lugar que sempre foi familiar — que sempre chamei de lar — é estranho para mim agora como o Peru foi na primeira vez em que o visitei.

Quem sou eu?, pergunto-me.

Essa é uma pergunta que me faço desde o dia em que voltei: Qual é o meu lugar?

Um ano depois, saio correndo da banheira para ir ao encontro de Lulu, Guy e alguns de seus colegas banqueiros em um bar de tapas elegante na Charlotte Street.

Há meses não os vejo. Baixei o padrão e me mudei para o norte de Londres, por isso não topo mais com o grupo em Marylebone. Além disso, ando ocupada lançando um novo negócio. E os círculos que frequento também estão mudando.

— Ele se excedeu quando os tempos estavam bons. — Guy está sendo cortejado por seus bajuladores, por isso se limita a me cumprimentar com a cabeça.

Logo percebo que ele está falando sobre um antigo patrão.

— Ele se permitiu ficar exposto, então o que podia esperar? — Guy fala com uma falta de solidariedade singular.

— É um pouco pior do que isso, Guy — interpõe Lulu. — Ele teve de tirar seu filho mais velho da escola particular e sua esposa quer o divórcio.

Guy dá de ombros.

Então a vida ainda é competitiva entre o grupo, penso.

Hels — que voltou temporariamente da Índia e agora trabalha para uma pequena perfumaria — se ergue de um pulo e me beija dos dois lados do rosto.

— Anna! — exclama.

Ao mesmo tempo, um homem que não reconheço também se levanta. Ele puxa uma cadeira para mim e estende sua mão.

— Sou Piers — diz.

Tranquilizada por uma aparência de educação, sorrio enquanto me sento. Logo percebo que cometi o erro de confundir a aparência com charme genuíno. Piers está sentado entre mim e Hels, e passo o restante da refeição lutando contra seus avanços não sutis — que envolvem tocar os meus pés por baixo da mesa e sua mão direita boba que parece sentir uma paixão impossível por minha coxa esquerda.

— Então, quais são as novidades? — pergunta Hels, contendo o riso.

Fico grata pela distração.

— Nós não nos vemos há muito tempo — continua ela.

— Muito... — Faço uma pausa, pensando por um momento. Mais cedo naquele ano, eu tinha recebido um convite de um casal que conheci no Peru para conduzir uma cerimônia na Espanha. A cerimônia correra bem — os participantes eram uma mistura de psicoterapeutas, médicos, professores de ioga e até mesmo um advogado — e me pediram para voltar.

Algo no interesse genuíno da minha amiga me leva a fazer algo que nunca me senti confiante para sequer cogitar com o grupo glamouroso. Decido lhe falar sobre minha vida atual. Decido lhe falar sobre mim.

— Conduzi um workshop xamânico hoje — aventuro-me a dizer.

— Ah, puxa! — Ela fica boquiaberta. — Com quem?

Quando abro a boca para responder, percebo que estava prendendo a respiração esperando uma resposta definida por frio menosprezo. Mas a animação de Hels reflete a minha própria, e eu lhe conto ansiosamente as novidades, muito feliz com essa oportunidade.

— Um grupo de atores. Eles estão ensaiando uma peça sobre lobos e a conexão humano-lobo... Jung, Freud e tudo isso. Queriam que eu os ajudasse a se preparar para a turnê nacional que estão prestes a fazer. Tivemos uma cerimônia com chocalho.

Sorrio ao pensar na minha tarde, uma tarde prevista em minha última cerimônia com Maximo. Além de explorar a conexão humano-lobo no workshop, eu também havia ajudado a livrar um dos jovens atores de uma dor de cabeça, repetindo o modo como usara minhas mãos em Nick. E, como na Espanha, tinham me pedido para voltar.

— Meu Deus, Anna, isso é incrível!

O período sabático de Hels mudou a vida dela. Hels está de algum modo mais suave, mais aberta. Ela é a única pessoa na mesa que demonstra qualquer tipo de interesse pelo meu trabalho. Todos os outros parecem ter desenvolvido um interesse súbito, porém total e absoluto, pela comida em seus pratos.

Mas o próprio fato de uma das minhas amigas — não meu grupo social, para o qual realmente não ligo, mas uma das minhas amigas — ter a mente bastante aberta e gostar de mim o suficiente para querer saber sobre o que estou fazendo produz em mim o mais maravilhoso sentimento de ternura. Eu me permiti ser vista e, em vez de rejeitada, ser reconhecida. Admirada.

E, é claro, no verdadeiro estilo feminino, quando as comportas são abertas começo a falar e me vejo singularmente incapaz de parar.

— Na verdade, foi o meu segundo workshop nessas semanas.
— É mesmo?

Faço um sinal afirmativo com a cabeça.

— Com quem foi o outro?
— Um grupo de clientes. Também presto consultoria particular.
— Você mudou muito, Anna — diz Hels. Há um recém-descoberto respeito em sua voz.
— Mudei? — brinco. — Como?

Ela começa a rir.

— Não se lembra da minha amiga com seu vício em Sauvignon Blanc e compras?

— Bem, não abri mão totalmente dessas coisas. — Dou um sorriso travesso. — Sair de Marylebone me deixou com um pouco de folga financeira — acrescento.

— Anna! — exclama ela. — Você costumava passar todo o seu tempo trabalhando, se embebedando todas as noites ao ponto de desmaiar e transando com aquele cara lindo, mas totalmente superficial, Edward Montgomery. Você era uma companhia muito divertida, mas estava infeliz.

Ocorre-me que Hels me conhecia melhor do que eu me conhecia naquela época.

Meus pensamentos voltam para a tarde.

No final do workshop, um dos atores, um dançarino sexy, se aproximara de mim. Tivemos uma conversa longa e totalmente franca sobre o tédio urbano e o impasse profissional em que ele se encontrava.

Em sua aflição vira a mim mesma, a velha Anna, e a ansiedade e tristeza que isso causava.

E então, inesperadamente e para minha total surpresa, ele havia anunciado:

— Acho que você pode me ajudar, Anna. Podemos trabalhar mais juntos? Você faz longos retiros?

Vendo uma grande sinceridade em sua expressão, eu concordara com a cabeça — embora nunca tivesse conduzido um retiro em minha vida. Enquanto isso, ergui os olhos e notei uma das atrizes nos observando com uma expressão interessada.

— Eu também gostaria de participar — afirmou ela.

Antes de sair para me encontrar com o grupo naquela noite, eu havia enviado e-mails para donos de estúdios de ioga para ver se poderia dar continuidade ao trabalho com eles e seus clientes alugando o estúdio para realizar um workshop e uma cerimônia com plantas com o dançarino e a atriz.

E então eu havia telefonado para Nick e Andrew em Nova York. Fiéis à sua palavra, eles viriam se encontrar conosco.

Então agora eu estava encarando a perspectiva de planejar um retiro para dois clientes e dois amigos queridos.

Ao pensar sobre isso, senti meu rosto ficar corado de emoções — excitação, um pouco de nervosismo e também uma calma confiança em que eu sabia o que estava fazendo.

Enquanto penso no amor genuíno agora em minha vida — até mesmo minha vida profissional —, meus olhos se enchem de lágrimas.

— Como estão as coisas no jornal? — A pergunta de Lulu interrompe meus pensamentos.

— Tenho algumas novidades em relação a isso — respondo, pondo um Pimiento de Padrón deliciosamente frito em minha boca.

— Últimas notícias do telégrafo xamânico na selva, suponho.

Eu tinha me esquecido de nossos companheiros de jantar. A presença deles se impõe em minha consciência enquanto Guy começa a rir de sua própria piada e toda a mesa fica em silêncio, olhando para mim.

— Na verdade — respondo com um sorriso —, saí da revista. Agora estou escrevendo uma coluna sobre saúde para outro jornal.

Guy me olha com uma expressão incrédula.

Gostaria de ter uma câmera para registrar esse raro momento de verdadeira emoção.

— Isso é ótimo — acrescento. — Também faço seriação de livros para eles e adoro isso. Para ser honesta, está muito mais de acordo com quem eu sou e no que estou interessada hoje em dia.

Guy não consegue deixar isso passar em branco.

— Quer dizer, agora você não é mais uma aspirante a celebridade? — retruca ele em um tom sarcástico.

Olho para Guy sem me dar ao trabalho de responder. Não sou mais intimidada pelo sucesso do grupo porque pela primeira vez na minha vida estou feliz comigo mesma.

— Não — murmura Guy, voltando a olhar para seu prato.

— Não creio que seja.

Tive uma sensação de triunfo, orgulho de não mais tentar esconder quem eu sou. Foi difícil chegar aqui, a este ponto. Lembro-me brevemente de quando eu estivera solitária nos últimos dois anos, isolando-me deliberadamente para evitar os julgamentos das pessoas. Mas a verdade é que, agora que cheguei aqui, não há outro ponto em que preferiria estar.

Sou distraída pelas atenções amorosas de Piers. Olho para seus dedos roliços esfregando minha perna com a sensualidade de um carpinteiro lixando madeira. Então ergo os olhos para ele.

— Quem são os seus clientes? — pergunta Piers. — Qual é a idade deles?

— O mais novo tem 12 anos e o mais velho é uma mulher na casa dos 70.

— O que você faz com eles?

— Depende do que precisam.

— Por que eles a procuram?

Esse indelicado interrogatório me faz lembrar daquele horrível encontro de solteiros, há anos.

— Por vários motivos. Pode ser um problema físico ou emocional, uma crise financeira...

— Então nos dê um exemplo — interrompe-me Guy, em tom agressivo.

— Bem, esta manhã dei uma consulta particular para uma das mulheres que foram ao workshop no fim de semana passado. Ela estava com dor na articulação sacroilíaca...

— O que é isso?

— Fica na base da espinha dorsal. — Hels, que havia se inclinado para a frente com um entusiasmo que raramente vi, enfrenta a interrupção de Guy em meu lugar.

— Continue, Anna — diz ela.

— Ela sentiu dor na articulação sacroilíaca durante 11 anos. Seu clínico geral desistiu dela há anos e lhe disse que não havia nada que ele pudesse fazer. Então ela foi a muitos osteopatas, homeopatas e terapeutas sacrocranianos, e tentou ioga, pilates, natação, tudo. Durante o fim de semana, trabalhamos com cristais, visualização e chocalho. Ela chorou durante a maior parte do domingo, embora não soubesse por quê, já que havia acordado se sentindo ótima. Dois dias depois, foi para sua primeira corrida sem dor em uma década. E continua livre da dor.

— Isso é incrível — diz Hels.

Guy não diz nada, apenas me olha zombeteiramente. E Piers ainda está concentrado em minhas pernas.

Disfarçando o riso e pensando brevemente na última vez em que minhas pernas foram adequadamente tocadas e exploradas, peço licença para me levantar da mesa.

É sabido que muitas conversas importantes femininas ocorrem em momentos roubados no banheiro. Ainda assim, estou estranhamente despreparada para o que está por vir.

Estou lavando minhas mãos em um banheiro que é a própria personificação do minimalismo chique, quando Lulu entra pela porta. Sua expressão é intensa.

— Ouvi você falar com Hels sobre o workshop — confessa ela imediatamente.

Eu não havia percebido que Lulu estava ouvindo e fui pega desprevenida.

— Ouviu? — Eu hesito.

— Estou com um namorado novo — continua ela. — Não o apresentei para os outros... — Por um momento sua voz desaparece. Subitamente ela se lembra da minha presença e retoma a conversa. — Ele está passando por um momento péssimo no trabalho. É banqueiro — acrescenta.

Assinto com a cabeça lentamente.

— Não me importo com o que ele faz porque o amo. Realmente o amo, Anna. Mas isso o está estressando, e não sei o que dizer ou fazer.

Lulu olha em meus olhos e percebo a inconfundível ternura de uma mulher apaixonada, misturada com confusão e ansiedade.

— Você acha que pode ajudar, Anna?

— É claro. — Sorrio, pensando que realmente posso ajudá-los. E isso faz com que eu me sinta ótima.

Concordamos em discutir tudo tomando um café no fim de semana seguinte.

Quando saímos do banheiro feminino, Lulu me dá o braço, como nos velhos tempos. Estive em uma jornada que muda a vida e não sou mais a jovem que deixou Londres em um período sabático, há quase três anos.

Mas, com aquele único gesto, minha amiga me faz sentir que voltei para casa.

Quando voltamos para a mesa, a conversa mudou para o exorbitante custo de vida de Londres. Olho ao meu redor para os rostos ansiosos, os olhos brilhantes e as roupas imaculadas. Uma imagem de Dom Inocencio sentado em uma pequena cadeira de plástico em uma cabana suja na misteriosa Amazônia surge em minha mente.

Mas hoje isso não faz com que eu me sinta triste ou desajustada. Em vez disso, faz com que eu me sinta privilegiada por tê-lo conhecido e ter vislumbrado seu mundo maravilhoso.

Quem sou eu?

Quando me despeço do grupo, vou para as ruas de Fitzrovia e começo a caminhar para o metrô, percebo que a resposta não é mais tão difícil.

Sou uma xamã que usa salto alto, adora chocolate e a ex-dona de um Audi R8. E uma pessoa que gosta de si mesma — tanto no trabalho quanto na diversão.

Não posso abrir mão dos confortos do Primeiro Mundo. Não quero fazer isso.

Mas também não posso abrir mão do xamanismo. Não posso abrir mão de Maximo, meu belo amante jaguar, em quem penso todos os dias e que sei que está esperando por mim — sua aprendiza —, pelo momento em que voltarei.

Lembro-me do mantra que inventei quando tinha 12 anos. Toda mulher que se preza precisa de chocolate e sapatos de salto para navegar no mar da vida. Agora estou na casa dos 30, e decido que é hora de corrigi-lo — hora de aperfeiçoá-lo.

Chocolate, salto alto, xamã, penso. Xamã, salto alto, chocolate.

Não posso escolher entre eles porque o fato é que preciso de todos em minha vida. Ainda sou a Carrie Bradshaw londrina — mas essa Carrie Bradshaw tem uma alma e precisa satisfazer o anseio espiritual em seu íntimo.

Começo a brincar com as palavras em minha cabeça.

Salto alto, xamã. Xamã, salto alto.

Então, num lampejo de inspiração, entendo isso. "A Xamã de Salto Alto."

Sou a ponte. Exatamente como Maximo previra.

Sou a Xamã de Salto Alto.

Agradecimentos

Tenho a sorte de contar com uma equipe criativa maravilhosa atrás de mim. Muito obrigada a Katy Follain, Katya Shipster, Francesca Russell, Ruth Spencer e Tamsin English, na Penguin, e Jonathan Lloyd e Sheila Crowley, na Curtis Brown.

Palavras não podem expressar totalmente minha sincera gratidão às pessoas a seguir por seu apoio à criação literária enquanto eu escrevia este livro: Hugo Moose, Anna Perera e Christena Appleyard. Também agradeço a Anna e Jon Martin, Delphine Lamande-Frearson, Tracy Rees, "Due Davides", Pamela Lloyd, Manuela e Jeremy Robson, Fatima Ghellab, Steph Hirschmiller, Patrick Janson-Smith, Jessie Brinton, David Vincent, Peta Lily, Dina Glouberman, Geni e David Garcia, HSHS, Jessie Kirsch, Lizzie Melville, Louise Simpson, Roger Webster, Natalie Alcantara, Phil Flanagan e, é claro, minha família — minha mãe, meu pai, a inigualável Pink, K-D e a sra. V.

Finalmente, sinto por meus mestres xamãs no Peru, especialmente Dom Ru-Ru, Dom M, Dom I, Dom V, Dom J e Doris — uma gratidão além das palavras por me deixarem testemunhar sua sabedoria e humilde dedicação à sua arte.

Bibliografia

Eis uma pequena relação de livros que li em minha pesquisa:

Ayahuasca: The Visionary and Healing Powers of the Vine of the Soul, de Joan Parisi Wilcox.

Breaking Open the Head, de Daniel Pinchbeck.

The Cosmic Serpent: DNA and the Origins of Knowledge, de Jeremy Narby.

The Eagle's Quest: A Physicist Finds the Scientific Truth at the Heart of the Shamanic World, de Fred Alan Wolf.

DMT: The Spirit Molecule: A Doctor's Revolutionary Research into the Biology of Near Death and Mystical Experiences, de Rick Strassman.

Women Who Run With the Wolves, de Clarissa Pinkola Estés.

Acid & Alkaline, de Herman Aihara.

Plants of the Gods: Their Sacred, Healing, and Hallucinogenic Powers, de Richard Evans Schultes, Albert Hofmann e Christian Ratsch.

Inca Cosmology and the Human Body, de Constance Classen.

Nature and Culture in the Andes, de Daniel W. Gade.

The Way of the Shaman, de Michael Harner.

Psychedelic Shamanism: The Cultivation, Preparation and Shamanic Use of Psychotropic Plants, de Jim DeKorne.

The Incas (Peoples of America), de Terence N. D'Altroy.

Kintui, Vision of the Incas: The Shaman's Journey to Enlightenment, de Jessie E. Ayani.

Yanomami: The Fierce Controversy and What We Can Learn from It, de Rob Borofsky, Bruce Albert e Ryamond Hames.

Albert Schweitzer: Essential Writings, de James Brabazan.

Anatomy of the Spirit: The Seven Stages of Power and Healing, de Caroline Myss.

Psychedelic Healing: The Promise of Entheogens for Psychotherapy and Spiritual Development, de Neal M. Goldsmith.

Este livro foi impresso na Editora JPA Ltda.
Av. Brasil, 10.600 – Rio de Janeiro – RJ,
para a Editora Rocco Ltda.